DRYAS

Minouche Moser

»In einem leuchtend schönen Land«

Abenteuer Alltag in Sri Lanka

Erzählungen

Dryas Verlag

PEFC/04-31-0880

Das für dieses Buch eingesetzte Papier ist ein Produkt aus nachhaltiger Forstwirtschaft.

2. Auflage 2010

Herausgeber: Dryas Verlag, Oldenburg, gegr. in Mannheim

Umschlaggestaltung: Rosa Segerer, Segerer Design
Herstellung: Gabriel A. Neumann, Heidelberg
Druck: Strauß GmbH, Mörlenbach

Bibliografische Information der Deutschen Bibliothek:
Die Deutsche Bibliothek verzeichnet diese Publikation in der Deutschen Nationalbiografie, detaillierte bibliografische Daten sind im Internet über http://dnb.ddb.de abrufbar

ISBN: 978-3-940855-25-1
www.dryas.de

Minouche Moser:
»In einem leuchtend schönen Land«
Abenteuer Alltag in Sri Lanka

Vorab: Dryas Verlag setzt sich für bewusstes Reisen ein

Liebe Leserinnen und Leser,

die Reisebücher des Dryas Verlags beschreiben das Leben und den Alltag in anderen Kulturen, sie sollen Sie inspirieren, bewusst zu reisen und Unterschiede als Bereicherung zu erfahren.

Bewusstes Reisen heißt für mich, offen zu sein für Anderes und Neues, es aktiv anzunehmen – es heißt aber auch, nicht die Augen zu verschließen vor Problemen, und diese ebenso aktiv anzugehen. Aus diesem Grund spendet der Verlag für jedes verkaufte Buch 50 Cent an eine Organisation, die soziale, kulturelle oder ökologische Projekte unterstützt.

Der Dryas Verlag ist Mitglied im „Forum anders Reisen e.V.", ein Zusammenschluss, der sich für Tourismusformen einsetzt, die langfristig ökologisch tragbar, wirtschaftlich machbar sowie ethisch und sozial gerecht für ortsansässige Gemeinschaften sind. Diesem Ziel der Nachhaltigkeit verpflichten wir uns.

Die mit dem Ihnen vorliegenden Buch gesammelten Spenden gehen an das Kinderdorf „Little Smile", welches vor Ort in Hikkaduwa verlassenen und misshandelten Kindern Schutz bietet, mehr erfahren Sie im Buch oder unter www.littlesmile.de.

Ich bedanke mich für Ihr Interesse und Ihren Beitrag zu dem Projekt und wünsche viel Vergnügen beim Entdecken der Vielfalt Sri Lankas.

Sandra Thoms
Verlegerin Dryas Verlag

Inhalt

Einleitung in ein über zweihundert Seiten langes Staunen

Anfang 2004 blätterte ich mit drei Kindern in einem Atlas und suchte den Asienteil nach der Insel Sri Lanka ab. Auf Sri Lanka, so hatte ich mir sagen lassen, gab es für den Ehemann eine Anstellung. Nachdem jene Deutschland kürzlich ausgegangen war, prüfte unsere Familie ernsthaft die Auswanderungsvariante. Mein Mann Andreas schob kopfschüttelnd das geografische Nichtwissen von uns vier über einem Atlas brütenden Häuptern beiseite, und setzte mit dem Zeigefinger in Frankfurt auf.

„Passt gut auf", befahl er und hob ab, zog zielstrebig an Wien vorbei, legte in Bukarest eine kurze Bedenkpause ein, streifte die Vereinigten Emirate, reiste in Indien ein- und aus, überflog ein daumenbreites Stück vom Indischen Ozean und landete punktgenau auf Sri Lanka.

„Tropische Temperaturen in Äquatornähe", stellte Andreas anerkennend fest und zitierte aus der Jobofferte weitere Vorzüge: „Wohnzulage, Krankenkasse und Schulgeld!"

„Schulgeld", streifte mich ein Begeisterungsschub. „Das heißt, wir leisten uns eine Privatschule und das könnte durchaus ein Entscheidungsfaktor sein!" – und begann, von dem knüppelharten, deutschen Schulsystem angeschlagen, eine Strichliste in Pro und Contra auf einen Schmierzettel zu kritzeln.

„Hawaii", schwatzte der Ehemann der Schmiertabelle ein Positiv auf und fuhr von Honolulu bis Sri Lanka und zurück, wobei der leidenschaftliche Surfer in ihm überhand nahm und hinzusetzte, „hat ähnliche Temperaturen, ein Meer, Wind und mit ziemlicher Sicherheit Wellen."

Mit der Aussicht auf Wind und Wellen nahmen Andreas Augen einen verklärten Glanz an, sodass ich um seine Objektivität fürchten musste.
„Tobte da nicht…", zog ich die Familienaufmerksamkeit auf mich, lenkte listig von der begehrten Freizeitperspektive ab und legte eine angemessene Pause ein, bevor ich zielstrebig einen hässlichen Flecken auf das eben noch paradiesische Bild Sri Lankas kleckerte. „Tobte da nicht ein wütender Bürgerkrieg zwischen den im Süden und Westen lebenden Singhalesen und den im Norden und Osten ansässigen Tamilen?", schloss ich meine angefangenen Bedenken und legte damit die Fährte auf einen realitätsnahen Pfad.
Jener Einwurf bestürzte jedoch nicht den Mann, sondern die drei Kinder, die bislang stumm zugehört hatten und nun mit meiner Hilfe einen Entschluss gefasst hatten.
„Auf gar keinen Fall!", verkündeten sie in seltener Eintracht und pochten auf ihre Stimmenmehrheit. Konservativ bis in die Zehenspitzen schworen sie, niemals ihre kleinen Füße auf Sri Lankas explosiven Boden zu setzen.
„Wir sind doch nicht blöd!", erklärten sie und tippten sich abfällig an die Stirn. „Viel zu gefährlich, bei so 'nem Krieg!"
Ich versuchte mich in Schadensbegrenzung.
„Das merken wir doch gar nicht", wedelte ich mit der Hand, die eben noch von mir geschürten Ängste davon und lachte gespreizt.
„Stellt euch vor", holte ich meinen Begeisterungsschub von eben zurück. „Da besucht ihr dann eine internationale Schule und lernt nebenbei Englisch!"
Mein Manöver zeigte Wirkung.
Nur nicht die Wirkung, die ich mir erhofft hatte.
„Englisch!?", entrüstete sich der damals neunjährige Fabian und als Ältester automatisch auch der Wortfüh-

rer. „Ja, so was kann ich überhaupt gar nicht lernen!" – und zog die Geschwister Caro und Willi gleich mit in sein pessimistisches Boot, wo sie meuterten, bis ich zum Mittagessen rief.

Fortan berieten wir uns fernab der Kinderohren, waren die nächsten Tage gründlich mit Gehirnzellenakrobatik beschäftigt. Mit jenen Zellen turnten wir über das ehemalige Ceylon und kritzelten alles, was wir auf die Schnelle an Informationen zusammentragen konnten, in unsere Bewertungstabelle, der wir unterdessen ein ordentliches Stück Papier zur Verfügung gestellt hatten. Mit einem zittrigen Strich trennte ich Plus von Minus und notierte auf der Plusseite Ayurveda, kilometerlange Sandstrände, herrliches kurze-Hosen-Wetter und Curry, Zimt und Tee. Bei „Ceylon Tee!" entwischte mir ein wehmütiger Seufzer und im Stillen nahm ich Abschied von der morgendlichen Koffeindosis, die meinen lahmen Frühstückskreislauf in Schwung brachte, übertrug den an Sri Lankas Grenzen nagenden Indischen Ozean wegen Wind und Wellen ins Plus und hielt bei der Kokosnuss inne, bevor ich sie im Minus einwies. Überrascht sah mich Andreas an und bekam als Erklärung, dass ich jene gegoogelt und allein-stimmig des Mordes überführt hatte.
„Die werfen ihre Früchte wahllos auf harmlose Passanten ab", behauptete ich. „Und stell dir mal vor, dieser Passant ist eines deiner Kinder!"
Für diese Vorstellung ließ ich ihm allerdings keine Zeit, war schon im nächsten Schreckensszenario angekommen.
„Auf Sri Lanka gibt es eine Vielzahl an Schlangen", redete ich mir selbst ein Schaudern ein: „Giftige Schlangen!"
Jene, malte ich mein Schaudern weiter aus, spritzten dem spielenden Nachwuchs ihr Gift in den großen Zeh und überdies, erschrak ich beim Blättern durch das

Furcht einflößende Tierlexikon, könnte ein auf der Insel ansässiges Krokodil eine Vorliebe für zartes Kinderfleisch entwickelt haben.
„Oder ein Stachelrochen sticht zu und eine Elefantenherde…" Bei den Gefahren der Elefanten hob Andreas entschieden die Hand und bestimmte: „So wird das nichts!"
„Ja warum denn nicht?", wunderte ich mich ehrlich und fügte hinzu: „Jetzt, wo ich gerade so richtig in Fahrt bin!" - und versank andächtig in unserer unergiebigen Tabelle.
Mir war gerade etwas Wichtiges eingefallen!
„Siddhartha", seufzte ich und hatte Hermann Hesses Erfolgsroman im Sinn, dessen Weisheiten in mir das auslösten, was Wind und Wellen in Andreas ausgelöst hatten. Meine Träumerei führte zu einem verklärten Plus und folgender Aussage: „Ich könnte dort im buddhistischen Kloster meditieren" – und wähnte mich schon orange gekleidet erleuchtet. Über der Vorstellung einer heiligen Ehefrau lachte Andreas Tränen und konnte sich auch nicht mit Hilfe meines todbringenden Blickes wieder einkriegen. Entschuldigend zuckte er mit den Schultern und warf sich zur Beruhigung Süßwasser ins Gesicht.
„In den Tempel!", korrigierte ich giftig, sah meine Seele Omm-brummend gen Himmel schweben, erinnerte mich noch brummend an den damals noch schwelenden Bürgerkrieg zwischen den Tamilen und den Singhalesen und somit an einen Krieg, den man unter anderem auf Buddhas Schultern legte.
Mein schwebendes Innenleben krachte auf den Boden der Tatsachen und wieder einmal stand es unentschieden!
„Mal schaun!", beendete der Ehemann endgültig den fruchtlosen Denkprozess und wandte sich anderen Joboptionen zu.

Die Joboptionen führten immer wieder nach Sri Lanka und in unsere Bewertungstabelle zurück, die unermüdlich neue Resultate ausspuckte. Erst hatte der unterzeichnete Waffenstillstandsvertrag den Bürgerkrieg neutralisiert, dann wiederum sorgte ein explodierter Selbstmörder in der Inselhauptstadt Colombo für Unsicherheit. Ernüchtert schoben wir unseren kläglichen Versuch, einmal in unserem Leben mit Struktur, und nicht ausschließlich mit einem Bauchgefühl eine Entscheidung zu fällen, beiseite und wandten uns reumütig der vernachlässigten Intuition zu.
Der Intuition folgend unterschrieb Andreas den Vertrag mit Sri Lanka und wir flogen im Jahre 2004 zehntausend Kilometer um die Erdkugel, hauchten beim Landeanflug mit platt gedrückten Nasen „Ah" und „Oh" ans Airbusfenster und hatten das erste Mal in unserem Leben einen Überfluss an Fauna und Flora vor Augen, schwebten im Landeanflug über dichtes Dschungelgrün, welches uns in voller Blüte willkommen hieß. Der Dschungel war aber nicht die einzige unbekannte Größe, die uns erwartete. Streng genommen ist dieses Buch weder ein Reiseführer, noch ein Inselbericht, sondern ein mehr als zweihundert Seiten langes Staunen. Das führt dazu, dass ich mich über weite Strecken im Zustand höchster Verwirrung befinde und lächle, wenn ein ernstes Wort angebracht wäre und ernste Worte anbringe, wenn ein Lächeln notwendig gewesen wäre.

Alles in allem hat es mich weitaus mehr als zweihundert Buchseiten gekostet, bis ich mich im srilankischen Alltag zurecht finden, und deutsche Genauigkeit zugunsten des Drehbuchautors „Leben" ablegen

konnte, welcher annähernd für jede Szene „Es kommt immer anders, als man denkt“ vorgesehen und trotzdem für jede Episode ein Lächeln eingeplant hat.
Ein Drehbuch, welches ich hier subjektiv und so wiedergegeben habe, wie es sich für mich über die Jahre angefühlt hat.

1. Touristen machen Alltag

Als wir uns an den tropischen Temperaturen, Pflanzen und der Freundlichkeit satt gesehen und gefühlt hatten, wurde es Zeit, unser Lotterleben im Hotel zu beenden und nach einem Zuhause für uns und den demnächst eintreffenden Hausrat Ausschau zu halten. Viel Ahnung von unserem kleinen Asien hatten wir in den zwei Wochen noch nicht gesammelt, uns bislang vom Hotelpersonal das Alltägliche besorgen lassen und uns in Urlaubsstimmung ein Zuhause angewöhnt, welches ausschließlich touristische Qualitäten aufwies.

Im Urlaub entwickelt sich bekanntlich nur ein überschaubares Gespür für die Realität unter der Oberfläche und wir verwandelten uns in fünf waschechte Inselgreenhörner auf der Suche nach einer Bleibe.

„Ich werde dann mal meinen Kollegen Peter fragen", kündigte Andreas eines schwülen Nachmittags an, nachdem wir uns unter einem Sonnenschirm träge gekocht hatten und die Kinder im Hotelpool Ertrinken übten. „Der wohnt in einem Compound und meinte kürzlich, dort wäre noch ein für uns passendes Haus frei."

„Ein Compound", nuschelte ich hinter einem unterdrückten Gähnen, „was ist denn das?"

„Eine international bewohnte Häuseransammlung, die von einer zwei Meter hohen Mauer umschlossen ist."

Ich stellte mir die laufenden Meter Mauer vor, die uns vom sri-lankischen Leben abschnitten und den Stempel des nicht anpassungswilligen Fremden aufdrückten.

„Das geht ganz und gar nicht!", erwachte ich aus meiner Lethargie. „Ich werde doch nicht isoliert von den Einheimischen jahrelang die nicht anpassungswillige Fremde mimen! Ich", so tönte ich laut und deutlich,

würde in Zukunft noch einige Male an mein Getöse zurückdenken, „passe mich an und plane mein Dasein im gemeinsamen Alltag mit den Sri-Lankern."
„Wenn du meinst", sagte der Mann, sprang unvermittelt zu den Kindern in den Pool und spielte dort eine Stunde lang blinde Kuh mit ihnen.
Spielte und führte mir meine eigene Blindheit vor, die mir demnächst ins Gesicht schlagen würde. In Sri Lanka kommt nämlich nicht nur alles ganz anders, als man es geplant hat, sondern sogar anders, als man es sich je hätte träumen lassen!

Am Sonntag begaben wir uns auf Häuserschau. Wir fuhren von der Hauptstraße ab und hinein in eine staubige Nebenstraße, parkten unser Mietauto unter einem blühenden Mangobaum direkt an der Kirche, wo ich fortan hautnah mit den Sri-Lankern wohnen wollte.
„Sehr katholisch", brüllte Andreas mich beim Aussteigen an, wollte die Lautsprecher übertönen, über die ein Priester voluminös katholische Reden schwang.
„Ja", musste ich zugeben, „sehr katholisch!"
Katholisches verfolgte mich durch den Haupteingang, wo ich fast in einen Fischteich gestolpert wäre, für den im Wohnzimmer ein Becken eingelassen worden war. Stimmungsvoll plätscherte ein elektrischer Springbrunnen in den überdachten Teich, während Fische ihre Kreise zogen. Interessiert und gleichzeitig irritiert blieb ich darin stehen.
„Das Sprudeln wirkt Temperatur ausgleichend und die Fische sollen sich von den jahrein, jahraus abgelegten Moskitolarven ernähren", wusste Andreas. „Praktisch, nicht?"
Ich wandte mich dem Makler zu, der uns weiter durch das Haus führen wollte. Mit der himmlischen Botschaft im Genick folgten wir ihm und wehten durch einen fensterlosen, hohen Raum, in dem als Möbelstück ein

geblümtes Sofa sein Dasein fristete, direkt auf eine sich ins Obergeschoss windende Holztreppe zu.
„Der Raum ist gemütlich wie eine Bahnhofshalle“, dachte ich bedrückt und folgte meiner Familie im Gänsemarsch treppauf, hörte den Makler die Musterung des Sofaüberzugs mit „liebevoll möbliert“ loben. Ich sah mich bereits Stoffe einkaufen und über lila und orange Geblümtes werfen, erreichte, ganz in die Dekoration vertieft, eine ausschweifende Galerie, über die ich meine Blicke ausführlich schweifen ließ. Wuchtige Holzbalken und quer darüber laufende Holzverstrebungen bewahrten das lose bedeckte Ziegeldach vor dem Absturz. Mit den geweißelten Wänden hinter dunkel eingelassenen Balken wirkte dieser Raum nach dem unterkühlten Empfang im Untergeschoss warm und gemütlich. Ich ließ mich zur Probe auf einen der beiden Rattansessel nieder, aus dem ich nur mit viel Überwindung wieder aufsteigen konnte. Ich trat zum Fenster und blickte über ein blechbedecktes Dach auf den Kirchenvorplatz, auf welchem mindestens hundert Menschen versammelt standen und sich dort unten an ihrem Glauben festhielten. Ihr Vertrauen in Gott stand in der Aufmerksamkeit geschrieben, mit welcher sie den sich überschlagenden Reden des Priesters folgten, andächtig ein Kreuz schlugen und „Amen“ murmelten. In diesem Moment beneidete ich sie ehrlich um ihre Gottesfürchtigkeit, die mir in meinem rationellen Leben abhanden gekommen war und empfand meine atheistische Ader als Zeichen einer Wohlstandsverwahrlosung.
„Wohlstand hat auch mit politischer Verlässlichkeit zu tun“, sagte ich mehr zu mir selbst und sah Andreas an, der neben mir stehen geblieben war, unsere Gedanken derweil stumm von einem auf den anderen übergegangen waren, ohne dass wir sie aussprachen. Andreas nickte nachdenklich, wandte sich daraufhin dem

Makler zu, während ich schweigend darüber brütete, wie soviel Religiöses in die Köpfe der Sri-Lanker hatte kommen können. Vermutlich in der Not geboren und notwendig, weil die finanzielle und auch die politische Verlässlichkeit fehlte. Was unter anderem darauf zurückzuführen war, dass eine über Jahrhunderte währende Kolonialherrschaft die Menschen ihrer buddhistischen, königlich-mystischen Kultur entfremdet hatte. Als Ersatz hatten wir ihnen ein kapitalistisches System und den katholischen Glauben aufgezwungen, in die sie nicht gemächlich hineinwachsen hatten können. Obenauf hatten wir ihnen keine Zeit gelassen, Altbewährtes nach und nach abzulegen und Neuem Raum zu schaffen. Gemeinsam mit Andreas hatte ich schon viele Stunden lang diese Theorie über die Armut und verwilderte Politik Sri Lankas gewälzt und blickte wieder gedankenverloren auf die katholischen Buddhisten nieder. Der Buddhismus war von den Kolonialmächten belächelt und mit einer unbefleckten Empfängnis und einem auferstandenen Jesus ersetzt worden, womit die sagenumwobene Dynastie ganz durcheinander geraten war. Und aus diesem zerrütteten Mythos war ein Regierungssystem entstanden, das momentan die politische Vision ihre Wähler aus den Augen zu verlieren drohte.

Auch Touristen lasen Zeitung. Was ich in den letzten Wochen gelesen hatte, enthielt einen offensichtlichen Mangel an politischer Integrität und wäre für deutsches Rechtsempfinden in dieser Form kaum möglich gewesen. Diese Politik füllte die Taschen vieler, die eigentlich schon reich genug waren. Die weit aufklaffende Schere zwischen arm und reich raubte einer breiten Bevölkerungsschicht jeden Hoffnungsschimmer. Wenn die Realität versagte, schien es nur natürlich, dass man sich an seinen Glauben klammerte.

Ich befreite mich aus meinem religiösen und sozialpolitischen Grübeln und wandte mich wieder der verschwenderisch angelegten Galerie zu, der den Blick auf den sprudelnden Fischteich und jenes gemütliche Sofa frei gab. Ich lehnte mich über ein fett lackiertes Holzgeländer in den Blick hinein und seufzte.

„Die Zimmer sind alle möbliert", prahlte unser Makler und riss mich aus meinen Gedanken. Er führte uns in einen ersten, winzigen Raum, an dessen Decke ein Ventilator die Hitze umdrehte und eine in die Wand gebaute Klimaanlage die tropisch bedingte Schwüle in Kälte vewandelte. Über dem Kinderbett schwang ein rosa Moskitonetz, das so kitschig war, dass den Mücken alleine beim Anblick der Durst vergehen musste. Wir streiften einen Kleiderschrank mit handgeritzten Schnörkeleien und betraten das Badezimmer, welches zwei Zimmer miteinander verband. Von dort aus stießen wir ins Elternschlafzimmer vor und blieben an einem Doppelbett stehen, über dem der Ventilator seine Runden drehte. Ein verschnörkelter Wandschrank erstreckte sich über die ganze Länge bis zu einem vergitterten Fenster, welches den Blick in des Nachbars Schlafzimmer freigab.

„Und die Küche", fragte ich in der Hoffnung, dass die Gemütlichkeit nicht nur auf der Galerie zuhause war und lief hinter dem Makler die Wendeltreppe bergab, stieg noch ein paar Stufen tiefer und endete in einem weiß gekachelten Verlies mit angerostetem Kochherd.

„In den besseren sri-lankischen Haushalten kocht die Köchin", entschuldigte er die Lieblosigkeit der Küche. Und, dachte ich die Erklärung zu Ende, in den Arbeitsplatz einer Köchin lohnte keine extra Investition. Ich war mit nur einem Satz in die Zweiklassengesellschaft eingedrungen, in der die „bessere" Gesellschaft deutlich mehr wog als die Arbeiterklasse, man den Haushalt als niedrige Arbeit an die unteren Kasten abschob,

Fingernägel und Hände der Hausfrau abwaschfrei prächtig sprießen und gedeihen konnten.
Unterdessen war die Messe zum Choral übergegangen und der Lautstärkenregler ein paar Takte nach oben geschraubt worden. Ich wusste plötzlich, dass mich, bei allem Respekt für ihre Religiosität, die Beschallung von Freitag bis Sonntag, an Feiertagen, Hochzeiten und Beerdigungen auf Dauer zermürben würde.
„Leider hat das Haus zu wenig Zimmer aber trotzdem vielen Dank für die Führung", verabschiedete ich mich und flüsterte Andreas zu, dass es sich lohne, zwischen Kirche, Tempel und Moschee und dem künftigen Wohnort einen hörbaren Mindestabstand zu legen.
Noch hatte ich aber mein Vorhaben, hautnah an den Sri-Lankern zu leben, nicht aufgegeben und ließ mir eine Wohngelegenheit zeigen, welche über genügend Zimmer verfügte und weit und breit keine Gebetsstätte vorhanden war. Stattdessen konnte es mit Straßenanschluss, Diesellärm, rußigen Abgasen und Hupkonzerten aufwarten, die mit der Lautstärke einer Messe durchaus konkurrieren konnten. In dem daraufhin inspizierten, palastähnlichen Gebäude im Dorfkern stimmte uns der Familiensinn und die Geselligkeit der Nachbarschaft bedenklich, die sich untereinander viel zu sagen hatten und pausenlos aufeinander einredeten; Radios und Fernsehapparate dudelten von mehreren Seiten gleichzeitig in des Palastes Garten und durch die luftigen Hauswände hindurch. Die nachbarschaftliche Freundlichkeit fand in Gemeinschaft statt und man scheute nicht, seine Freude und den manchmal damit einhergehenden Ärger laut auszutragen. Da konnte ich, die verkniffene, ruhebedürftige Europäerin nicht mithalten. Eine am Tor versammelte Familie winkte herzlich nach unserer weißen Haut und schwermütig winkte ich zurück.

Hier wäre nun der optimale Standort für das Leben als Teil der Sri-Lanker gewesen, die ihre Wäsche über die Zäune hängten und auf dem Gras zum Trocknen auslegten, ihr fließend Wasser an der Straße abholten und aus Eimern gossen, von Freitag bis Sonntag fromm waren, die restlichen Tage mehr oder weniger vergnügt ihren Alltag bestritten.
Meine Achtung für sie und ihr anspruchsloses Leben war grenzenlos und trotzdem war zu befürchten, dass ich auf Dauer nicht genügend Verständnis für das hier übliche, lautstarke Zusammensein aufbringen könnte und irgendwann ruhegestört jene Achtung vor ihnen verlieren würde.
Ich sah ein, dass ich mein Bedürfnis, ein lebender Teil Sri Lankas zu werden, auf Momente außerhalb meines Wohnens verlegen musste.

In der nächsten Woche bezogen wir den Compound, der auf dem schmalen Streifen zwischen Lagune und Meer für unser Freizeit- und auch Ruhebedürfnisse optimal gelegen war und richteten uns inmitten von Indern, Franzosen, Engländern, Schweden, Belgiern und Australiern ein, mit denen wir in unausgesprochenem Einverständnis die nachbarschaftliche Ruhe teilten. Zwar waren die Häuser nicht wie versprochen im Kolonialstil gebaut, dafür äußerlich sehr gefällig. Hässliche Betonmauern waren mit Natursteinen versiegelt, der Boden war mit fußwarmem Parkett ausgelegt und durch die großen Fensterflächen im Wohnraum zog ein kühlender Luftzug. Der Hausbesitzer versprach uns per Handschlag, die Küchenschränke zu entwurmen, wollte einbruchsichere Türen einbauen, sauberes Leitungswasser besorgen, einen explosionssicheren Boiler kaufen und geruchsfreie Abflussrohre einführen.

Immerhin ersetzte er den Boiler, der nach zwei Wochen explodierte – ersetzte jenen allerdings erst, nachdem auch mein Temperament explodierte und ich *sofort* ein explosionssicheres Modell eingefordert hatte.
Die Mängel im Hausinneren sorgten dafür, dass ich die nächsten Jahre trotz unserer Perle Jasintha, die mir stets heiter den Haushalt schmiss, nie Gefahr laufen würde, in einen feudalen Zustand der Langeweile zu verfallen. Außerdem sprang die Üppigkeit, die wir auf der überdachten Terrasse täglich zu sehen kriegten, für alle Mängel ein: Vor uns breitete sich im Garten ein blühendes Wunder aus, das gut auf meinen braunen Daumen verzichten konnte und keiner Pflege bedurfte. Hibiskus und Orchideen versorgten sich autark von dem reichen Angebot an Sonne, Wasser und nahrhafter Erde, die Blätter der Dattelpalmen gediehen esstischgroß und dienten mir dekorativ als Untersetzer, wenn ich für Gäste ein Büffet anrichtete. Ananas wuchs ebenso selbstverständlich wie die Bananenstaude, die aus einer zylinderförmigen, lila Blüte ihre süße, gelbe Frucht aufblätterte und Kokosnusspalmen waren zahlreich wie Fichten im Bayerischen Wald. Was jedoch den Pflanzen an Feuchtigkeit und Sonne gut bekam, schwitzten wir insbesondere in den hitzigen Monaten von April bis Juli aus den Poren und kühlten uns in diesen Tagen wiederholt in dem Compound eigenen Swimmingpool. Von dort aus guckten wir in die Palmen und fühlten uns auch in Zeiten luxuriös, in denen der Pool wegen ungenügender Chlorversorgung grünte.
Grasgrün war auch die Lagune, die sich vor uns ausbreitete, und für Schwimmübungen nicht zu gebrauchen war, weil die Fabriken und Häuser über sie Giftiges und Widerliches entsorgten. Mit ihrer Hilfe leisteten wir uns den wahrlich stattlichen Blick und die uns umgebende Ruhe. Beides waren Raritäten in einer

Bevölkerungsdichte von 309 Anwohnern pro Quadratkilometer, die wiederum vornehmlich auf dem westlichen Küstenstrich angesiedelt waren, den auch wir bewohnten. Unsere Compoundmauer lief rechts und links auf die Lagune zu und wurde dort von einem gitterförmigen Drahtzaun abgelöst, der am Wasser entlang für einen Weitblick sorgte, den die landesüblichen, schützenden Mauern rund um die Häuser in der Regel nicht bieten konnten. Am Frühstückstisch und in der Dämmerung bewirtete uns der Blick mit majestätisch an uns vorüber ziehenden Fischerbooten. Die Fischer saßen im länglichen Rumpf und stocherten mit langen Bambusstöcken über den schlammigen Lagunengrund. Ein Ausleger nahm dem Rumpf die Kippligkeit und die genähten, quadratischen Segel in leuchtenden Farben unterstützen die Antriebswirkung des Fährmannes. Der auf dem Ausleger Sitzende ließ die Netze ins Wasser gleiten, daraufhin trommelten sie wild auf den Holzrumpf und schlugen im Wechsel mit einem Bambusstecken auf die Lagune, trieben damit ihre Beute ins Netz und manchmal uns in der Morgendämmerung aus dem Schlaf, brachten Gefangenes zum Fischmarkt oder als Ausgleich für die gestörte Nachtruhe vor unsere Haustür zum Verkauf.

Unser gefühlter Luxus nahm rapide ab, sobald die Sonne von sintflutartigen Regengüssen abgelöst wurde. Mit Eimern und Tüchern bewaffnet raste ich dann durch das Haus und fing das nasse Himmelsgeschenk damit auf. Hilflos sah ich zu, wie die Feuchtigkeit in die immer morscher werdenden Dachpartien eindrang und der Monsunregen vom Wind wie durch einen Wasserschlauch gegen Fenster und Türen geschleudert wurde, die nicht komplett dicht hielten und einen Teil davon einließen. Der Monsun tröpfelt

in Eimer und zuweilen auch auf unsere Nasenspitzen oder Betttücher, hatte schon so manches Möbelstück in eine trockene, aber strategisch ungewöhnliche Position verschoben. Das Aufräumen der seegroßen Pfützen im Garten und auf der Terrasse besorgte die Sonne, wobei der daraus entstehende Dampf uns in eine riesengroße Waschküche steckte.
Kühlendem Regen folgte auf dem Fuß quälend feuchte Hitze.
Das Wasser, welches nicht durch die Ritzen und aus unseren Poren drang, sondern ganz offiziell durch den Wasserhahn eingelassen wurde, bezeichnete unser Hausbesitzer als „spring water“: Quellwasser. Nun hatte ich rein farblich gesehen eine andere Vorstellung von allem, was aus einer Quelle kam, verband das trübe Gelb, das uns über die Hände und das Geschirr floss, eher mit einer Substanz, die absolut nichts im Frischwasser zu suchen hatte und höchstens zur Klospülung taugte.
„Gib mir ein paar Tage! Ich arbeite daran“, versprach unser Hausbesitzer im beschwichtigendem „Du“, wiederholte sich, wann immer der versprochene Termin ereignislos verstrichen war und brachte die Vokabel bei egal welcher Reklamation erneut an. Er arbeitete frei nach: „Morgen ist auch noch ein Tag“, ließ auf diese Weise den Tennisplatz, für den wir monatlich extra löhnten, verwildern, überließ uns das Ersetzen der lebensgefährlich an ihrer Verschraubung rüttelnden Ventilatoren und kümmerte sich keinen Deut um die Einbrecher, die ihre Besucherfrequenz unterdessen drastisch erhöht hatten.
„Ich arbeite daran“, wurde des Hausbesitzers effektivste Lüge, die bewirkte, dass ich mir ab einem bestimmten unbefriedigenden Punkt die Reklamation sparte und nur noch mit dem Nötigsten vorsprach. Das Wasserproblem löste ich, indem ich, mit einem Kanister ausgerü-

stet, die endlich zustande gekommene direkte Nähe zu meinen sri-lankischen Gastgebern pflegte. Gemeinsam mit ihnen wartete ich zweimal wöchentlich am Straßenrand darauf, dass der dort angebrachte Wassertank von einem vorbeifahrenden Laster aufgefüllt wurde, wo wir anschließend gechlortes, sauberes Wasser abzapften. Mit dieser neuen Nähe kam ich wieder einmal ins Sinnieren und wunderte mich als erstes, dass die in der Schlange Stehenden nach erfolgtem Wasserholen den Hahn nicht abdrehten, sondern für den Nachfolgenden plätschern ließen. Dessen Gefäß wiederum fand in der Regel erst darunter, wenn das kostbare Gut bereits auf der roten Erde Pfützen bildete und ungenutzt versickerte – versickerte und kostspielig und umweltschädlich erneut aufgechlort werden müsste.
Deutsche Sparsamkeit, beschloss ich, konnte nur in einem kargen Klima entstanden sein, in welchem einst ausschließlich die den Winter überleben konnten, die in den ergiebigen Sommermonaten emsig gesammelt hatten. Im Vergleich dazu erschien mir Sri Lanka wie ein Tischlein-deck-dich. Wasser sprudelte nach Belieben und in Trinkwasserqualität – zumindest bis vor wenigen Jahren noch in dieser Güte – aus dem Boden und stürzte als Wasserfall von den Bergen, Nahrhaftes wuchs rund ums Jahr reichhaltig an Palmen, Büschen oder direkt aus der Erde. In diesem Überfluss konnte sich keine sparsam vorausschauende Mentalität entwickeln, sondern diese sorglose Mentalität „von der Hand im Mund“, die ohne mühsame Zukunftsgrübelei auskam.
Vielleicht, wurde ich sehr nachdenklich, war diese auf uns Europäer so leicht wirkende, sorgenfreie Mentalität auch typisch für die Armut, in welcher sich ein Großteil einer Drittweltlandbevölkerung befand. Vielleicht stand die Armut für: „Ich habe nichts zu verlieren!“ und würde im umgekehrten Fall belegen, dass Besitz

belastete und daraus der Miesepeter gebaut war, der uns Europäern in diese kritische Grundhaltung gezwungen hatte.
Die Armut, wie sie mir hier präsentiert wurde, versah mich mit einer gesünderen Perspektive für alles, was für mich einmal selbstverständlich gewesen war.
Eigenhändig und mit sofortiger Wirkung entzog ich mir die Lizenz zum Jammern.
Schließlich, so rügte ich mein Unbehagen in Sachen des gelben Leitungswassers, *verfügten* wir über fließend Wasser. Damit konnte ich großzügig wegspülen, was ich in einer Klositzung mit einer Tür von der Öffentlichkeit abgetrennt und ganz privat vollbracht hatte und musste mich zu diesem Anlass nicht für jedermann ersichtlich an den Strand oder im Dschungel absetzen. Dort entsorgte das Abgelegte die Flut und die Tierwelt, eine Trinkwasserverschwendung über eine Spülvorrichtung gab es nicht.
Und was war schon ein bisschen verschwendetes Chlorwasser am Straßenrand, wenn man die Liter bedachte, die unsere Gesellschaft täglich dem Abgelegten hinterher spülte?
Was man nicht hat, kann man auch nicht vermissen und die Menschen waren trotz der baulichen Mängel definitiv nicht unglücklicher, als wir mit unserem ausführlichen Innenausbau. Abgesehen davon war die Bauweise auch in ärmlichen Gegenden überraschend solide. Betonwände und Wellblechdächer hielten die Launen der Witterung einigermaßen aus dem Wohnraum heraus, wobei in den sintflutartigen Regenfällen der Monsunzeiten die eindringenden Wassermassen nicht mehr mit Eimern aufgefangen werden konnten. Ungehindert strömte es durch zahlreiche Ritzen und von der höher angelegten Straße in die Häuser hinein. Der Graben um die Häuser reichte dann oft nicht mehr aus, um die Fluten vom Eindringen in die Gärten und

Häuser abzuhalten und man sah in jenen Tagen die Bewohner mit Eimern, Körben und Tüten zum Ozean pilgern. Sie füllten ihre Taschen randvoll mit Sand und schichteten jenen als Schutz an den Hauswänden und im Garten auf. Um das Trockenrücken von Möbelstücken mussten sich allerdings die wenigsten sorgen, denn in der Regel waren die Zimmer sparsam bis gar nicht möbliert und wenn, dann investierten sie in einen Fernsehapparat. Jener lief fast ununterbrochen, füllte mit lokal fabrizierten Soaps, der sri-lankischen Version eines Schlager-Top-Tens und einer Suche nach dem Superstar ihre Freizeit. Um sich einen Fernseher leisten zu können, aßen und schliefen sie auf dem Boden, verzichteten zu seinen Gunsten auch schon mal auf Tische, Stühle und Betten. Aus finanziellen und praktischen Gründen lebten oft mehrere Generationen gemeinsam in einem oder zwei Zimmern. Falls überhaupt Betten vorhanden waren, schliefen dort die Großeltern. Schließlich konnten die jungen Knochen den harten Boden besser aushalten als die spröde gewordenen der Alten. Manch einer hängte nachts die Türen aus der Angel und zweckentfremdete jene zur Pritsche, was ihnen ein paar Zentimeter Abstand zu den Ratten gewährte, die zur Schlafenszeit nicht selten herzhaft in ein Ohr oder eine Nasenspitze bissen und damit eine Tollwutimpfung notwendig machten, die sie sich nicht leisten konnten.

In den um Colombo angelegten Slums fand das Elend der Großstadt statt und weil die Menschen dort die wetterfesten Baumaterialien für ihre Behausung nicht aufbringen konnten, lebten sie in Lehmhäusern oder flochten Wände und Dächer aus Palmenblättern. In einem jedoch glichen sich die Häuser: Ihr Alltag und der Schlaf war vornehmlich auf die Straße ausgerichtet. Wie italienische Nonnas saßen sie auf der Türschwelle und lenkten sich mit dem Unterhaltungsprogramm ab, die so eine Straße zu bieten hatte. Sie hielten mit Bekannten ein Schwätzchen, die gerade an ihnen vorbeischlenderten oder fuhren und beobachteten missbilligend die arbeitslose Jugend. Jene spielte an Bushaltestellen und auf dem nicht vorhandenen Gehsteig Brettspiele, lehnte lässig über die Lenker von Motorrädern und Fahrrädern, verwickelte sich ebenso leicht in eine Schlägerei wie in eine Partie Kricket oder Volleyball, ruinierte mit Selbstgebranntem ihre junge Leber und kaute und spuckte zerstoßene Betel-Blätter mit Areca-Nüssen.

Am Straßenrand wurde aber nicht nur gespielt, sondern es wurden auch auch Projekte entworfen. Eines der Projekte hieß, die neu zugezogenen Weißen ein wenig von ihrem Überfluss zu befreien und zu mehreren statteten sie uns um drei Uhr morgens auf leisen Sohlen einen Besuch ab. Den Einbruch erleichterte ich ihnen, indem ich zugunsten einer frischen Brise in die schwüle Nacht den Eingang über die Terrasse nur mit einem Fliegengitter versperrte und zum besseren Transport noch Taschen für sie auslegte, in welche sie einige unserer persönlichen Gegenstände luden. Mit Andreas, der von den Geräuschen aufgeschreckt plötzlich splitterfasernackt vor ihnen stand, wollten sie sich allerdings weder bekannt machen, noch von ihm verabschieden, rannten mit allem, was sie in ihrem plötzlichen Aufbruch greifen konnten, in die Lagune und von dort in ihr Zuhause.

Die Polizei war leider beim Auffinden der gestohlenen Gegenstände nicht besonders hilfreich und außerdem auffallend mehr an meiner Person interessiert als an den Einbrechern. Nachdem ich dann endlich begriffen hatte, dass der Freund und Helfer in Sri Lanka einen anderen Berufsethos hatte als der deutsche Paragra-

phenreiter, unterbezahlt und nur mit gut platziertem Schmiergeld seiner Aufgabe nachging, wechselte ich spontan von meiner unbedachten Sorglosigkeit in übertriebene Vorsicht. An der windigen Eingangstür ließ ich einen fetten Riegel anbringen und kontrollierte vor dem Schlafen und auch im Laufe der Nacht mehrmals, ob er auch wirklich einbruchssicher verriegelt worden war. Das half uns jedoch nicht über unsere Schludrigkeit hinweg, mit welcher wir vom Fahrrad bis zur Surfhose stets ausreichend Stehlenswertes im Garten herumliegen ließen. Die beiden Wachposten, die für den Empfang der nächtlichen Besucher eingestellt worden waren, pflegten einen beneidenswerten Schlaf. Über Klappstühle gehängt oder ausgestreckt auf kühlem Beton versenkten sie sich über die gesamte einbruchskritische Zeit hinweg in einen beneidenswert tiefen Schlummer. Die Abwehr überließen sie der beklemmenden Mauer, die unsere Siedlung umlief und als Krönung ihrer Scheußlichkeit noch einen Stacheldraht oben aufgesetzt bekommen hatte. Der Schutzwand trotzend kletterten die Einbrecher mit ungebrochener, sri-lankischer Sportlichkeit darüber hinweg oder aber nahmen gleich den Laguneneingang.
Wir verstanden, dass weder Nachtwächtern noch der Polizei an der Sicherheit unserer Güter gelegen war, und kauften eine Schäferhündin, die von den Kindern heiß geliebt wurde und den potentiellen Einsteigenden mehr Respekt einflößte, als ihrem verspielten Wesen eigentlich zugestanden hätte.
In Zukunft mieden sie unser Haus und seit mir zu Ohren gekommen war, dass sie ihre kriminellen Energien von nun an auf weniger abgeriegelte Häuser der ärmlichen Nachbarschaft verwendeten, hatte ich ein dauerhaft schlechtes Gewissen deshalb. Diebstahl war doch kein Privileg der Reichen! Ohne Frage waren wir die bevorzugten Opfer ihrer Streifzüge, aber

sie hatten auch keine Skrupel, ihren Landsleuten das mühsam ersparte Bankkonto von Hals und Arm zu reißen und den ergatterten Schmuck an ihren Hehler oder als Schnäppchen an unbedarfte Touristen zu verhökern.
Bei uns stahlen sie dort, wo es zumindest nicht großartig ins Gewicht fiel und Gestohlenes ersetzt werden konnte.
Den Beraubten von nebenan jedoch ging ein Diebstahl direkt an die Existenz.

Für unruhige Nächte waren jedoch nicht alleine die Einbrecher zuständig, sondern auch ausgelassene Partys, die auf dem übernächsten Grundstück alle paar Wochen tobten und an denen wir in der Regel weit in die Morgendämmerung hinein über riesige Lautsprecher teilhaben durften. Wir ließen uns auch allzu leicht aus dem Schlaf hebeln oder fanden gar nicht erst hinein, wenn die Bässe uns aufs Trommelfell schlugen. Dunkel erinnerte ich mich, warum ich mich gegen das Leben in Kirchennähe entschieden hatte und ärgerte mich darüber, dass mein Schlafbedarf nur so mühsam gedeckt werden konnte und die vornehme Ruhe des Compounds nun von Lärm heimgesucht wurde, der die übliche Stille schallend durchbrach.

Besonders in Erinnerung geblieben ist jener wohltemperierte Septembertag, als ich mit den Kindern über den Hausaufgaben saß, die Begeisterung der Schaffenden sich in Grenzen hielt und die Stimmung auf den Tiefpunkt zusteuerte.
„Wenn du“, sagte ich gerade und knallte acht aus der Erde geklaubte Steine auf den Tisch, „diese acht Steine in gleichen Teilen auf zwei Personen aufteilen wolltest, wie viele bekommt dann jeder?“

Ratlos starrte unser Jüngster die Steine an, hätte lieber nach Steinen gegraben als sie auf zwei Menschen aufzuteilen. Nach längerer Bedenkpause entschied Willi schließlich: „Fünf?!" und brauchte dann dringend ein Glas Wasser. Er floh vor meiner anschwelenden Ungeduld an den Wasserspender, hantierte dort umständlich am Ventil herum und gerade als ich zu einem energischen Rückruf anheben wollte, schallte mir per Lautsprecher ein Ruf entgegen, der mindestens so energisch war wie jener, den ich in Planung gehabt hatte. Wer jenem Ruf hinter unserer Mauer folgen sollte, konnte ich daraus nicht eindeutig entnehmen, hatte darüber aber endgültig die Aufmerksamkeit des Jüngsten verloren. Wir packten die verzweifelten Teilungsversuche in die Tasche und die Kinder kickten augenblicklich den Fußball über die abgetretene Wiese, garnierten ihre schweißtreibende Kickerei mit einem verbalen Schlagabtausch, der ihnen unter normalen Umständen einen mütterlichen Tadel eingebracht hätte. Gegenwärtig konnte ich mich jedoch nicht so richtig entscheiden, wo ich hinhören sollte und beschloss, dass ich gegen Lärm aus der Nachbarschaft nichts ausrichten konnte, gegen Schimpftiraden momentan nichts ausrichten wollte und griff ausgerechnet nach einer Schillerbiografie, die meine volle Konzentration forderte. Die Lektüre von Schillers Lebensbeschreibung nahm immer schrillere Töne an, die Lautsprecher jenseits der Mauer überschlugen sich unterdessen und holten mich aus der selbst auferlegten Lethargie, zwangen mich zu Taten.

„Bin gleich zurück", hoffte ich und strampelte auf meinem Fahrrad aus unserem Compound hinaus, immer dem Ton nach auf den ebenfalls an der Lagune liegenden Hotelgrund, der vom Zusammensturz bedroht von der Besitzerin für religiöse Zusammenkünfte freigegeben worden war. Dagegen hatte ich grundsätz-

lich nichts einzuwenden, sah ein, dass dieses lauschige Lagunengrundstück für Kundgebungen jeglicher Art durchaus geeignet war, störte mich lediglich am nicht abreißen wollenden Geräuschpegel, der auch uns in die Bekehrungsversuche miteinbezogen hatte. Ich wollte ihnen dies vor Augen führen, hatte als Trumpfkarte die Hausaufgaben der drei Kinder im Ärmel, mit der ich im Falle eines Nichtgelingens bezüglich der Lautstärkenregelung überzeugen würde.
Ich hatte mich auf eine Gruppe von hundert Gleichgesinnten vorbereitet, hatte sie in meiner Fantasie andächtig der Predigt lauschen sehen und war einigermaßen verblüfft, als ich auf die überschaubare Menge von zwölf Teilnehmern stieß.
Warum, so fragte ich mich, mussten zwölf Hansel in diesem Ausmaß beschallt werden?
Mathematisch geordnet den Hintern auf Plastik abgelegt, blickten die Zwölf andächtig zu einem älteren Herren in Schwarz auf, der auf seinem Podest erregt zweifellos wichtige Dinge ins Mikrofon eingab, jene zeitgleich aus zwei Meter hohen Lautsprechern an die Hörer gebracht wurden. Ich sah mich um und bemerkte einen Mann, der in einem weißen Hemd und in dunkelblauer Hose wichtig genug aussah, damit ich ihm mein Anliegen vortragen konnte. Salopp warf ich mein Fahrrad in ein Gebüsch und ging zügigen Schrittes auf jenen zu, stutzte über ein am Rednerpult angebrachtes Schild, das meine säuberlich zusammengestellte Rede ins Wanken brachte: „Silence please!“
Ruhe bitte!
Ich fragte mich, was dieser Lautstärke gewachsen sein könnte, so dass um Ruhe gebeten werden musste. Um ein Haar wäre ich in folgenschwere Heiterkeit ausgebrochen, hatte über dieser Realsatire meinen Missmut vergessen und schluckte mehrfach am Lachen, das ungestüm aus meinen Tiefen hervorbrechen wollte. Das

verhalf meinen Gesichtszüge zu einer positiven Aufwärtsbewegung und der Mann sah mir guter Dinge entgegen, betrachtete mich neugierig, hob schließlich mahnend den Zeigefinger an die Lippen. Ich tat es ihm gleich und kam ein paar Schritte näher, räusperte meine Heiterkeit in die Schranken und setzte zu meiner Ansprache an:
„Wir leben nebenan“, begann ich und deutete mit dem Zeigefinger in Richtung Nebenan. Mein Gegenüber freute sich ehrlich darüber, dass wir nebenan lebten.
„Meine drei Kinder“, den Trumpf zog ich vorsorglich gleich aus dem Ärmel, „müssen Hausaufgaben machen.“
Fragend sah er mich an und setzte sicherheitshalber noch erklärend hinterher: „Leider ist ihnen das bei dem Lärm nicht möglich!“
Das fand der Mann sehr bedauerlich und er beteuerte, dass die Mission in nur einer Stunde beendet sein würde, sie dann den Ort des Geschehens räumen würden und betonte, dass sie die Lautsprecher mitnähmen. Ich sah auf die Uhr, nickte und zog zufrieden ab. Es war jetzt siebzehn Uhr und in nur einer Stunde könnten wir uns wieder in die Divisionsschlacht begeben. Willi ließ ich wissen, dass nur noch eine Stunde niedrigstes Sprachniveau möglich sei, bevor die Aufteilung der Steine auf dem Schreibtisch neu verhandelt würde.
Die zeitliche Verlässlichkeit der Sri-Lanker nahm es mit Minuten und Stunden nicht so genau und als um zwanzig Uhr die entgegen gefieberte Ruhe einkehrte, hatten die beiden Großen ihre Hausaufgaben dem Lärm trotzend erledigt, unser Willi sich mit Hilfe meines ihm eingeredeten Vorwandes erfolgreich aus der Pflicht gewunden.

Dies war ein kleiner Vorgeschmack dazu, dass wir nicht nur in ein fremdes Klima, sondern auch in eine fremdartige Kultur gezogen waren, deren Empfindungen und Werte erst noch von mir erspürt werden mussten, bevor ich damit ordentlich umgehen konnte. Das Lächeln war ebenso ein Teil des Sri-Lankers wie die lautstarke Freude, beides war untrennbar miteinander verbunden und konnte auch nicht mit meiner rationalen Ader einfach so auseinander dividiert werden, damit ich ausschließlich mir Angenehmes konsumieren konnte. Eine Aufgabe, die mir auch kulinarisch bevorstand.

2. Hilfe! Mein Essen brennt

Die erste konkrete Begegnung mit sri-lankischem Essen machte ich auf einer Reise in den Süden, als ich, von den Straßen hungrig geschüttelt, mit meinen Blicken gierig die vorbeihuschenden Geschäfte nach Gebäck oder ähnlichem abgrasten.
„Sowas wirst du hier nicht finden", desillusionierte mich Andreas, „du musst dich auf eine am Straßenrand deponierte Glasvitrine konzentrieren, hinter der ein Srilanker im Schneidersitz und kerzengerade", wehmütig seufzend richtete Andreas sein Rückrat auf und fiel kurz darauf wieder in sich zusammen, „ein kerzengerader Verkäufer sitzt und leckere Teilchen verkauft!"
Da schlug seine Laune in Vergnügen um, lustig trommelte er eine Melodie aufs Lenkrad, ließ sich aber nicht näher über sein Vergnügen aus und pfiff ein Liedchen in das um uns herum veranstaltete Hupkonzert. Wie hypnotisiert fixierte ich all die kerzengeraden Rücken, die an Graben und Teer entlang schlenderten, sah rostige Drahtesel, denen ihre aufrechten Fahrer etwas Majestätisches verliehen und vergaß ganz den an mir nagenden Hunger. Dann bremsten wir abrupt, die Kinder hörten auf zu streiten und alle schauten überrascht auf Andreas, der seine Tür aufriss und ins Freie sprang.
„Ich dachte, ihr seid hungrig", scheuchte er uns aus den Sitzen und in ein blau getünchtes Gebäude hinein, wo ein Mann mit Kochmütze hinter einer Vitrine Teig drehte und Woks mit Zutaten bewarf. Bei unserem Auftauchen lachte es breit unter der Mütze.
„Ich mach das denn mal", sagte Andreas verzückt und schob mich beiseite. Durch seine unerschütterliche Hei

terkeit misstrauisch geworden hörte ich zu, wie mein treu sorgender Ehemann in Englisch Landesübliches bestellte, bezahlte und gar nicht mehr aus seinem Vergnügen herausfinden wollte. Eine Weile lümmelten wir um die Theke herum, wo ich abwesend mit dem Finger Strichmännchen in das von den ununterbrochen vorbeifahrenden Dieselmotoren verfärbte Kochfett malte. Der Mann mit dem Mützenturm auf dem Kopf zischte und wirbelte, schichtete Reis in eine Zeitung, hüllte die Soßen einzeln in Plastik und steckte das Ganze in eine Plastiktüte, die demnächst mit seinesgleichen über Land flattern und sich unpassend in dieser wunderbaren Natur verhängen und niederlassen würde.
„Na los", konnte Andreas nicht abwarten und drängte uns auf den Parkplatz, wo wir die Heckklappe unseres Japaners öffneten, die drei Kinder im Kofferraum stapelten und unsere Hintern auf dem Boden ordneten. Aus einem Korb holte ich fünf Teller und einen Löffel, verteilte den Reis und reichte die Soßen im Kreis herum, welche wir experimentierleichtsinnig in den Reis rührten. Den Kauf hatte Andreas mit einem viel versprechenden Blätterteiggebäck gekrönt, das er nun vor sich ausbreitete und behauptete, er habe gerade keine Lust auf Reis.
„Ich brauch Besteck", stellte Fabian fest und ich reichte ihm den Schöpflöffel, bettelte vom Reisverkäufer noch vier weitere ab.
„Singhalesen", so eröffnete ich die Sensation beim Austeilen, „essen mit den Händen!"
Das wollte Willi auch.
„Mit *sauberen* Händen", zwang ich ihm den Löffel auf.
„Der ist ja total kalt!", mäkelte da Caro, nachdem sie die Finger gierig in den Berg Essen gesteckt hatte.
„Lauwarm!", relativierte ich ihre Übertreibung und setzte meinen Ausflug in die Essgewohnheiten der Sri-Lanker fort. „An heiß Serviertem", legte ich wich-

tig nach, „würden sich die Essenden ihre Fingerkuppen verbrennen." Außerdem wusste ich noch, dass die Sri-Lanker mit der rechten Hand aßen, sah mich nach meiner Lektion erwartungsvoll um, aber keiner wollte es wissen.

Doch!

„Warum die rechte Hand?", wunderte sich Willi und starrte auf seine Hände, grübelte lautlos darüber nach, welche Hand wohl die rechte und welche die linke war.

„Weil die linke Hand nicht zum Essen taugt!", triumphierte ich, endlich mein angelesenes Wissen anbringen zu können. „Jene ersetzt das teure Klopapier, ist folglich verunreinigt und sollte laut dem sri-lankischen Knigge und dem gesunden Menschenverstand nicht in Lebensmittel getunkt werden." Gesagtes unterstützend deutete ich in die Richtung einer Mauer, deren Steine wie schief gewachsene Zähne vorsprangen und in deren Zwischenräumen ein Pärchen an seinem Reis kaute. Meinen Finger auf die beiden gerichtet kommentierte ich jede ihrer Bewegungen. Mit Worten gab ich wieder, wie sie den Reis zu Kugeln rollten und in den Mund steckten, währenddessen sie peinlichst darauf bedacht waren, mit den Fingern nicht die Lippen zu berühren.

Hemmungslos glotzten vier Augenpaare das Pärchen an.

Andreas hatte sich von uns abgewendet: Wir waren ihm peinlich! Mein Taktgefühl war in einem Schlagloch stecken geblieben und ich versicherte ihm, dass ich mich demnächst wieder darauf besinnen würde. Nur nicht jetzt, da ich hemmungslos Essende anstarren musste. Das Paar fühlte sich beobachtet, sah mich schüchtern an und schon fand ich tiefrot meinen Takt wieder.

„Total kalt!", fand Caro mühelos in ihre Beschwerde zurück, während die Buben von Gesehenem ange-

spornt mit den Händen im Reisberg buddelten. Andächtig baute Willi eine Burg und zog einen Graben, in welchen er Curry leerte und manschte, bis ihm die Lebensmittel bis zum Ellenbogen klebten. Unterdessen legte ich eine missglückte Reiskugel in den zerrupften Essenshaufen zurück, schleckte meine Finger sauber – und löschte den Brand mit mindestens einem halben Liter Wasser. Andreas lachte Tränen und wedelte mit seinem Teilchen.
„Ich mag es lieber süß als scharf", prustete er seine Schadenfreude aus und biss herzhaft in das Süße, lief rot an, schnaufte wie eine Dampflok und rannte davon, kam mit drei Wasserflaschen aus dem angrenzenden Laden zurück, kühlte mit einer davon im Laufen seinen verbrannten Gaumen.
„Ich dachte, die seien süß", hechelte er und nun wusste ich auch, wo seine Heiterkeitsattacke hergekommen war.
„Das war die Feuertaufe", röchelte Andreas und setzte die Flasche neu an. Mit Unwörtern brachten die Kinder zum Ausdruck, was sie von dieser Feuertaufe hielten und ich sprach mindestens zehn Minuten lang nicht mehr mit meinem spaßigen Mann!

Fortan reisten wir nur noch mit einem Arsenal an Brot, gekochten Eiern und Früchten im Kofferraum und stillten damit den Hunger unterwegs. Feuerfrei! Die umständliche Verpflegung unterwegs war das Tüpfelchen auf dem i, welches die ersten Monate schleichend und in Schüben eine unkontrollierbare Sehnsucht nach Vertrautem in mir auslöste. Aus dem Hinterhalt griffen mich Auswüchse von Heimweh an und ich produzierte Verlangen nach Unvernünftigem wie Schweinebraten und Sauerkraut, die mir meine Verdauung in diesem schwülen Klima mit Sodbrennen vergolten hätten. In diesem Zustand trug ich mühelos eine beachtliche Anzahl an Dingen zusammen, die ich vermisste. Ich vermisste Milch, die auf dem Land immer mal wieder nicht lieferbar war, beklagte Sahne und Butter, die in der ewigen Sonne warm geworden war, bevor sie im Kaufhaus gekühlt wurde und als Beigabe in Gekochtem einen käsige Note hinterließ. Ich sehnte mich peinlich deutsch nach körnigem, herzhaftem Vollkornbrot. Am Gipfel meines Selbstmitleids stöhnte ich dann über den Schimmelpilz, der sich in der Feuchtigkeit vom Mehl bis zum Lederschuh niederließ, die Steckdosen, die beim Anschließen eines elektrischen Küchengerätes Funken sprühten, war so schrecklich unflexibel, weinerlich und arg beklagenswert! Zu meiner Erleichterung hielt ich diesen beklagenswerten Zustand nie lange durch. Irgendwann schlug ich, von mir selbst genervt, wieder die Augen auf und sah ein tropisches Angebot, von dem ich im Land von Butter und Milch nur hätte träumen können und entwickelte eine vernünftige Abneigung gegen Fettiges und klimatisch nicht ins Land Passendes. Zu Hause türmte ich dann strahlend einen tropischen Früchteberg auf eine Platte, ernannte die stachelige Blätterkrone der Ananas zum Gipfelkreuz, legte eine bombastische Papaya neben kleine, sattgelbe Bananen in unterschiedlichsten Geschmacksnoten und streute Limonen, bedauerte im Stillen das wässrige Pendant in Deutschland, welches aus Treibhäusern oder ganz grün auf die Reise ging und dann auf die Verkaufsstände kam; die Vielfalt schmackhafter Früchte würde mich auf ewig verderben, wie mich schon mein europäisch anerzogener Geschmack verdorben hatte. Nie mehr würde ich auf den schalen Import zurückgreifen, nachdem ich einmal die in der Sonne gereiften Geschwister gekostet hatte. Niemals, so schwor ich mir, würde ich nach Ananas, Mango oder Avocado greifen, die, von der langen Über-

fahrt müde, welk im Regal auf einen Käufer wartete. Mit diesem Wissen belegte ich täglich neu einen Teller mit den tropischen Schätzen und bestückte damit die Frühstücksauslage, den Mittagstisch, den Vor- und den Nachtisch. Kindergläser füllte ich mit der vor lauter Gesundheit strotzenden Kokosnussmilch einer in unserem Garten wachsenden, birnenförmigen King-Kokosnuss und kochte aus Maracuja Marmelade.
Curry und Chili allerdings waren unter Auflage der Familienleitung aus dem Essen verbannt worden. Hätte ich ein Frühstück à la Sri Lanka aufgetischt, wäre der Haussegen sehr schief gehangen.
So kam es, dass ich Tropisches europäisierte und mit einem neugierigen Auge nach dem landesüblichen Frühstück schielte. Jene zündelten schon kurz nach dem Aufstehen mit Reis und scharfem Curry, raspelten Kokosnuss in Reismehl (Roti), oder speisten Nudelkringel (String Hoppers), füllten Kokosnussschalen mit Mango-Chutney, getrocknetem Fisch, Kokosnuss und Chili (Sambol) und Linsen (Dhal). Dass diese feurige Tradition durchaus Sinn machte, erlebten wir am eigenen Darm. Winzige Würmer hatten sich nach wenigen Monaten in unseren Gedärmen eingenistet und wir konnten sie nur mit einer widerlichen Teekur zum Abzug bewegen. Das Getier, kommentierte der behandelnde Arzt beiläufig, richte sich bei Einnahme von Chili und Kumpanen gar nicht erst häuslich in den Innereien ein und er riet uns, das Frühstücksei mit Chili zu versetzten.
Seither schüttete ich Chili ins Omelett und heizte damit den Würmern kräftig ein, wobei Chili nur unter diesem einen Wurm vernichtenden Aspekt eine Ausnahmegenehmigung erhielt.
Aber nicht nur Chili wurde aus den Malzeiten verbannt, sondern auch die Kokosnuss war in Ungnade gefallen. Einzig der hohe Vitamingehalt der Milch hat-

te sich diese an den Tisch argumentiert, so dass wir sie täglich und vernünftig in uns hineinkippten. Dass kein Stammplatz für Landesübliches in meiner Zutatenliste bereit stand, lag an Andreas.

„Ich bin geschädigt", verkündete er ernsthaft. Geschädigt, weil er vor unserer Ankunft auf der Insel regelmäßig durch die Firmenkantine gestreift war und seinen Hunger begeistert mit Lokalem gestillt hatte. Am Wochenende verkehrte er dann noch an Strand- und Straßenbuden, wo im Fett der Kokosnuss so Allerlei gebraten wurde, und mit jeder Mahlzeit ebbte die Begeisterung des Ehemannes ein wenig mehr ab, bis irgendwann nur noch die kleinen Preise der Mahlzeiten punkteten. Nach drei Wochen kulinarischer Wiederholung konnte Andreas das Fett nicht mehr riechen und spürte unerbittlich jede Spur von Kokosnuss im Essen auf: Stur lehnte er alle Nahrungsmittel ab, in welche ich diese gehaltvolle Nuss hineingeschmuggelt hatte.

„Bedenke", rechtfertigte er seine Abneigung einmal, „dass mehr Menschen auf der Insel an den Folgen einer abgestürzten Kokosnuss sterben als an einem Schlangenbiss!" Ich musste zugeben, es war ein Argument, das ich selbst schon einmal aufgefahren hatte – was es allerdings nicht unbedingt schlüssiger machte. Mit jenem Argument brachte ich in sehr regelmäßigen Abständen einen Kokosnusspflücker auf unsere Hauspalme, damit er von dort oben die Kokosnüsse nach meinem Terminkalender fallen ließ, bevor jene einen zufällig vorbeiwandernden Kopf für ihren Abstieg nutzten. Die Fußgelenke mit einem Strick lose verbunden, robbte der Pflücker mit uns fünf Zuschauern im Rücken die sechs Meter palmauf, klammerte sich mit den Oberschenkeln an den Stamm und warf die Kokosnüsse ab. Den Ertrag der Expedition in die Palmenblätter überließ ich unserem Hausmädchen Jasinta und der srilankischen Nachbarschaft, die jene ausschlachteten;

Die Milch wurde verkocht oder getrunken, das Fleisch geraspelt und dem Essen beigefügt; Öl und Essig aus ihr gewonnen und manch einer brannte sich mit ihr einen *Arak*, den Inselschnaps. Die Schale wurde als Trink- und Essgefäß benutzt, die haarige Hülle für ein paar Rupien an Fabriken verkauft, was dort zu Allerlei weiterverarbeitet wurde. Aus den Palmblättern woben sie ihre Hauswände und Dächer, stellten Körbe, Teppiche und Sonnenhüte her – die Kokosnuss, sinnierte ich eines Tages laut, war für den Sri-Lanker das, was der Büffel einst für den Indianer gewesen sein musste. Aber der Büffel beeindruckte meinen Mann nicht, er hatte sich am sri-lankischen Büffel überessen, wie auch Reis, Curry und die Schärfe ihm zuviel geworden war und er verlangte meine gemäßigte Küche zurück. Jene war aber in der alten Form nicht mehr möglich und mich belastete besonders die Restriktion in Sachen Reis, der auf Sri Lanka allgegenwärtig war und als Grundnahrungsmittel in keiner Malzeit fehlen durfte; als Korn oder Mehl wurde es dreimal täglich aufgetischt, was mir strikt untersagt war. Manch einer war in Sri Lanka schon auf den Reisgeschmack gekommen, nur nicht mein Mann, der war durch die ewige Wiederholung vom Geschmack abgekommen. Reis konnte ich ihm höchstens noch als Risotto verkaufen und die Beilagen sollten das Scharfe nur in Maßen, auf keinen Fall in Massen enthalten.
„Und überhaupt ist Chili", zitierte mein Mann selbstgefällig, „ein von den Portugiesen importiertes Gut. Ursprünglich sorgte der traditionell angebaute schwarze Pfeffer für den scharfen Einschlag der Gerichte, was mir persönlich besser munden würde!"
Argumentativ war somit Chili und die Kokosnuss aus der Küche ausgewiesen, für den Reis fehlte das schlagende Argument und ich machte ihn darauf aufmerksam, dass Reis nicht zwingend wie Reis schmecken

musste, ja weltweit über hundert Reissorten angebaut wurden und es Sinn machte, bei der Nahrungsaufnahme auf alles zurückzugreifen, was keine langen Wege zurückgelegt hatte. Über dreißig Sorten, dozierte ich, würden in Sri Lanka angebaut und ich zeigte mich zuversichtlich, dass bei dieser Vielfalt eine Geschmackrichtung für seinen Gusto heraussprang, Alternativen für Risotto gefunden werden konnten. Sein lang anhaltendes Schweigen deutete ich als Zustimmung und steckte bei meinem nächsten Marktbesuch meine Nase in die weißen, hohen Jutesäcke (die leider immer mehr von der Kunststoffversion abgelöst werden), aus denen das asiatische Grundnahrungsmittel über den Rand quoll. Mein Reisstudium ergab, dass die Körner sich nicht nur in Form unterschieden, sondern dass einige sogar eine eigene Duftnote abbekommen hatten. Einst importierten die Araber Jasmin und Rosenwasser und parfümierten damit den Reis. Die Sorte Basmati wiederum stammte aus Indien; Langkorn, Rundkorn; wilder oder roter Reis: mein Streifzug durch die Reisauswahl war ergiebig und ich entschied mich für den als gesund gelobten, roten Reis, den ich gleich auf Vorrat einkaufte.
Zuhause sortierte ich die Käfer aus und wusch eine handvoll, steckte ihn in kochendes Salzwasser und wandte mich den anderen Gerichten zu. Der aus dem Topf steigende Wasserdampf breitete sich geruchs-intensiv in unserem Bungalow aus, wurde Türen knallend mit einem „Igitt" aus den Zimmern ausgesperrt. Andreas und die Kinder kosteten nicht ein Körnchen Reis, aßen Scampis und Soja und forderten mit sofortiger Wirkung und unwiederbringlich Kartoffeln und Nudeln als Beilage ein. Ich hatte mir aber nun mal vorgenommen, grundsätzlich alles zu kaufen, was landestypisch und auf der Insel angebaut wird. Konsequent wollte ich dem Vorsatz „Kauf sri-lankisch!"

folgen, wollte so der Wirtschaft des Landes auf die Sprünge helfen und kaufte mich unerbittlich durch alle Reissorten, kassierte einige „Hab ich nicht gesagt, ich mag keinen Reis!“ und wurde kurz vor der Verzweiflung doch noch fündig. Ich hatte eine neutrale Sorte gefunden, die beim Kochen nicht stank und mit Soße serviert sogar mit Nachschlag aufgetischt werden durfte.

Mein Verlangen nach Inseltypischem und hier Angebautem war mit Reis aber noch längst nicht erschöpft. Ich rätselte in Folge mehrfach über blind Eingekauftem, brachte dem konservativen Geschmack der Familie nicht nur mit rotem Reis das Naserümpfen bei. In kulinarischen Belangen musste ich noch viel lernen, erstand ein sri-lankisches Kochbuch mit Bildern, welches ich, immer noch sehr grün hinter den Ohren, zur lokalen Auslage am Markt mitnahm. Im Auto sitzend studierte ich vor dem Einkauf die Bilder, prägte mir Namen und Formen ein, bevor ich mich ins Geschehen wagte. Am Marktstand gab ich mich selbstsicher, erhoffte mir Preisvorteile, wenn ich nicht vom ersten Augenblick an als Greenhorn enttarnt werden konnte. Trotzdem oder deswegen vergriff ich mich mehrfach, kaufte formschöne und formlose Unbekannte und hoffte, sie mit Hilfe meines Buches zu entschlüsseln und in Essbares zu verwandeln. Einige dieser gewagten Einkäufe verliefen verheerend. Wie zum Beispiel der Griff daneben am Früchtestand, wo ich mich zu einer stacheligen, ein Kilo schweren Frucht überreden ließ, die meine Autofahrt heim im wahrsten Sinne des Wortes verdarb; eine Frucht namens *Durian,* die hierzulande als Delikatesse gehandelt wird.
Auch bekannt unter „Stinkfrucht“!
Grün im Gesicht verpackte ich die Delikatesse luftdicht und schenkte sie Jasinta, machte fortan einen großen Bogen um alles Stachelige. Andere Unbekannte wiede-

rum funktionierte ich in der Küche zu Essbarem um, tischte auf und sah mich erwartungsvoll bei den Essenden um.
„Interessant", seufzte die Belegschaft genervt. „Ein bisschen anders vielleicht!" – und wollte Gewohntes zurück, hatte meine Experimente bald und endgültig satt.

Die konservativen Kinder waren es schließlich, die Sri-Lankisches bei uns einführten. Aus der Schule brachten sie Reste ihres Mittagessens, pflanzten jene zwischen mein europäisch Gekochtes und stifteten uns zum Kosten an. Dort entdeckte ich auch einen Salat mit Namen *Gotukola*, welchen ich als gesunde Beigabe sogleich klein geschnitten unter meine Salate mischte. Verkauft wurde er am Stil zusammengebunden und im Strauß. Sseine Blätter erinnerten an Klee, versprachen auch ohne vier Blätter Gesundheit und vegetarisches Glück in den Eingeweiden. Vegetarisch war ich auf der Insel überhaupt gut aufgehoben und erweiterte meine Gemüsebeilage entsprechend, denn der Buddhismus unterstützte traditionell die fleischlose Küche. Dem Buddhisten war es per Karma verboten, ein Lebewesen zu töten. Mit einem Anteil von siebzig Prozent Buddhisten zog sich dieser Respekt vor Lebendem bis in die Mahlzeiten. Ich kam aber nicht um ein Stirnrunzeln herum, als ich sehen musste, wie kreativ diese Philosophie teilweise umgesetzt wurde. Als ich mich vor meinem Hausbesitzer dafür interessierte, warum nicht wenige Buddhisten trotzdem Fleisch und Fisch aßen, erklärte er mir – offen erstaunt – dass der Buddhismus ja nur das Töten verbiete, vom Essen sei nirgendwo die Rede. Ich begriff, dass der Verzehr von Fleisch- und Fisch reine Auslegungssache und folglich erlaubt war, wenn der Essende dafür nicht selbst schlachtete.

Nicht alle von der Religion oder Philosophie vorgegebenen Regeln waren so strikt, dass sie zurechtgebogen werden mussten. Die im Norden und Osten angesiedelten Tamilen folgten vornehmlich dem Hinduismus, und wurden, ganz anders als die im Süden und Westen lebenden Singhalesen, nicht grundsätzlich zum Vegetarier gepredigt, durften nur ihre heilige Kuh nicht schlachten. Statt der Kuh molken und schlachteten die Tamilen Büffel und gewannen aus der Milch das *Curd*, ein Büffeljoghurt, und hielten sich in der Ernährung sehr stark an die Vorgaben der Ayur-veda. Wer ayurvedisch lebte, unterlag je nach Konstitution wieder anderen Essensregeln. Außerdem gab es noch die im Osten angesiedelten Moslems, die kein Schweinefleisch essen durften – die vorherrschenden, religiösen Verbote verwirrten mich streckenweise und brachten mich beim Einkaufen in ein Dilemma, wollte ich den Respekt vor den verschiedenen Lebensweisen wahren. Nach reiflicher Überlegung rechtfertigte ich mein Verlangen nach Fleischigem damit, dass ich ja keiner Religion unterläge. Trotzig kaufte ich im Einkaufszentrum ein Stück der heiligen Kuh und legte noch Schweinefleisch obenauf, erhielt als Strafe mein erstes Stück frisch eingekauftes und bereits verwesendes Schweinefleisch. Die Kuh wiederum war zäh wie Leder und bedeutete harte Arbeit für die Kauenden, hätte erst lange in Olivenöl eingelegt werden müssen, was wiederum auf der Insel nur zu Wucherpreisen und meist einen Hauch ranzig erhältlich war. Bald wich ich vom Kaufhaus auf die Straße aus, wo in einem Bretterverschlag frisch Geschlachtetes an einem Haken baumelte, von Fliegen umschwärmt und in der Hitze flimmernd ein hupendes, stinkendes Verkehrschaos an Getöteten vorüber zog. Eine sinnvolle Alternative zu den Einkaufszentren, wo das Schlachtgut ungekühlt angeliefert wurde, tagsüber in der Vitrine auslag und wenn es zum Ladenschluss noch nicht verkauft worden war, eingefroren wurde – um am nächsten Tag wieder aus dem Eis gezogen und ins Frischfleisch gelegt zu werden. Irgendwo dazwischen lag die Verwesung und hatte aus mir eine Stammkundin am Straßenrand um die Ecke werden lassen.

Zunehmend griff ich in meinem Fleischdilemma auf den Fisch zurück, der nicht erst fachgerecht abgehangen werden musste, sondern frisch direkt vom Boot gekauft werden konnte. Ein interessantes Merkmal von wirklich frischem Fisch war der „warme Fisch". Jener war, anders als der von der Sonne Erhitzte, noch warm und nicht erst warm geworden, hatte kürzlich warm im Meer geplanscht. Davon animiert organisierte Andreas einen Angler, der mit einer Rute und einer dürftig daran geknoteten Schnur Fischiges an Land zog, Muscheln von den Riffen klaubte oder in einer windigen Holzschale übers Riff ins Meer glitt und weit draußen sein Netz auswarf. Was er nicht verkaufte, kochte er in einem Wok, den er auf drei Backsteine legte, im Hohlraum ein Feuer legte und Gefangenes dort kochte.
Die Alternative zu unserem Fischer war der Fischmarkt, wo täglich Scampis, Tintenfische, Muscheln, Thunfische, Searfische oder Haifische in die Auslage gerieten und um den es sich ab vier Uhr morgens turbulent staute. Fahrräder und Motorräder mit aufgesetzter Styropor-, Holz- oder Plastikkiste standen kreuz und quer in der Straße und blockierten den Berufsverkehr, während deren Fahrer am Markt um den Fisch feilschten. Busse und Lastwagen lenkten sich derweil um die Zweiradparkplätze und die Männer und Frauen herum, die auf der Fahrbahn und mitten im Fischgeruch auf Tüchern saßen und monoton für die Vorzüge von T-Shirts, Shorts, Sarongs und Saris warben. Die davon-

eilenden Zweiradfahrer wiederum verkauften nicht vor Ort, sondern brachten die leicht verderbliche Fracht in ortsansässige Hotels und Restaurants. Einige legten das Erfeilschte in ihrem Aufsatz auf Eis und fuhren mehrere Stunden, tropften fischige Spuren bis tief ins Landesinnere, wo sie am Verkauf ein paar Rupien verdienten. Froh, nicht auf den weit gereisten Fisch angewiesen zu sein, tropfte unser Einkauf herrlich frisches Meerwasser auf das Schneidebrett und wurde mit Ingwer, Tomaten, Koriander, Petersilie und dem einen oder anderen Curryblatt gestopft und mit Kartoffeln, Reis und Gemüse serviert: Ich kochte eine wilde Mischung aus Inselküche und europäischer Esskultur.

Mit meiner Mischtechnik in der Küche führte ich fort, was die Insel über die Jahrhunderte kulinarisch geprägt hatte. Erst waren die Araber, dann die Portugiesen, die Holländer und schließlich die Engländer nach Sri Lanka gekommen und hatten neben ihrer Befehlsgewalt kulinarische Eigenheiten mitgebracht, vermengten jene mit Inselüblichem. Auf diese Weise hatten sich nicht mehr wegzudenkende Zutaten in Sri Lanka einquartiert, wie zum Beispiel der von meinem Mann beanstandete und von den Portugiesen eingeführte Chili. Hinzu kamen Tomaten und Mais, was wiederum meinem Mann gefiel; die Holländer brachten Kuchenrezepte mit und die Engländer bauten bis 1860 Kaffee, danach anhaltend erfolgreich Tee an.

Die Bedingungen für eine bekömmliche Teeernte waren hier auf Sri Lanka optimal. Im Hochland der Inselmitte angebaut stand „Ceylon Tee" für Qualität und hatte den 1972 abgelegten Taufnamen der Kolonialherren *Ceylon* unsterblich werden lassen. Bis heu-

te ist Sri Lanka einer der größten Teeexporteure der Welt. Mit dieser Statistik vertraut jagten wir einen Urlaub lang unseren Bus über die Serpentinen, bis wir im Nebel des 2000 Meter hoch gelegenen Nuwara Eliyas stecken blieben. Als die Sonne schließlich den Dunst aufgelöst hatte und die Symmetrie des uns umsäumenden, stramm den Bergrücken hoch patrouillierenden Buschwerkes freilegte, überlegten wir laut, was es mit dem Heckenanbau so auf sich haben könnte. Während wir unsere Gehirnzellen strapazierten, flog ein Schildermeer mit wohlklingenden Namen wie Caroline und Felicia an uns vorüber, die Teeblätter und –beutel darauf abgebildet hatten. Die Erleuchtung kam uns aber erst nach näherem Betrachten der durch die Hecken streifenden, bunten Saris, die einen Jutesack an den Zipfeln um die Stirn gebunden hatten. Selbst wir erkannten in ihnen die Pflückerinnen, die ihre Hände routiniert über die Sträucher gleiten ließen und die gezupften Blätter in dem Jutesack unterbrachten.
„Tee", rief ich erleichtert und notierte meine Erkenntnis auf einem Blatt Papier direkt unter „Ananas wachsen nicht auf Bäumen". Demnächst würde dem noch der Gummibaum folgen, dessen eingeritzter Stamm und die darunter gebundene Auffangschale wir zunächst („Es scheint, als habe sich der Borkenkäfer bis in die Tropen durchgefressen!") zur Methode gegen den gefräßigen Käfer erklärten. Da wir nicht genau wussten, wie man dem Borkenkäfer chemisch Herr wurde, dichteten wir auf Geratewohl dem eingeritzten Stamm ayurvedische Heilkraft an.
Dass dort aber Gummi floss, ja darauf waren wir nicht gekommen!

Wieder zu Hause las ich mich in die Welt der Teesorten ein. Ich studierte die Erzeugnisse eingehend und

brühte jene unserem Hausmädchen und den im Compound Arbeitenden auf, servierte gediegen und reichte braunen Zucker dazu.
„Tee-eke!", bot ich den Tee an und platzte fast vor Stolz auf meine Brocken Sinhala und mein dargebotenes Inselgetränk. Interessiert betrachteten die Bedienten Aufgebrühtes, schütteten Milch hinein, rührten den Zucker nicht an, nippten mit spitzen Lippen und erinnerten sich jäh, dass sie noch einiges zu tun hatten. Stutzig über den plötzlichen Eifer und die vorausgegangenen, lang anhaltenden Teesitzungen mit unserem Hausmädchen in Erinnerung, holte ich mir Jasinta her, die ihren Tee gerade heimlich im Ausguss versenkt hatte.
„Na ja", stammelte sie, schob den braunen Zucker von einem Eck ins andere und fasste schließlich Mut: „Braunen Zucker benutzen wir nicht!" Der sei dreckig, belehrte sie mich, und Dreck, das leuchtete mir ein, konnte man ihnen nicht zumuten. „Außerdem", sagte sie, starrte in die vor ihr aufgereihten Teetassen hinein bevor sie auch deren Inhalt in den Ausguss schüttete, „fehlt dem Tee Geschmack." Daraufhin unterzog ich mich einer Lektion in Teebrühen. Eifrig löffelte sie einen Haufen Teeblätter in die Kanne, schüttete kochendes Wasser darauf und ließ das Ganze eine Ewigkeit ziehen. Zufrieden nahm sie zwei Tassen und füllte sie mit pechschwarzem Tee, ertränkte einen Haufen weißen Zucker darin, füllte das Ganze mit Milch auf und schob mir das Resultat ihrer Demonstration lächelnd zu. Bittersüß perlte das Getränk über meine Zunge in den Rachen, woraufhin nun auch ich spitze Lippen einsetzte, bevor ich das Gebräu heimlich einer Pflanze vermachte.
Für den Eigenbedarf brühte ich weiterhin fade und servierte Tee für sri-lankische Gäste bitter, mischte in meine Tasse *Jaggery*, den insulanischen Zuckerrohrsaft,

und verschaffte mir damit nicht nur ein Gefühl, etwas Einheimisches eingerührt zu haben, sondern auch einen Melasseschub.

Selbst in Sachen Tee hatte ich mich wieder einmal nur bedingt anpassungsfähig gezeigt. Iimmerhin fand ich wie zuvor mit Scharfem, in ihrer Art des Teetrinkens einen Sinn, der auf die hiesigen Lebensbedingungen abgestimmt war. Besonders die Plantagearbeiter stärkten sich an dieser nahrhaften Variante des Aufbrühens. Sie waren auf diese günstige Zwischenmahlzeit angewiesen, mussten sie doch mit einem Monatslohn von knapp dreißig Dollar auskommen, was gerade eben das bescheidene Existenzminimum deckte – meine Fantasie würde in all den Jahren nie weit genug reichen, um zu verstehen, wie ein Land, das soviel natürlich gewachsenen Reichtum in die Wiege gelegt bekommen hatte, so arm sein konnte. In diesem leuchtend schönen Land, in welchem aus Samen ohne Umstände Pflanzen wurden, im Süden und Westen dichter Dschungel die Ebenen begrünte, die Berge als Wetterscheide den Norden und Osten klimatisch trennte, hatte ein dreißigjähriger Bürgerkrieg bis ins Jahr 2008 zwischen den Singhalesen und den Tamilen diese Grenze politisch nachgezogen. Der Krieg verschwendete nicht nur die Einkünfte aus Ressourcen für Waffen, sondern legte ganze Reisfelder brach, weil die Arbeiter vor dem Krieg geflohen waren und war mit verantwortlich dafür, was wiederum die Preise für Grundnahrungsmittel in astronomische Höhen schnellen ließ.
Ich grübelte darüber nach, warum ein Land, das schon vor hunderten von Jahren Bewässerungssysteme und Stauseen entwickelt gebaut hat, die noch heute zeitgemäß bewässern; ein Land, in welchem Kultur nicht nur ein Schlagwort, sondern tief verwurzelt ist, warum dieses Land nicht aus der Armutsfalle herauskam. Ein

Land, das mit seiner Vegetation zur „Ersten", auf keinen Fall „Dritten" Welt gehören sollte, uns mit seiner Philosophie vorbildlich sein könnte und ein Land, das mit Ayurveda unserer westlichen Medizin durchaus das Wasser reichen kann. Ein wunderschönes Land, dem ich in meinem Alltag häufig begegnete.

3. Lassenei – Ein wunderschönes Land

So kam es, dass mich noch vor dem Alltag die kulturelle Differenz kalt erwischt hatte. Das sollte sich jetzt ändern und ich plante, mir den Alltag wenn nötig gewaltsam zuzuführen. Einen feucht-schwülen Alltag, in den ich eigentlich bereits vor sieben Wochen eingestiegen war, als ich mit drei Kindern am Rockzipfel linkisch aus dem Flugzeugbauch in die gemächliche Schrittfolge des Sri-Lankers eingefallen war, einige auf der Überholspur Zurückgelassene sich ausgedehnt über meine Fortbewegungsart wunderten. Jene waren von der Bazille Gemütlichkeit befallen, an der auch ich demnächst erkranken würde; meine Forschheit erlahmte in der Hitze und aus tüchtiger Bewegung wurde nach und nach lässige Bewegungslosigkeit. Meine Suche nach Alltag blieb ebenfalls bewegungslos und enttäuscht stellte ich fest, dass an jedem potentiellen, verlässlichen Trott Ausnahmezustände hafteten, dass Tägliches auf diese Weise nie die Ausmaße des Alltäglich annehmen würde. Kaum glaubte ich, etwas Regelmäßiges entdeckt zu haben, da kam mir auch schon ausgelassen die Ausnahme entgegen gehüpft und warf Verlässliches über den Haufen. War ich obenauf noch in Eile, stand mein Nervenkostüm unter bemerkenswerten Strapazen, denn weder war die Insel auf Alltägliches, noch auf Eiliges eingerichtet und trieb mir beides in stoischer Wiederholung aus. So glaubte ich anfangs noch, dass sich ein Einkauf ganz nebenbei erledigen ließe und brachte äußerst unangebracht Eile an.
Aber nebenbei *und* in Eile, so belehrte mich Inseltypisches, erledigte man hier gar nichts und scheute keinen Aufwand, um mir das zu demonstrieren. So gingen zum Beispiel erschreckend regelmäßig meiner

einzig verfügbaren Geldquelle, dem Geldautomaten, kurzzeitig die Noten aus. Da wir uns noch nicht an den bürokratischen Prozess einer Kontovollmacht für mich herangewagt hatten, nützten mir auch die offenen Bankschalter nichts und ich kam völlig erledigt und unverrichteter Dinge nach Hause. War der Bankschalter offen, so quoll garantiert eine Hochzeit oder Beerdigung in die Straßen oder ein Polizist regelte den Verkehrsfluss zum Stau; quälte ich mich durch Straßen, die aussahen, als habe die Fußgängerzone am Münchner Marienplatz ihre Schleusen geöffnet, die nun alle in meine Fahrt strömten. Nach und nach gewöhnte ich mir an, immer ein paar Rupien unter das Kopfkissen zu legen, ein Einkaufen als Tageswerk zu betrachten und brachte für jeden Handstreich alle-Zeit-der-Welt mit, was Nerven schonte.

Alle Zeit der Welt nahm ich auch auf den Gemüse- und Früchtemarkt mit, wo der Einkauf ein wiederholt sinnliches Erlebnis wurde und die eingebrachte Zeit gut angelegt war. Und das, obgleich unser Dorf Negombo seinen Markt nicht im Freien, sondern in einer riesigen Halle untergebracht hatte und ihm dadurch der freiluftige Marktcharme abging. Hatte der Besucher die Halle aber erst einmal betreten, vergaß er den fehlenden Charme und schlenderte wie hypnotisiert an den duftenden, schillernden und mannigfach bestückten Ständen entlang, hatte er sich, ohne dass er darauf aus gewesen war, auf einen Spaziergang der Sinne eingelassen.

Immer wieder neu stand ich mit meinen zwei geflochtenen Bastkörben am imaginären Torbogen von Negombos Markthalle und staunte die geradlinige Allee hinunter, die flankiert von reichhaltigen Früchte-, Gemüse- und Gewürzständen ein kunterbuntes Durcheinander von

Einkäufern und Verkäufern war. Fasziniert betrachtete ich die durch die Gänge schwebenden Sri-Lankerinnen, deren leuchtende Saris mich anstrahlten.
Einmal hatte ich versucht, mich in ein solches Sarituch einzuwickeln, verhedderte mich beim Wickeln und Knoten und musste mit Sicherheitsnadeln nachhelfen, die mir in die Hüften pieksten. Damals beschloss ich, dass das auch der Grund sein musste, warum immer mehr Sri-Lankerinnen lieber in importierten Unarten wie Jeans, Kunststoffblusen und -pullover schwitzten, anstatt sich in traditionellen Stoff zu hüllen. Der Sarong der Männer war da weitaus unkomplizierter im Knoten und sogleich wollte ich Andreas diese männliche Version des Saris um die Hüften binden, was er zu verhindern wusste.
„Du spinnst wohl", schüttelte er resolut den Kopf und ließ mich mit Tuch und meiner miserablen Knotentechnik stehen. Dabei hatte die gesamte männliche Nachbarschaft diese bequeme Methode, schnell mal was überzuziehen, bereits aufgegriffen, stiegen damit morgens in ihren Garten, reckten die Müdigkeit aus den Gliedern und griffen fast zeitgleich nach dem Knoten, der sich in der Bewegung löste.
„Warum denn nicht", drängte ich Andreas, einmal in etwas Abwechslungsreicheres als die Surfershorts zu steigen, „die sind farblich richtig männlich!" Tatsächlich waren die Sarongs dezent matt gehalten, während Saris geradezu blendend rot, gelb oder grün ins Auge stachen. Aber Andreas war nicht dazu zu bewegen, beharrte auf den zuverlässigen Klettverschluss seiner Surfershorts, wollte weder binden noch wickeln und schon gar nicht wiederholt knoten. Die Sarongträger am Markt, fiel mir auf, wickelten ihr Tuch auch ununterbrochen neu und waren derart geschickt darin, dass währenddessen auch nicht für eine Sekunde darunter Verborgenes und Unschickliches freigelegt

wurde. Die Damen schienen besser gewickelt, glitten ohne Sicherheitsnadeln und Fummelei durch die engen Wege zwischen den Ständen, waren von einem Mantra ähnlichen Singsang umgeben, schwebten in einer Duftwolke aus Curry, Zimt und Kokosnussfett. Tauchte allerdings mein europäisches Äußeres auf, geriet der teilnahmelose Sing-Sang in Aufruhr und ein lautstarkes Wetteifern um meine Kaufkraft begann. „Madam! Madam!“, überschlugen sich die Rufe durch die Markthalle und augenblicklich stand ich im Zentrum der Aufmerksamkeit. Hin und her geschoben, überwältigt von der Exotik, war ich sofort Teil eines Spektakels, das mich seit meinem ersten Besuch immer wieder überwältigte. Damals lustwandelte ich visuell die Stände ab, wobei mir ein untersetzter Mann von ungefähr vierzig Jahren auffiel, dessen Brille millimeterweise das Nasengefälle hinunter rutschte, er jene energisch alle paar Sekunden wieder in Position schob und offensichtlich ganz in Verhandlungen mit dem Verkäufer vertieft war. Aus der Auslage zog er eine Papaya, welche er prüfend entlang deren Rundung drehte. Die Frucht hochhaltend sprach er etwas in Sinhala, war mit der Antwort augenscheinlich nicht zufrieden. Er wiegte sein Haupt, wie er eben noch die Frucht gewiegt hatte, erwiderte etwas, was diesmal vom Verkäufer mit einem Kopfwiegen quittiert wurde. Einige Schlagabtausche und Kopfwiegen später wechselten Papaya und Rupienscheine die Besitzer. An dieser Stelle verließ ich die Verhandlung und drang tiefer in die Halle ein, wurde von einem forschen „Madam! Madam!“ eines Standinhabers aufgehalten. In geometrischer Ordnung lagen tropische Früchte auf einem Betonsockel, viel versprechend duftende Ananas und Bananen schwangen in eine Schnur gedreht vor meiner Nase. Der zufrieden lächelnde Früchteverkäufer saß umrahmt von tropischem Reichtum barfuß und im Schneidersitz am Gipfel seiner Präsentation. Über dem Sarong trug er einen kleinen Wohlstandsbauch, der das Schriftbild „I love Sri Lanka" auf dem T-Shirt in die Breite zerrte. Im Werben um meine Gunst präsentierte er blitzende Zahnreihen, hatte mich in seinen Bann gezogen.

Erstaunlich, dieses Lächeln, das so viele Gesichter in sich barg, von welchen ich noch einige zu sehen kriegen würde und immer wieder dankbar in der darin enthaltenen Wärme versinken würde, selbst nach dem Schrecken der daraus entstandenen Schlägerei des vorangegangenen Kapitels.

Das Lächeln war ein Mantel, den die Bevölkerung bei jedem emotionalen Wetterwechsel überzog; auch dann, wenn Ärger oder Angst anstand, sie eine Schimpftirade oder ein Schrecken traf; ein schützender Mantel, der entgleiste Gesichtszüge und den damit verbundenen, schwerwiegenden Gesichtsverlust verhüllte und Geborgenheit ausstrahlte; die Sicherheit war, die hiesige Politiker nicht bieten konnten.

Gewissenhaft ließ ich mich auf den Fragenkatalog ein, den der Verkäufer herunterspulte und suchte keine Abkürzungen hinaus, denn noch war ich nicht von der ständigen Wiederholung mürbe geworden.

„What's your name?"

„Minouche!" und fragte gleich zurück, erhielt einen Zungenverrenker, der in zusammenhanglosen Silben in mein Gehirn purzelte und dort Verwirrung anstiftete. Ein Original, dachte ich, das nicht von den ehemaligen Kolonialherren auf Sampath, Peres oder ähnliches europäisch angepasst worden war. Die Inseloriginale setzten meinem Sprachgefühl schwer zu und die Präsidentin Chandrika Banderanaika musste erst abtreten, bevor ich sie ohne stottern in einen Satz einbauen konnte.

„Where are you from?"

Woher kommst du?

Meine Antwort löste in dem Mann eine Kettenreaktion an Hoffnungen aus. Strahlend griff er nach der in Schnur gewickelten Ananaskette, drehte eine Frucht aus ihr und reichte sie mir.
„100 Rupies only!", pries er das duftende Stück Exotik und ich packte es in meinen Korb. Als ich vorsichtig einige Mangos aus ihrer geometrischen Ordnung gepflückt und eigenhändig einen Strauß Zitronenbananen aus ihrer Aufhängung befreit hatte, wurde der Mann mutiger.
„Do you have a job for me in Germany?", wollte er wissen, bestimmte das Kilo Bananen nicht digital, sondern warf Gegengewichte in die schwankende Waagschale bis beide Seiten in gleicher Position zur Ruhe kamen.
Einen Job für ihn in Deutschland? Betreten starrte ich ihn an und verfiel in einen Denkmarathon. Meine Fantasie präsentierte mir das strahlende Mannsbild umfangreich ernüchtert. In mehrere Kleiderschichten gehüllt schrubbte jene Fantasiegestalt bei McDonalds den Küchenboden, kratzte mit Stahlwolle die Fettreste vom Grill eines Kebab-Standes oder hing an Wolkenkratzern, wo er halsbrecherisch das Sichtfenster nach Außen blank rieb. Mit dem Eingenommenen – ein Stundenlohn konnte ohne weiteres das Doppelte eines hiesigen Tagessatzes einbringen – stopfte er Briefumschläge und wenn jener nicht irgendwo auf dem Weg in fremden Taschen verschwunden worden war, finanzierte jener der Familie und Verwandtschaft das Leben.
Eine Verwandtschaft, deren Ausmaß das europäische Vorstellungsvermögen sprengte. Es wimmelte von Cousins und Cousinen, Tanten und Onkels und man machte sich nicht die Mühe, der Ordnung wegen die weitverzweigte Verwandtschaft mit der eigentlich notwendigen Menge an Cous zu versehen, die in vielen Fällen den Grad der Verwandtschaft bis

ins Unkenntliche verwischt hätten. Beim Auszug ins Schlaraffenland zählte jeder verwandtschaftliche Tropfen Blut, stand der potentielle Großverdiener automatisch in der Pflicht. Mit einer Tante oder einem Onkel in Europa, im Mittleren Osten oder in ähnlich vermögenden Verhältnissen glaubte die Sippschaft an Reichtum, von dem sie profitieren wollten. Schließlich, so dachten die Zurückgebliebenen, brauchte der Ausgereiste sich nur zu bücken, um das Geld von der Straße der Ersten Welt aufzuheben, da schien es nur fair, dass auch sie ein wenig vom Reichtum abbekamen.

Ein Reichtum, der ihnen die polierte Oberfläche des Westens suggerierte; ein vermeintlicher Reichtum, der vom Gastarbeiter als Opfer seine Geborgenheit kostete.

„Leider nicht", enttäuschte ich den Mann und streifte mit meinen Blicken erneut über die reiche Ernte der Standauslage. Ich sah Mangos, nahrhafte Kokosnüsse und Bananen, die auf der Insel geradezu wucherten und dachte an die Mühsal, in Deutschland eine Salatpflanze zwischen Frostattacken und Schneckenangriffen zur Reife zu bringen. Die Jahreszeiten, welche unserer Kultur das Hamstern gelehrt hatten, glitten an mir vorbei. Die langen Winter, in denen wir einst die Früchte aßen, die wir im Frühling gesät und in warmen Tagen geerntet hatten. Das Resultat: Ein Gemütszustand, der von Generation zu Generation weitergereicht worden war und keine Entspannung im Jetzt erlaubte, das Morgen unerschütterlich in Form eines Fragezeichens über uns hing und somit in jeder Entscheidungen bedacht werden musste.

Ein dickbäuchiges Buddhaposter verriet die Geisteshaltung meines Verkäufers; eine Haltung, die sich um das Morgen nicht scherte. Eine Haltung, der eine in der unerbittlichen, europäischen Witterung entstandene Jammerkultur gegenüberstand, welche in der

Verzweiflung des unkontrollierbaren „Morgens“ prächtig gedieh.
In diesem sonnverwöhnten, tropisch-feuchten, reichhaltigen Land flohen Tausende ins karge Ausland, um dort den Lebensunterhalt ihrer Familien zu verdienen; sie waren Wirtschaftsflüchtlinge, waren im Ausland körperlichem und emotionalem Stress ausgesetzt, bis ihre eigene, einzigartige Glückseligkeit aus ihren Gesichtern gewichen war.
„Er würde seine Seele, sein Glück mit seinem Auszug verkaufen“, dachte ich und blickte in die blanken Augen meines Gegenübers, aus dem Glückseligkeit in jeder Bewegung, aus jedem Satz hervor zu hüpfen schien. Ich überlegte weiter, ob mein Gegenüber wohl auch für den Präsidenten Mahinda Rajapaksa gestimmt hatte, der in seiner Wahlpropaganda unter anderem auch den Sieg gegen die tamilischen Rebellen LTTE versprochen hatte. Dass dieser „Sieg“ Geld kosten würde, in der neu eskalierenden Auseinandersetzung nicht nur die Selbstmörder, sondern auch die Kosten explodieren würden, hatte er wohlweislich verschwiegen. Die Präsidentschaft des kompromisslosen und radikalen Buddhisten Mahinda Rajapaksa wurde ausgelassen gefeiert und noch während sie feierten, stiegen die Preise für Strom, Reis, Mehl und Benzin.
„Tut mir leid!“, wiederholte ich und nahm ihm die Hoffnung auf ein günstiges Arbeitsvisum, fügte entschuldigend hinzu: „Wir mussten unsere Heimat verlassen, weil wir keine Arbeit gefunden haben.“
Gründlich deutsch hob ich zu einem möglichen Ablauf seines Ein- beziehungsweise Ausreiseprozesses an, in welchem der Bewerber komplizierte und unlukrative Behördengänge tätigen musste und verkündete, bei der Arbeitsvisumsbeschaffung angekommen, das endgültige Scheitern des Einreiseversuches. Naiv folgte ich den Winkelzügen einer Gesetzgebung,

dessen Paragraphen für mich Gültigkeit hatten; ich berichtete aus der Sicht meiner Welt und kannte jene Welt nicht, wo Paragraphen nach Belieben mit Dollars außer Kraft gesetzt werden konnten.
„Ich habe Geld!", löste der Ausreisewillige meine bürokratischen Ausreiseprobleme ganz beiläufig. „One thousand dollar!"
Überfordert stand ich vor diesem Betrag und wusste gar nichts damit anzufangen, hatte die Käuflichkeit des Rechtes bislang höchstens diskutiert, mich niemals daran versucht. Noch fehlte mir der Einblick in die Belange eines nicht unbedeutenden Wirtschaftszweiges: dem Schwarzmarkt.
An dieser Stelle muss ich nun meine verrostete Mathematikkenntnisse hervorziehen und mit menschlichen Zahlen und Prozenten um mich schmeißen: 1,5 Millionen Sri-Lanker leben und arbeiten im Ausland, knapp zwei Prozent der Gesamtbevölkerung suchte im Jahr 2006 ihr Glück fern der Heimat und dabei stehen offiziell im Ausland gar nicht so viele Stellen für Gastarbeiter zur Verfügung … Da ich mit Mathe nicht weiterkomme, versuche ich es mit gesundem Menschenverstand und stelle fest: Arbeit und Einreise ist doch käuflich und muss nicht zwingend den offiziellen Weg gehen.
Um nun ohne Umstände an einträgliche Arbeit zu gelangen, nutzten nicht wenige der zwei Prozent im Abreiseprozess jenes Familiengefüge, das ihnen zahlreich zur Seite stand. Man reichte sich die Hand, tilgte die Ausreisekosten gemeinsam – darin enthalten unter Umständen der Kauf eines gestohlenen Reisepasses eines begehrten Einreiselandes (ungefähr 12 000 Dollar), dann die Anreise an sich – ein Batzen, der für einen lokalen Geldbeutel der unteren Einkommensklassen unbezahlbar ist. Manche waren bereit, dafür ihren Körper zu verkaufen, was ihm oder ihr in seltenen

Fällen eine Ehe und somit diese vermeintliche Freiheit einbringen konnte; in hart umkämpften Strandrevieren machten Beachboys Jagd auf allein stehende Frauen, in Bars lauerten aufgedonnerte und von ihren Familien verstoßene Sri-Lankerinnen dem weißen Mann auf, und schreckten weder vor Alter, Charakterschwächen noch äußeren Makeln zurück – Geld macht ja bekanntlich schön!

„Do you have family?", fragte ich den Mann erschrocken, ob er denn Familie habe und somit keine Avancen wagen würde, klopfte damit seine Ambitionen nach einem Beachboy-Dasein ab. Lachend zählte er zehn Äpfel in meinen Korb und balancierte einige Maracujas auf dem Gipfel.

„Yes!", antwortete er stolz und erleichtert enthob ich ihn von meiner voreiligen Beschuldigung. „Wife and two children!"

Alle drei Jahre, spann ich immer noch den imaginären Faden seines Auslandaufenthaltes, würde er einen Urlaub lang mit Geschenken beladen zu seiner Familie zurückkehren, war unterdessen zum Fremdkörper in den eigenen vier Wänden geworden. In vielen Fällen hatte nicht nur die Kinder ihre Vertrautheit, sondern auch die Ehefrau ihre Liebe zu ihm verloren.

Und das in drei Jahren, in welchen er selbst im Scherbenviertel einer Großstadt gelebt, Bett und Zimmer mit drei Leidensgenossen geteilt und mit ihnen gemeinsam unter fortgeschrittenem Heimweh gelitten hatte; Heimweh nach Reis, Curry und Dhal; Heimweh nach seiner Sprache, den zahlreichen Feiertagen und den Festivitäten, die auf Sri Lanka die Wirtschaft lähmten, die Menschen erfreuten und nicht zuletzt Heimweh nach dem Familienbund, der einerseits einen nicht zu unterschätzenden, sozialen Druck auf die Einzelnen ausübte, dafür ein geborgenes Nest schuf, in welchem sie gut aufgehoben und warm gebettet waren.

Bei uns in Europa baut man nicht nur Häuser für Autos, sondern man steckt auch die Alten statt in den Familienbund in Heime. Man grenzt sie aus, quittiert deren Lebenserfahrung statt mit Anerkennung mit Verachtung.

Ich zählte die paar Rupies mehr in die ausgestreckte Hand des Früchteverkäufers, die der Weiße im Verhältnis zum Sri-Lanker bezahlte, weil er es sich leisten konnte, und damit der ärmeren Bevölkerungsschicht ermöglichte, günstiger einzukaufen.
Eingehend betrachtete ich mein Gegenüber beim Abschied, war zur Überzeugung gelangt, dass sein Traum vom Ausland zum Albtraum verunglücken könnte, dachte noch daran, als er mir ein Jahr später eröffnete, dass er in Italien eine Arbeit gefunden habe und nächste Woche ausreisen werde.

Ich bahnte meinen Weg durch die Rufe und die ausgelegte Üppigkeit der hiesigen Vegetation und blieb vor einem Gemüsestand stehen. Auf dem Weg dorthin hatte ich mir eine Strategie zurechtgelegt, die ich einsetzen wollte, damit der – die Chancen dafür waren groß - ebenso wie zuvor sein Kollege Ausreisewillige gar nicht erst auf die Idee kam, in mir seine zweifelhafte Rettung aus seiner finanziellen Armut zu sehen. Animiert vom Aufdruck auf des Früchtehändlers Kleidung rief ich: „Sri Lanka! Beautiful country!", ein schönes Land, und fuhr fort, nachdem der Angesprochene sich ausgiebig gefreut hatte: „Germany! Very cold!" Deutschland! Sehr kalt! Jenes demonstrierend schlotterte ich mit verschränkten Armen im überhitzten Saal und wiederholte: „Sri Lanka! Lasseneil!", hatte ihre Sprache eingeflochten und würde bei kommenden Besuchen mit einem begeisterten „Sri Lanka! Lassenei!" empfangen werden.

Sri Lanka! Wunderschön!
Und ich hatte nicht gelogen, denn noch nie zuvor hatte ich so eine vielseitig schöne Insel gesehen!

Der Reis, den ich nach Hause brachte, hatte nicht nur einen ausgeprägten Eigengeschmack, sondern barg auch ein ausgeprägtes Eigenleben. Monate später würde ich ohne mit der Wimper zu zucken den Reis vor dem Kochen fluten, den Dreck abwaschen und die an die Oberfläche schwimmenden Käfer aussortieren, denen ich im Garten ihr neues Revier zuwies. Meine Maid klärte mich auf, dass der so genannte ‚Ladyfinger', nach welchem ich beim Gemüsekauf blind gegriffen hatte, die Zeugungsfähigkeit des Ehemannes steigere und weil mir drei Kinder mehr als genug erschienen, strich ich jene in Zukunft aus meiner Einkaufsliste, ersetzte sie durch gesundheitsfördernde Andersartigkeit.

„Sri Lanka! Lassenei!" überstand in mir zukünftig einige Scherereien, durchflutete mich, wenn meine miese Laune von einem lokalen Bewohner niedergelächelt worden war, wenn ich den Reis kostete, den ich eben noch missgestimmt von Käfern befreit hatte, wenn ich meinen Garten durchstreifte, in den ich keine Minute Arbeit investierte und der trotzdem unverdrossen blühte. „Sri Lanka! Lassenei!" half mir darüber hinweg, wenn ich distanzlos angemacht wurde, wenn Einbrecher wieder eine Nacht auf unserem Grundstück verbracht hatten; wenn es ins Haus regnete, meine Autoreifen in den Schlaglöchern platzten und mir das Lachen der Bewohner plötzlich doch zu viel geworden war.

4. Lachen ist gesund

Die Festivitäten aus der sri-lankischen Nachbarschaft kamen und gingen. Am Eindrücklichsten hallte jene Hochzeit nach, die drei lange Nächte bis vier Uhr morgens mit unermüdlicher Tanzmusik für Stimmung und Schlafstörungen sorgte. Nach der zweiten durchwachten Nacht fragte Andreas am Ort der Feierlichkeit behutsam nach, ob das Freudenfest uns noch weitere Nächte beschallen würde und wenn ja, eventuell die Lautstärke auf erträgliche Dezibel herunter geregelt werden könnte. Daraufhin lud uns das Hochzeitspaar zum Mitfeiern ein. Gerührt lehnten wir ab und verbrachten eine weitere unruhige Nacht, bevor wieder Ruhe in unseren Schlaf einkehrte.
Mein Staunen über mir fremde Gewohnheiten hatte begonnen.
Ich staunte über den Begriff „erträgliche Lautstärke", die wir ohrenbetäubend, der Inselbewohner als angenehm wahrnahm. Auch staunte ich über den teuren Stoff, der mir mit einem frommen Schwur auf den Lippen als Seide verkauft worden war und über jenes bezaubernde Lächeln, das für die Echtheit bürgte. Einem späten Zweifel folgend enttarnte ich die Seide mit dem Streichholz als Polyester, hatte aber nichts dazu gelernt und kaufte zum Entsetzen meines Hausmädchens überteuerte Topfpflanzen, die kurz darauf verdursteten, weil ihnen zugunsten eines kleineren Topfes die Wurzeln gestutzt worden waren. In unserem Haus türmten sich Mahnmale kostspieliger Fehlkäufe und den als frisch angebotenen, von mir ungesehen gekauften Garnelen faulte es so sehr am Kopf, dass sogar unsere Hündin das kostspielige Mahl verweigerte.

Mein treudoofes Vertrauen hatte so manchem eine ansehnliche Marge eingebracht und gehörte zum Lernprozess des Neuzugangs dazu.
Mal staunten wir empört, ein andermal schön. Das galt ganz besonders für unseren Fabian. Vom ersten Augenblick an hatte ihn die neue Heimat verzaubert, hatte er darin sein ganz persönliches Paradies gefunden. Dieses Gefühl würde ihm erhalten bleiben, dem trotzend, was dem Paradies im Laufe unseres Aufenthaltes noch an Unparadiesischem einfallen würde. Längst war vergessen, dass ihm schulisch eine große Unbekannte, ein Ding namens Englisch, abgenötigt wurde und in unregelmäßigen Abständen der Bürgerkrieg explodierte. Hier, das spürte er instinktiv, verlangte niemand mehr von ihm als er geben konnte oder bereit war, zu geben. In der Hülle des gewachsenen Buddhismus ließ es sich federleicht im Schicksalsstrom treiben, musste er nicht Kräfte raubend dagegen anschwimmen. Und sich treiben lassen, das konnte Fabian hervorragend. Genüsslich legte er sich in die unbeschwerte Lebensform hinein, trieb seinen Gedanken und der realen Welt davon und beizeiten wieder zurück. Aus Bequemlichkeit schloss sich Willi an und nur Caro begehrte noch auf. Sie fühlte sich in all dem Treiben nicht genügend beachtet, wollte nach der angebrochenen Skifahrkarriere neue Leistungen erbringen, die sich in diesem dahinschwappenden Müßiggang nicht so richtig einfinden wollten.
Ich war ihr da leider auch keine Stütze.
Gemeinsam mit meinem Ältesten trieb ich dahin, richtete mich im geflochtenen und teuer bezahlten Sessel auf den Lagunenblick aus und konsumierte bis hin zur Gebrauchsanweisung der Kaffeemaschine alles, was mir an Lesbarem in die Hände fiel. Dabei seufzte ich im Überfluss, wie wunderbar dieses Klima mir bekäme und nichts konnte meine frohe Gelassenheit

erschüttern. Kein Einbrecher und kein überteuerter Kauf brachten mich aus meiner stoischen Ruhe, die lähmende, tropische Hitze tat den Rest.
„Mir ist so heiß", rechtfertigte ich meine träge Bewegungslosigkeit, setzte mich allerhöchstens für die paar Meter zum Swimmingpool in Bewegung, erledigte alles darüber hinausgehende motorisiert. Niemand konnte mich länger als ein paar Minuten aufregen und schnell begriff ich, dass mein Umfeld der Spiegel meiner selbst war. Jede emotionale Regung kam ungefiltert und sofort wieder an seine Quelle zurück und somit auch meine hier entwickelte, freundliche Gelassenheit.
Der Polizist, der Andreas mit einer Radarpistole auf seine Geschwindigkeitsübertretung aufmerksam machte, sich über mein Beifahrerfenster zu ihm hinüberlehnte und auf die zu schnell gefahrenen Kilometer deutete, fühlte sich meinem Lächeln und meiner Beteuerung, dass Sri Lanka ein wahrlich leuchtend schönes Land sei, verpflichtet. Er ließ uns mit einer Ermahnung ziehen, löschte unsere Gesetzwidrigkeit, ohne dafür bestochen worden zu sein.
Die Aufmerksamkeit, die mir aufgrund meiner als finanzkräftig geltenden Hautfarbe zuteil wurde, war nahezu flächendeckend gleich. Man freute sich über mein Auftauchen, rief „Madam!" und „What's your name?" und „Where are you from!", woraufhin ich anfangs in gleicher Reihenfolge versicherte, dass ich keine Madam sei, Minouche heiße und aus Deutschland zu ihnen gekommen sei. Vom ersten Augenblick an hatte ich Anhänger, wurde beachtet und gerufen, verfolgt und neugierig umdrängt. Sobald ich den Compound verließ, umzingelte mich allgegenwärtiges Interesse, wurden von mir begangene Schritte und Fehltritte hemmungslos angestarrt und ausgelacht, konnte ich nie darauf hoffen, dabei nicht gesehen geworden zu sein.

Und daneben trat ich oft!
Einmal trat ich in meine Träume verstrickt daneben und in den regen Verkehr hinein, brachte dabei ein Fahrrad zum Kippen. Verstört half ich dem Umgekippten wieder auf und pflückte das vom Fahrer über den Lenker geleerte Gemüse Entschuldigungen stammelnd aus den Schlaglöchern.
„Ja können Sie denn nicht aufpassen!“, hätte ich an Stelle des Angerempelten geschrieen und ihn daraufhin belehrt, dass Träume ins Bett und nicht auf die Straße gehörten. Eine besserwisserische Belehrung abwartend stand ich mit eingezogenem Kopf vor meinem Verkehrsunfall, der allerdings keine Anstalten machte, meinen Erwartungen gerecht zu werden. Stattdessen sank sein Kopf erst rechts, dann links und er bedachte mich gar mit einem blendend weißen Grinsen. Verwirrt streckte ich ihm seine Einkäufe entgegen, die er in seinen Korb zurücklegte, bevor er wieder frohgemut in die Pedale trat.
Unterdessen hatte sich eine Gruppe neugieriger Sri-Lanker um mich geschart, die mir wie die personifizierte Aufmerksamkeit erschien.
Eine Aufmerksamkeit, die rührend war und mir immer und überall zur Seite stand. Aufmerksamkeit, in unschuldiger Neugier geboren, die mich bewegte und doch unmerklich das herbeiführte, was ich schon bei der Wohnungssuche befürchtet und unbedingt hatte vermeiden wollen: Ihre lärmende Zusammengehörigkeit und das nicht abreißen wollende Interesse an mir störten meine Privatsphäre und ich verlor darüber in weiten Phasen das Schöne aus den Augen; Jugendliche umschwärmten mich mit halbstarken Sprüchen, die mehr auf meinen weißen Wohlstand als meine weiblichen Vorzüge aus waren. Als ich eines Tages das nach mir rufende Dreiradtaxi, das Tuk-Tuk, nicht mehr mit: „Nein danke!“ ablehnte, sondern jenem meine schnei-

dend kalte Schulter zeigte, saß ich schon in einer emotionale Achterbahn fest, die mir nicht besonders gut stand. Ich hörte auf über die kindliche Ruferei der Tuk-Tuk-Fahrer zu lächeln, weil sie mich schließlich soeben aus meinem Auto hatten steigen sehen und wussten, dass ich ihre Dienste nicht benötigte.

Rufen um des Rufens Willen ging mir an die Nieren. Auch die Shopbesitzer wurden mir zuviel, die in lautstarken Freudentaumel ausbrachen, sobald mein finanzkräftig anmutendes Weiß am Horizont auftauchte, ich vielleicht auch noch versehentlich einen Blick in die Auslage geworfen hatte. Ungehalten wandte ich den Zurufen den Rücken zu und bewegte mich in einer Wolke von kolonialherrschaftlicher Arroganz, die mir ganz und gar nicht stand.

So borstig erkannte ich mich kaum wieder und konnte mich so überhaupt nicht mehr ausstehen.

Unermüdlich fuhr ich bergauf und bergab; lebte ich eben noch glückselig meinen Alltag, steckte ich nur ein Augenzwinkern später in Frustration fest, räkelte mich ebenso plötzlich wieder in glückseligem Wohlbehagen. Wie mit meinem Kite hob ich ohne Notbremse ab und schlug auf, fand erst viele Missgeschicke später den Notauslöser und lernte ihn zu bedienen.

Ich litt unter einem fortgeschrittenen Kulturschock.

Einmal zu oft war ich von dem strahlend schönen Lächeln erst betört, dann betrogen worden, verlor mein eigenes Lächeln über meinen Zweifeln. Missmutig erinnerte ich mich an den Aushang im Wartesaal meines Hausarztes, der gegen das herumlungernde Trübsalblasen: „Lachen ist gesund" an die Wand genagelt hatte. Lachen, rechtfertigte ich meine sauertöpfische Stimmung, war schließlich eine ernste Angelegenheit und der Ausdruck von seelischem Wohlbefinden, den auch kein noch so guter Vorsatz ohne Anlass heraufbeschwören konnte!

Der Sri-Lanker wusste aber nicht um den Ernst der Dinge und lachte, ohne zuvor überprüft zu haben, ob jenes auch gerechtfertigt werden konnte. Er ging geradezu verschwenderisch mit seinem Lachen um und prägte damit die gemütliche Atmosphäre im Land, setzte als Wermutstropfen den Betrogenen jenem aus. Aber nicht jeder Inselbewohner hausierte so großzügig mit seinem Lächeln, manchem Sri-Lanker stand Bitternis mit dicken Augenringen und abgestürzten Mundwinkeln ins Gesicht geschrieben. Ein Schuldiger zu dem Grießgram war schnell gefunden: Besitz. Im Streben nach mehr musste ein Stück Charakter verloren gegangen sein, der den einfließenden Finanzen gewichen war.
Wer besaß, hatte auch etwas zu verlieren.
Man sollte sich ernsthaft Gedanken machen, überlegte ich, die ausgeteilten Bündel Banknoten mit Warnungen ähnlich jener auf den Zigarettenpackungen zu versehen: „Vorsicht! Geld gefährdet ihre Freundlichkeit!"

Und dann kam der Tag, an dem ich keinen Schwung mehr hatte, um aus dem neblig trüben Tal in die Himmelfahrt aufzusteigen. Tief unten kam ich mit einer Seite des Lächelns in Berührung, die mich gründlich aus meinem Dornröschenschlaf riss. Genau genommen erwachte ich aus einem Schlaf, den ich viele Jahre geschlafen hatte. In der Vergangenheit hatte ich ein behütetes Zuhause mit dem nächsten ausgetauscht, hatte den Wohlstand der Schweiz mit dem Bayerns ersetzt, lebte frei nach Stoiber konsequent dort, wo andere Urlaub machten. In die Mittelschicht hineingeboren, konnte ich aus einem sozialen Polster heraus wirken, mich über die Armut auf der Welt und die soziale Ungerechtigkeit empören, ohne direkt mit den Konsequenzen des finanziellen Ungleichgewichts in

Berührung gekommen zu sein. Irgendwann jedoch endet jeder Traum und meiner endete in unserem Urlaub im Osten, in Arugambay. Dort wollten wir uns inmitten der kinderlieben Singhalesen und Tamilen erholen, wollten mit dem Boogie Board und dem Surfbrett die dem Strand entlanglaufenden Wellen abreiten, machten wie Touristen Strandurlaub.
Wir quartierten uns in einem Bungalow ein, dessen spartanische Ausstattung vom Blick auf die nur wenige Meter vor uns auf den Strand brechenden Wellen wett gemacht wurde. Im Doppelbett stapelten wir die drei Kinder, der Elternanteil ruhte mörderisch schief im Klappbett. Die integrierte Toilette im gekachelten Duschraum schrubbte ich sauber, mit auf den Kacheln herumlungernden Gartenschlauch würden wir Urlaubssand und -salz von der Haut spritzen.
Nicht luxuriös, aber behaglich, unseren Ansprüchen vollständig genügend, beste Voraussetzungen für ein erfüllendes Urlaubserlebnis.
Unverzüglich stürzten sich die drei Kinder in die Wellen, sahen sich in Kürze von Dorfkindern umringt, durchtauchten gemeinsam mit ihnen schäumende Wellenberge und ließen sich von den weniger energievollen wieder an Land spülen. Ein paar Heranwachsende schlossen schnell mit den Kindern Freundschaft, bastelten für unseren Willi aus Kokosnussknospen Kreisel, schlugen sich mit ihm als Ritter getarnt mit Bambusschwertern über den Strand, Holzliegen und Baumstämme und ließen das Elternherz höher schlagen. Das Land tat Kind und Eltern gut und wir empfanden den Wegfall des kritischen Betrachtens deutscher Gründlichkeit als wohltuend, strahlten einträchtig mit den Einwohnern um die Wette. In dieser entspannten Stimmung war ich wieder von einer Himmelfahrt berauscht, ganz Touristin, die Rufe und Distanzlosigkeit als wohltuend empfand.

Diese Touristin trug ich an den Strand, wo Andreas die Kinder im Wechsel auf dem Wellenreiter deponierte und sie mit sicherem Auge in die sich aufbäumende Welle schob, ihnen einen Ritt an der schäumenden Lippe einrichtete. Nachdem das Brett seinen Dienst getan hatte, liehen wir Surfbrett und Kinder an eine Gruppe herumtobende Jugendliche aus. Während die Kinder in einem immer dichter werdenden Knäuel Sri-Lanker in den Wellen abtauchten, versenkte ich mich in einem Krimi, befand mich mit der Welt in wunderschönem Einklang. Vertrauensvoll wandte ich mein mütterlich besorgtes Auge von meinem Nachwuchs ab und der Lektüre zu, kam nur kurz zu Bewusstsein, als Caro heftig an mir rüttelte.
„Mama!" verkündete sie streng. „Die lassen uns einfach nicht in Ruhe und tauchen uns immer unter! Das mögen wir nicht!"
Ich blickte auf, sah die Beschuldigten glückselig zu mir herüber winken, winkte zurück und nahm die Beschwerde der Tochter nicht ernst. Ich sprach ein paar nichts sagende, beschwichtigend gemeinte Sätze, wollte weiterlesen, stand nur noch wenige Seiten vor der Auflösung.
„Die sind alle total nett hier!", schloss ich mein Plädoyer für das Gute im Insulaner und wandte mich vertrauensvoll meinem Buch zu.

Dabei war ich schon länger Mutter, kannte meine Kinder und wusste genau, wann Alarmglocken und wann Gelassenheit angebracht war. Eine Aussage wie: „Die lassen uns nicht in Ruhe!" schrie geradezu nach den mütterlichen Alarmglocken, denn das gestörte Ruhebedürfnis meines Sohnes Fabian hatte schon so manchen Wutanfall heraufbeschworen, den er selten faustsark, umso häufiger und gekonnter verbal und in eindeutigen Gesten austrug.

Zu dem was folgte, hatte Fabian sicherlich seinen Teil beigetragen. Schuldmindernd kam außerdem der Alkohol hinzu, den die Jugendlichen bereits konsumiert hatten. Ob aber nun der Alkohol oder die undiplomatische Ader des Sohnes für den Streit verantwortlich war, ist für eine Mutter im Moment der Auseinandersetzung nicht relevant, wenn sie die Sicherheit des Nachwuchses gefährdet sieht.

Unterdessen war ich dem Mörder auf die Schliche gekommen, klappte das Buch zu und reckte mich, als unser jüngster Sohn aufgeregt mit den Armen schwenkend auf uns zugestürmt kam.

„Fabian!“, keuchte er, „die tauchen den Fabian immer wieder unter Wasser und der weint jetzt ganz feste!“

„Wer?“, fragte ich mich dämlich, klammerte mich noch immer an das Bild des Friedlichen und starrte die paar Meter Strand abwärts zu den Kindern. Andreas war reaktionsschnell aufgesprungen und davon gestoben. Dort unten, so erzählte er mir später, umkreisten fünf Sri-Lanker Fabian wie Haie. Einer hielt sich an seinen Füßen fest und die anderen tauchten ihn unter. Dafür, dass der Spaß längst keiner mehr war, zeugten die Tränen, die Fabian vergoss. Die Tatsache, dass fünf gegen einen eine feige Übermacht darstellte und dass sechzehn selbstbewusste Jahre gegen zehn verängstigte kein fairer Zweikampf war, setzten der elterlichen Empörung noch eins obenauf. Vier der fünf machten sich aus dem Staub, als Andreas' Wut am Horizont auftauchte. Ein einziger, mutiger oder mit Prozenten dickhäutig betrunkener Junge grinste meinen Mann an und meinte lässig: „Sorry, sorry!“

Dann nahm auch er die Beine unter die Arme und tauchte im Gewimmel ab.

Das Boogie Board liehen wir ihnen nicht mehr, obwohl sie am folgenden Tag artig darum baten.

Da waren wir nachtragend und fortan hielten wir im Umgang mit den Inselbewohnern mehr Distanz, forschten vor einer Annäherung primär nach ihrem Alkoholgehalt.

Die Monate verstrichen und der Vorfall ging in den freundlichen Alltagsbegegnungen unter, rutschte aus der Erinnerung ins Unrealistische und kam erst wieder zum Vorschein, als wir uns an einem Feiertag ins Gewimmel wagten. An Wochenenden und Feiertagen kamen reichlich Trinkwillige zusammen, die Hochprozentiges schluckten wie Wasser, sich damit nicht selten die Armut und die Frustration aus dem Gedächtnis spülten. Aber Alkohol brachte nicht nur Vergessen, sondern stimmte den einen oder anderen auch aggressiv. Dabei waren die Sri-Lanker im Grunde ein durchaus friedliebendes Volk, das gerne in geballter Verwandtschaft auftrat. Besonders der von den Europäern aufgeschüttete Strand hatte es ihnen angetan und obwohl nur wenige von ihnen schwimmen konnten, zog sie das Wellenbad an, welches wie im Alpamare dazu einlud, darin herumzutoben. Wagten sich die Kinder zu tief in die sich überschlagende Brandung, wurden sie von einem Erwachsenen herausgezogen – und da auch Erwachsene nur selten schwimmen konnten, ertranken fast wöchentlich Menschen im Sog der Strömung. Der Tragödie trotzend war der nasse Strandtag ein erschwingliches Ausflugsziel, der – alkoholfrei genossen – eine wiederholt gesellige Angelegenheit werden konnte.

Ein Ausflugsziel, an das wir auch heute unsere Familienumtriebigkeit trugen und unser Lager in einem Hotel mit Meeranbindung aufschlugen. Die Luft war vom Kokosnussfett geschwängert, welche rasch aufgestellte Imbissbuden in kleinen Wölkchen aufsteigen ließen. Männer badeten in Unterhosen und Frauen kreischten in ihren Saris in der Brandungswelle; es formierten sich Kricketspieler zum Punktespiel und Liebespaare schlüpften unter Palmblätter, holten mit dem jeweiligen Verlobten die versäumten Küsse ihrer Junggesellenjahre nach. Flaschen mit gebrannter Kokosnuss, dem Schnaps namens Arak, wurde in kleinen, aufgepeitschten Grüppchen von Lippe zu Lippe gereicht, und in diesem Gewühl breiteten sich unsere Kiteschirme wie exotische Flecken aus. Eilig baute ich mein Sportgerät auf und zirkelte mich auf meinem Surfbrett geschwind über die Brecher und an den Badenden und Neugierigen vorbei. Mit dem Schirm verhakt surfte ich in den Horizont hinein, wo mir kein angetrunkener Gegenverkehr in die Quere kommen konnte, jubelte still vor mich hin. Nach einer Stunde legte ich beglückt meinen Schirm wieder auf Sand ab und ging in den Hotelgarten, der mich vor möglicher, alkoholisierter Zudringlichkeit abschirmte. Dort gab ich mich gesellig und schlenderte schließlich mit meiner Freundin Heike ans Wasser, schaute von dort in die Weite und auf die unermüdlich übers Meer fliegenden und springenden Wassersportler. Die Promille, die das aus nächster Nähe an uns gehauchte: „Hello!" enthielt, hätten mich fast umgeworfen und die dazugehörigen Männer wären Heike und mir gerne auch hautnah gekommen. Kommentarlos zogen wir uns hinter die kniehohe Mauer im Hotelgarten zurück und plauderten über Alltagskram der vergangenen Woche, überhörten aus Fleiß die anzüglichen Zugrufe der Alkoholisierten. Als jene abzogen, näherten wir uns wieder dem Strand, deponierten unsere Beine auf dem Hotelmäuerchen, den Hintern im Plastikstuhl und entspannten uns gerade herrlich, als ich aus den Augenwinkeln meinen abgelegten Kiteschirm in die Luft gehen sah. Als ich begriff, wer ihm den Höhenflug bescherte, ging auch ich in die Luft und schoss im Hindernislauf über die Mauer und einen im Sand ausgelegten Körper, blieb keuchend vor dem grinsenden Trinker stehen.

Der freute sich, endlich meine Aufmerksamkeit errungen zu haben und lachte ein breites: „Hello!".

Daraufhin setzte sich mein Mundwerk in Bewegung, sprach dies und das, wobei weder das Dies noch das Das auch nur im Ansatz diplomatisch war, und machte den Ausbrüchen meines Ältesten ernstzunehmende Konkurrenz. Heike hatte sich unterdessen dem Mann am oberen Ende des Kites angenommen, der schwankend am Kite herumfummelte, ihn in die Luft warf, während sein Freund am Ende der Leinen mit nicht vorhandenem Feingefühl jenen aufsteigen lassen wollte. Mit einem einzigen Windstoß in den nicht fachgerecht gehandhabten Schirm, konnte jener Geschwindigkeiten entfalten, die den Leinendirigenten mit ungewollter Flugerfahrung versehen hätte, der in jedem Fall ein harter Aufschlag gefolgt wäre. Ich sprach aus Erfahrung und wusste, dass die Leinen mit aufgebauter Geschwindigkeit zu Messern mutieren konnten, die im Extremfall im Weg Stehenden tödlich werden könnten.

Das hätte ich ihm so oder ähnlich mitteilen können.

Tat ich aber nicht.

Hatte die Gelassenheit heute nicht gepachtet und schrie aufgebracht: „Was treibst du da? Der Schirm gehört mir und du hättest mindestens fragen können!" und unterstrich meine Empörung, indem ich mit einem Griff die Kiteleinen an mich riss und ihnen die gefährliche Spannung nahm. Für meine Aufgebrachtheit hatte er nur ein hämisches Lächeln übrig und lallte: „Warum?", hatte offensichtlich kein Wort davon verstanden, was ich soeben in Englisch an ihn abgefeuert hatte. Sein Pendant am Schirm war unterdessen handgreiflich ge-

worden und ich sah, wie Heike aufgebracht ihr Handgelenk aus seiner Umklammerung wand.
„Weil du mich nicht gefragt hast, darum!“, tobte ich, war so würdelos in meinem Zorn und erntete dafür ein versoffenes Grinsen. Die Beherrschung in einem Land zu verlieren, in dem der Frieden das angespannte Resultat eines ausgehandelten Waffenstillstandsvertrags zwischen den politisch uneinigen Tamilen und Singhalesen war, war keine gute Idee. Zwischen Lachen und Hassen lag keine Pufferzone, die ausreichend Raum zum Rückzug bot, bevor aus Spaß Ernst wurde. Und da trampelte ich auf ihrem Stolz herum; ich, die ich bereits von Haus aus doppelt mit Vorurteilen belastet war, weil Weiß und somit eine ehemalige, unterdrückerische Kolonialherrin und eine Frau, die in diesem Patriarchat weniger Rechte hatte als der Herr der Schöpfung.
Somit war mein Toben nicht eine schlechte, sondern eine sehr schlechte Idee.
Ich bestätigte soeben wunderbar das Vorurteil, welches der Sri-Lanker von uns Europäern hatte. Weil meine Wut dementsprechend niemanden großartig beeindruckte, galoppierte jene zügellos davon und platzierte verbale Ohrfeigen in einem Gesicht, dessen Träger jeden Gesichtsverlust als Demütigung empfand.
„Das ist mein Land“, begehrte mein Gegenüber mit schwerem Zungenschlag auf. „Und das“, er deutete auf meinen Kite, „liegt auf meinem Land. Also gehört es mir!“
Dazu fiel mir nichts mehr ein. Schnaubend rollte ich die Leinen auf und wurde dabei von fünf Paar rot unterlegten Pupillen angeglotzt, hinter mir hallte ein: „Warum?“ her. Nonverbal meine Verachtung ausdrückend, kletterte ich mit Schirm und Leinen in den privaten Hotelgrund zurück und sah zu, wie die

trinkfreudige Gesellschaft sich ein neues Opfer für ihre Flegeleien suchte.
Das neue Opfer war direkt mit mir verwandt, ließ nichts Böses ahnend gerade den Übungskite über sich kreisen.
Jenen wollten sich die Pöbler ausborgen.
Handgreiflich ausborgen.
Worüber Andreas sein Missfallen ausdrückte. Nachdem wir die ersten Monate mehrfach um Eigentum erleichtert worden waren, war unsere Toleranz in dieser Hinsicht endgültig überstrapaziert. Reflexartig verteidigte Andreas seinen Besitz und was daraufhin passierte, hat unsere Caro anhaltend traumatisiert.
„Mama!“, schrie sie mit weit aufgerissenen Augen. „Schau mal! Die hauen den Papa!“
Ich folgte mit meinen Blicken Caros Entsetzen und erschrak einhellig mit dem Kind, schickte sie ins Hotel und schaute fassungslos auf die Szene, die sich ein paar Meter weiter abspielte. Andreas war von den Kiteinteressierten eingekreist, wurde von einem zum anderen geschubst.
Die Auseinandersetzung lag nur einen Faustschlag von der Eskalation entfernt.
In meinem Leben habe ich stets Tun dem Nichtstun vorgezogen, hatte mir auf diese Weise konsequent Unannehmlichkeiten eingehandelt. Heute plante ich nach der von mir initiierten Handgreiflichkeit auch noch, meine fünfzig Kilogramm schweren ein Meter Sechzig in den Streit einzubringen, was die Männer noch weiter brüskiert hätte. Der geplante, kopflose Einsatz wurde von einer Männerhand beiseite geschoben.
„Lass mal“, sagte der seit Jahren auf der Insel lebende Kilian, „das regeln wir schon!“ Gemeinsam mit dem Hotelbesitzer und einem Hotelgast eilte er zu Andreas, dem unterdessen einer der Herumstehenden lokale Unterstützung anbot und in der Landes-

sprache Sinhala schlichtend auf die Schubsenden einredete. Die Beschwichtigungen drangen nicht bis zum alkoholumnebelten Verstand vor und Andreas griff zur Selbsthilfe.
„Very sorry!", schindete er Zeit, die anstürmende Hilfe im Auge. Mit Worten alleine war die sich anbahnende Prügelei aber nicht mehr aufzuhalten, dafür war die Vorfreude auf eine Schlägerei schon zu weit fortgeschritten, die Eigendynamik eines Mobs kaum mehr aufzuhalten. Mein Mann entschied sich für das Klügste, wand sich aus der Umkreisung und floh, bevor die geballte Faust einschlagen konnte. Fünf Betrunkene verfolgten den Fliehenden, wurde von einer Verteidigungswand bestehend aus Kilian, Michael und dem Hotelgast aufgenommen, die sich den Schlägern in den Weg stellten. Dann ging alles sehr schnell. Betrunkene Fäuste flogen, wurden von unseren Männern abgewehrt und eingefangen, sie selbst aber schlugen nicht zu. Das Vermeiden einer Offensive war in der Erfahrung gereift, denn ein aktives Zuschlagen ihrerseits konnte das Nationalbewusstsein der zahlreichen um sie versammelten Sri-Lanker mobilisieren. Schlussendlich lastete auf uns allen die Kollektivschuld Europas für vierhundert Jahre Unterdrückung und somit die Schuldfrage immergültig geklärt. Weiß ist schuldig! Über Generationen weitergereichte Wut führte immer mal wieder zu einem Mob, der sich für diese Vergangenheit rächte und einer sich formierenden Übermacht wären wir nicht gewachsen gewesen.
Der Angriff kühlte sich merklich ab, beschwichtigend sprachen unsere Männer vernünftig auf die Prügelnden ein und gerade als ich aufatmen wollte, schlug ein letztes Mal eine betrunkene Faust zu und traf den landesunerfahrenen Hotelgast.
Dem Hotelgast platzte der Kragen und er schlug zurück, woraufhin dem Geschlagenen das Blut aus der

Nase lief und auf sein weißes T-Shirt tropfte. Mit funkelnden Augen sah jener sich nach den um ihn versammelten Neugierigen um, die sensationslustig näher kamen. Die versiegende Kampflust der Angreifer entflammte von Neuem, unsere Männern flohen hinter die Hotelmauer, wo wir Frauen und die Kinder bereits Schutz gesucht hatten. Die sri-lankanische Ehefrau des deutschen Hotelbesitzers hatte mit der ersten Handgreiflichkeit die Polizei antelefoniert, die wir dringend erwarteten. Um Zeit ringend sprach sie in Sinhala auf die Männer ein, die hinter der Mauer tänzelten. Der Ansturm auf privaten Grund war nur noch eine Frage der Zeit. Noch arbeitete die Autorität des kleinen Mäuerchens für uns, das öffentlichen von privatem Grund trennte, nervös sah ich in die wilden Augen der Angreifer. Ein leiser Wortwechsel zwischen dem Blutenden und meinem Verehrer folgte, mein Herz schlug mir bis zum Hals und ich spürte die Kinder im Rücken, die dieser streitsüchtigen Betrunkenheit hilflos ausgeliefert gewesen wären.

Und als ich mit dem Schlimmsten gerechnet hatte, zog einer von ihnen unversehen ab, während die anderen einen Schritt zurücktraten und Raum zum Aufatmen schafften.

Erleichtert wollte ich mich abwenden – und zwar genau einen Atemzug zu früh, denn der Davoneilende hatte uns noch nicht aufgegeben und kehrte mit Verstärkung zurück: In der Hand trug er einen Holzprügel. Ich nahm Maß und stellte fest, dass jener auf meinem Schädel einschlagend erheblichen Schaden anrichten könnte. Synchron wichen wir aus und wie im Sog taten die Angreifer nun doch noch den Schritt über die Mauer auf den Privatgrund. Schützend hielten die Männer ein Kitebrett vor den Kopf und zogen sich in den Hotelgarten zurück. Während meiner Überlegungen hatte ich den passenden Fluchtmoment verpasst, stand auf einmal allein und verlassen neben der Hotelbesitzerin, die immer noch auf den Prügel und seinen Herren einredete. Meine Kinder hatte ich inzwischen aus den Augen verloren und konzentrierte mich ganz auf den Knüppel, tänzelte wie ein Boxer in Erwartung des demnächst auf mich niedergehenden Prügels. Noch schwankte der Knüppelschwinger unschlüssig, schaute nervös über seine Schultern in die männliche Auseinandersetzung, die mehr Spaß versprach als die weiblichen Ausweichmanöver, denen er gegenüberstand. Als dann einer seiner Kumpane eine Colaflasche zur Waffe köpfte, war er nicht mehr zu halten und eilte dorthin, wo sich Sensationelles anbahnte und sein Ast vielleicht doch noch wirkungsvoll in Szene gesetzt werden konnte. Kaum fühlte ich mich sicher, erinnerte ich mich meiner Kinder, sah mich in schnell aufsteigender Panik nach ihnen um. Willi und Fabian fand ich vor dem Fernseher in der nur durch Glasfenster vom Geschehen getrennten Bar, orderte sie unter den Billardtisch und rannte ins Freie, wo ich orientierungslos im Zick-Zack durch den Garten lief. Caro! Wo war Caro? Laut rufend übersprang ich die Mauer, weg von den Männern, die sich immer noch mit der Trunkenheit im Konflikt waren.

„Caro!“, rief ich angsterfüllt und bahnte mir den Weg durch einen Gürtel Glotzender, die sich um das Hotel geschart hatten. Haltlos hüpfte mein Herz in meinem Brustkorb auf und ab, Schreckensszenarien rasten durch mich hindurch.

„Caro!“

Während ich nach Caro suchte, bekam der Herr mit der Colaflasche ein Kitebrett ins Gesicht geschlagen und zeitgleich tauchte am Horizont die Polizei auf. Die Unterredung mit dem Auge des Gesetzes in Aussicht, gaben die Schläger lieber Fersengeld, hechteten in ihr am Hotel geparktes Auto und türmten mit quietschenden Reifen. Nachdem das Unterhaltungsprogramm doch

keine aufregenden Szenen mehr versprach, verdrückten sich die Neugierigen und unter uns breitete sich gespenstische Stille aus. Nur noch ich flatterte wie ein aufgescheuchtes Huhn durch die Umgebung und gackerte.
„Caro! Caro!"
Erschöpft und ohne Resultat kam ich zurück und hörte, wie die Polizei sich für die Verzögerung entschuldigte. Eine ähnliche Schlägerei nur ein paar Kilometer nördlich hatte sie aufgehalten. Zitternd wandte ich mich Andreas zu und zupfte an seinem Hemdkragen, war nicht an irgendwelchen Schlägereien interessiert, sondern musste Sorgen teilen. Bevor ich ansetzen konnte, löste die größte Sorge sich aber schon mit einem zarten „Mama!" in Erleichterung auf, das aus der ersten Etage auf mich nieder rieselte. Ich blickte auf und sah sechs Kinderkörper über die Brüstung hängen, darunter meine Tochter Caro. In ihrer Mitte eine geistesgegenwärtige Mutter, die beim Anblick der Betrunkenen allen greifbaren Kinderkram eingesammelt und auf dem das Hotel umlaufenden Balkon in Sicherheit gebracht hatte.

Während die Männer zur Polizeistation fuhren und Anzeige erstatteten, feierte ich Wiedersehen mit meinen Kindern und unsere heilen Knochen, ließ mich matt auf einem vom Kampf verrutschten Plastikstuhl nieder und bestellte Kaffee. Die Kinder überließ ich dem laufenden Fernseher, war selbst noch wie gelähmt, momentan unfähig, ihnen im Umgang mit Gesehenem Beistand zu leisten. Abgelenkt hörte ich mir die Geschichten einer Singhalesin an, die einen Deutschen geheiratet hatte und deshalb ins soziale Abseits geraten war; hörte mir soziale Umstände an, denen mein kulturelles Verständnis nicht gewachsen war.

„Die Singhalesen“, so erzählte mir die Frau des Hotelbesitzers, Anita, und reduzierte ihr Gespräch mit dem besoffenen Schläger auf einen Satz, „erwarten von mir bedingungslosen Beistand, egal was.“
Bedingungslos, egal was Recht und was Ordnung war.
„Dass ich die Partei von euch beziehungsweise meines Mannes ergriffen habe, nahm er mir schrecklich übel.“
Der letzte Satz war nur noch ein Flüstern. Betreten sah ich sie an und bedauerte aufrichtig, was ich ihr mit meinem losen Mundwerk angetan hatte. Erste Schuldgefühle darüber beschlichen mich. Nichts von alledem wäre passiert, wenn ich meinen Ärger gezügelt hätte, nach Vorbild der Bevölkerung gelächelt statt so unmissverständlich Anschuldigungen ausgesprochen hätte. Eigentlich war Anita schon damit gestraft genug, dass sie einen Europäer geheiratet hatte. Die Gesetze Sri Lankas bestraften sie, indem sie für ihre beiden Kinder keinen sri-lankischen Pass bekam, jedes Jahr neu für die beiden ein Visum beantragen musste, genau wie für den deutschen Gatten. Im Volk wiederum wurde sie hinter vorgehaltener Hand als Verräterin und nicht selten als Prostituierte gehandelt, weil sie den Weißen einem Sri-Lanker vorgezogen hatte.
Der Hass auf das, was die Kolonialherrschaft mit dem Selbstbewusstsein der Sri-Lanker angerichtet hatte, schwang unterschwellig noch immer in den Menschen mit.
Und heute musste Anita noch die Folgen meiner arroganten Wut schultern.
Ich sah mich um und beobachtete ein gemischtes Pärchen Hand in Hand über den Strand schlendern, er Weiß, unförmig und rotgesichtig, sie Sri-Lankerin, geschmeidig, aufrecht und wunderschön. Jährlich trafen auf der Insel Europäer und Amerikaner zur Brautschau ein, wollten sich eine Ehefrau einkaufen oder auch nur

ihren Spaß haben: Spaß mit einer Sri-Lankerin, die im Bett getestet und entehrt wurde. Eine entjungferte Braut war kaum mehr vermittelbar und hatte an diese eine Nacht unter Umständen ein Leben verloren. Kein Wunder also, dass die Eltern ihre Mädchen vor sexuellen Zugriffen wegsperrten, was wiederum bewirkte, dass viele Männer aufgrund des Mangels an Gelegenheiten sexuell unausgelastet waren. Derart unausgelastet kam es regelmäßig vor, dass einige mit der weißen Frau verhalten lüstern Kontakt aufnehmen wollten.
Ein Um- oder Zustand, den ich während meines Aufenthalts mehr ertragen als vertragen hatte.
Den Missmut darüber hatte ich dann am erstbesten Betrunkenen ausgelassen und war für eine Auseinandersetzung verantwortlich, die leicht hätte blutig werden können.

Nachdenklich betrachtete ich, wie die Sonne ihre letzten Sonnenstrahlen ins Meer tauchte und wurde von den Kindern aus meinen schuldbeladenen Gedanken gerissen: „Wir wollen jetzt heim!"
Umständlich klaubte ich Rupien aus meinem Portemonnaie, legte einen Haufen Trinkgeld neben meine Kaffeetasse und verabschiedete mich. Wenige Minuten später parkte ich vor dem Polizeigebäude ein, wo ich Andreas abholen sollte, der immer noch mit der bürokratischen Anzeige beschäftigt war. Das Fenster herunterkurbelnd sah ich mich nach ihm um, zog die Aufmerksamkeit einiger herumstreunenden Sri-Lanker auf mich, die sich uns unvermittelt näherten.
„Mama!" riefen die Kinder jäh. „Mach das Fenster zu! Schnell!"
Ihre Angst erschütterte mich und während ich die Tür verriegelte und das Fenster auf Anschlag drehte, überlegte ich, wie eine Mutter mit dieser Art Panik umgehen musste, hatte spontan nichts Beruhigendes vorrätig.

„Wisst ihr“, suchte ich fieberhaft nach Beruhigendem, „eigentlich hätten wir das alles vermeiden können.“ Ich holte weit aus und führte ihnen mein geschliffenes Mundwerk vor, das das Dilemma ausgelöst hatte und schlagkräftig wie eine Faust zugeschlagen hatte. Je länger ich redete, desto mehr war ich von meiner Schuld überzeugt und je milder fiel mein Urteil gegen die Schläger aus.
Es schien aber nicht nur mir so zu ergehen, sondern uns allen. Als die Schläger Tage danach von der Polizei gefasst und uns vorgeführt wurden, ließen wir die Anklage nach reiflicher Überlegung fallen. Wir rangen ihnen lediglich das Versprechen ab, sich in kommenden Begegnungen manierlich zu benehmen und innerlich schwor ich, mich den Menschen gegenüber fortan ebenso manierlich zu verhalten. Sollte ich einmal wieder meine Nerven bei einer Avance lassen, wollte ich vor der kalten Schulter ein Lächeln bereit stellen, denn Lachen, so lernte ich in den Jahren, ist nicht nur gesund und heilsam, sondern wirkt gleichermaßen präventiv! Aber Lachen ist nicht in allen Fällen gesundheitsfördernd. Manchmal muss man mit Heilkräutern und Massagen nachhelfen.

5. Bis über beide Ohren ayurvedisch

Unserer Familie grauste es vor nichts. Weder scheuten wir die Lagunenbrühe, über die ganze Waran- und Schlangenfamilien zogen, noch die angeschwemmten, aufgedunsenen Fische und all das, was die angrenzenden Dörfer in der Lagune abgelegt hatten. Auch machten wir uns keine großartigen Gedanken um die Chemie, die Fabriken und Haushalte über Rohre ins Wasser leiteten.

Jener Laguneninhalt flutete über Monate meine Ohren, welche bei Kiteversuchen unverdrossen dort abgetaucht waren.

Eines Tages aber hatten meine Ohren genug vom eingeflößten Müll: Pünktlich zu einer anstehenden Geschäftsreise meines Mannes pfiff mein Gehör hysterisch und gipfelte in stechenden Schmerzen. Der Schluckprozess spornte die Schmerzen zur Höchstleistung an, woraufhin ich zur Eigentherapie griff und kurzerhand alles boykottierte, das geschluckt werden musste.

Einen Tag lang aß ich nicht, trank nur das Nötigste und spuckte den Speichel, der nicht selbständig die Speiseröhre bergab glitt, aus. Auf der Zunge löste ich homöopathische Kügelchen auf, legte Zwiebel auf das vermaledeite Ohr und steckte Knoblauchzehen hinterher.

Ich führte mich auf wie ein eigensinniges Kind.

Einerseits war ich zu bequem, einen ordentlichen Arzt mit Erfahrung um entzündete Mittelohren aufzusuchen und andrerseits schreckten mich schauderhafte Krankenberichte von einem Arztbesuch ab. Ich fürchtete verunreinigte Nadeln, die mir neben Ohrenschmerzen noch eine Seuche einspritzten und tödliche Medikamentendosen, die mir das nur oberflächlich ausgebildete Personal in der Apotheke verabreichen

könnte. Über Apotheken kursierten Gerüchte von fahrlässigen Tötungen. In der Nachbarschaft verbrochen- an einem achtjährigen Mädchen, dessen Beerdigung unsere Jasinta vor zwei Jahren beigewohnt hatte. Die Grippemedikamente waren tödlich gewesen, Nachbars Apotheke die leichtsinnigen Mörder. Verschreibungspflichtige Medikamente wurden nicht in Vakuumverpackungen verkauft, sondern aus der Packung geschnitten oder aus Dosen in die Hand gezählt und ohne Beipackzettel an den Käufer weitergereicht.
Man könnte Beliebiges in meine Hand zählen, erschrak ich damals, als ich für Jasinta Antibiotika kaufte! Durch diese Art Misstrauen war eine Dose mit 600 Aspirintabletten in meinen Besitz übergegangen. Die angebrochene Packung, aus der die Verkäuferin händisch Tabletten zählen wollte, hatte ich abgelehnt und lieber die versiegelte Version erworben.
Jene kam mit Beipackzettel und wer weiß: Vielleicht hätte diese Beilage dem Mädchen das Leben gerettet – andrerseits: Wer liest schon einen in fachchinesisch verfassten Beipack?

Ausgerüstet mit meinem Wissen um die Schwachstellen der hiesigen medizinischen Versorgung entschied ich mich für eine schlafgestörte Nacht, durch die ich mich unruhig wälzte und pausenlos aus ohnmächtigem Schlaf in schmerzverzehrtes Wehklagen verfiel. Es brauchte zehn Stunden und tausend Schmerzen, bis ich a) den Luxus eines Notarztes vermisste, der mich mit Antibiotika von meinen Qualen erlösen könnte und b) mein letztes Hemd für eine Mütze voll Schlaf hergegeben hätte. Bis sieben Uhr morgens harrte ich aus und telefonierte dann mein Hausmädchen aus ihrem beneidenswerten Schlaf, bat sie um die Telefonnummer eines mobilen Arztes. Unterdessen war mir egal, welche Qualifikationen jener und die dazugehörige Medika-

mentenausgabe mit sich brachten. Ich sehnte mich nur noch nach einer Dosis apothekenpflichtigem Schmerzmittel. Eine einzige durchwachte Nacht hatte mich von meinem Anspruchsdenken befreit.
Leider kannte Jasinta keinen mobilen Arzt.
Der Dorfarzt, entschuldigte sie das nicht vorhanden sein eines Doktors mit Hausbesuchen, sei von den unzähligen Notrufen in die Behausungen kerngesunder Hypochonder, wo er deren Wehleidigkeit behandeln sollte, mürbe gerufen worden. Stur hielt er sich an seine Geschäftszeiten zwischen 16 und 20 Uhr und verwies den Notfall ins Krankenhaus, wo er selbst die Morgenstunden durcharbeitete. Ins Krankenhaus wollte ich noch weniger als in die Apotheke. Dort hatte ich einmal ein Compound-Hausmädchen mit verknackstem Fuß hingebracht und bin mit ihr über eine Stunde zwischen den Notfällen herumgestanden. In der Wartezeit hatte ich mir eine kleine Sightseeing Tour gegönnt und mich durch die überfüllten Gänge geschlängelt. Die Zimmer waren rege besucht: Es tummelten sich Kranke und Gesunde. Die Kranken bejammerten ihre Krankheit und die Gesunden standen auf dem grauen Betonboden herum oder ließen sich am Pritschenrand nieder, von wo aus sie kunterbunt durcheinander redeten.
Ich kam mir vor wie auf dem Jahrmarkt!
Eher wie im Restaurant, belehrte mich ein Arzt, mit dem ich ins Erzählen geraten war. Die Besucher sorgten für die Verpflegung der Kranken und gehörten selbstredend vorwiegend zur Verwandtschaft. Hatte man gerade keine zur Hand, musste man Hunger leiden oder schnorren. Schließlich ist ein Staatskrankenhaus kein Hotel, sondern kümmert sich um die Gesundheit der Kranken. Und das unentgeltlich!
Damals empfand ich eine demütige Dankbarkeit, dass ich nicht auf staatliche, sri-lankische Krankenhäuser

angewiesen war, und Mitgefühl für all jene, die sich keine private Versorgung leisten konnten.

Heute, ganz Ohrenschmerz, erwog ich kurz die staatliche Version, verwarf sie augenblicklich wieder und verfluchte (gar nicht mehr so demütig dankbar) meine ländliche Wohnidylle. Colombo, seufzte ich verwöhnt, war auf liquide Ausländer und reiche Srilanker zugeschnitten. Dort gab es Herrliches wie Krankenwagen, die Tatü-Tata meine Ohren behandeln könnten, mich zur Not mit jenem Tatü in ein Krankenhaus bringen würden, wo eine ordentliche Metallpritsche mich beherbergte und der tägliche Kalorienbedarf gedeckt wäre.

Vielleicht könnte mir ja meine landeskundige Freundin Sabine behilflich sein, erinnerte ich mich und telefonierte dorthin. Sabine allerdings musste auch passen, denn sie erledigte ihre Notfälle über die arztstudierte Schwägerin, den Rest in Colombo und im Deutschlandurlaub.

Über Umwege kam ich dann doch noch an eine Telefonnummer mit Hausbesuchen, schlug zitternd die Zahlenkombination in die Tastatur und – „Ihr Anschluss ist vorübergehend außer Betrieb. Bitte setzen Sie sich mit ihrer nächsten Telekomstelle in Verbindung!" Wie war es möglich, grollte ich, dass ich bis eben zuverlässig verbunden worden war und jetzt plötzlich von der Außenwelt abgeschnitten wurde? In einem letzten, verzagten Akt morste ich ein Hausbesuch-SOS über die Handytastatur und wurde erst auf singhalesisch, dann in tamil und schließlich in englisch darüber in Kenntnis gesetzt, dass diese Nummer niemandem gehörte.

An dieser Stelle wäre ich gerne abgehauen, hätte mein Projekt auf Morgen und daraufhin auf das nächste Morgen verlegt!

Wie mit Nadeln bohrte mir das bakteriell verseuchte Ohr ins Hirn und ließ mich wissen, dass Aufgeben keine Option war. Erschöpft versank ich in einem Polster, legte dort mein Ohr warm, welches sich am Telefonhörer und im Leben durch und durch nutzlos bewiesen hatte. Wie ein rettender Engel eilte Jasinta weit vor ihrer Zeit durch unsere Haustür und fand mich aufgelöst auf dem Sofa liegen, wo ich meine schmerzvolle Müdigkeit in ein Taschentuch goss. Die Kinder standen verwirrt um die heulende Mutter herum, die unermüdlich und unglaubwürdig beteuerte, es sei alles in Ordnung. Das Hausmädchen machte auf dem Absatz kehrt und trommelte tatkräftig unseren nachtaktiven Schwerenöter Nick aus seinem Schlaf. Mit dem verschlafenen Nachbarn kehrte sie zurück, der kopfschüttelnd vor mir stehen blieb.
„Das kriegen wir schon hin!“, beteuerte er gähnend, telefonierte (mit seinem Handy, vielleicht lag ja ein Fluch auf meinen Telefonen?) Ayurveda an und verlegte mich vom Sofa in seinen Jeep.
„Kusum wartet schon!“, sagte er und legte mich auf dem Beifahrersitz ab, dessen Leder bereits von zahlreichen Damenhintern speckig gesessen war.

Nick hatte schon mehrfach die berufsbedingte Abwesenheit meines Mannes ersetzt und Notfälle psychischer und physischer Art verarztet. Meistens handelte es sich dabei um ein verunglücktes Kind, welches gemeinsam mit einem morschen Ast zu Boden gegangen war, beim Handball auf polierten Fliesen das Hirn erschüttert hatte oder nach meinem Vorbild den Ohrenschmerzen erlegen war.
Meinen Notfall hupend raste Nick bis an Negombos Strand, schlängelte sich über staubige Nebenstraßen und hielt schließlich vor einem dreistöckigen Gebäude an, welches auf mich hinab stierte und der Ort meiner

Rettung werden sollte. Nick schob mich in einen mauerumrankten Kräutergarten, setzte mich zwischen Rhododendron und Palmenblätter in einen Korbsessel und verschwand. Fünf Minuten lang tat ich mir dort entsetzlich leid und hörte meinem Verstand zu, der sich zweifelnd gegen Kräuter und Massagen wehrte, mit der eine ayurvedische Behandlung gegen Krankheiten vorging. Dieses schwelende Misstrauen gegen Kräuterhexen löste sich fast zeitgleich mit dem Duft von Ayurveda auf, der mit einem windschiefen Lächeln auf mich zuschwebte.
Ihr Name war Kusum. Meine Eltern und auch Nick hatte ich in der Vergangenheit erfolgreich bei ihr untergebracht, bislang selbst noch keinen Bedarf für ihre ayurvedischen Kunststücke gehabt.
Aufmerksam röntgen zwei Kulleraugen mein aufgewühltes Innenleben, daraufhin lehnte Kusum ihre pummelige Gestalt über mich und mit der Nähe ging die Zuversicht auf mich über, dass meine Schmerzen bald vorüber waren.
Wieder erinnerte ich mich, warum ich mich auf der Insel in den Zeiten zwischen den landesbedingten Strapazen so geborgen fühlte.
„Das tut weh, nicht wahr?", stellte Kusum mitfühlend fest und ich brachte nur ein erschöpftes Kopfnicken zuwege, schmiegte mich in ihre Fürsorge und vertraute mich blind ihren Fähigkeiten an. Kritiklos trank ich den Tee, den sie mir in einer verschnörkelten Tasse servierte, und schluckte artig zwei braune, ayurvedische Kugeln. Aus dem Kräutergarten wurde ich in ein Palmen umwobenes Häuschen geführt und dort auf einem Massagetisch aus Mahagosaholz ausgelegt. Von Kopf bis Fuß knetete sie mich ölig, strich über verstopfte Nebenhöhlen und den angeschlagenen Gehörapparat, hatte nach einer Stunde und dreißig Minuten aus mir eine ayurvedisch duftende Genesende mas-

siert, die abhanden gekommenen Lebensgeister zurückgebracht.
„Aber“, ermahnte sie, meine Ärztescheu durchschauend, „wenn die Schmerzen in zwei Stunden noch nicht ganz weg sind, suchst du einen Arzt auf.“
Das versprach ich ihr und diesmal hupte Nick nicht meinen Notfall, sondern seinen dringenden Nachholbedarf in Sachen Schlaf durch das belebte Straßenleben.
Wie Hühner auf der Stange hingen meine drei Kinder am Gartentor. Misstrauisch beäugten sie die verwehte Gestalt, die aus dem Ledersitz schwebte und froh ihre Dreisamkeit in die Arme schloss.
„Alles bestens!“, jauchzte ich und erlöste sie aus ihrer unnatürlichen Bewegungslosigkeit. Mit dem Fußball und den Fahrrädern tobten sie ihre Erleichterung ab, überprüften alle paar Minuten meinen Ist-Zustand, befanden mich unverändert heilend und brachen wieder in Lärm aus.

Mein Ohrenweh verflüchtigte sich trotz der Kräuterkur nicht vollständig und ein paar Stunden später saß ich mit der Dorfgemeinschaft in einem Betonhäuschen, hatte mir einen lila Schnörkelstuhl erobert und sah mich interessiert um. Ich verlor bei dem Menschenauflauf den Überblick, wann ich an der Reihe war.
Das Anstehen löste der Sri-Lanker mit unbeirrbarem Drängeln und dennoch ohne jegliche Aggression. Fast systematisch schob sich der Neuankömmling vor Wartende, während weder die Überholenden, noch die Überholten auch nur mit der Wimper zuckten. Daraufhin fädelte sich ein anderer vor dem Drängelnden ein und jener wiederum wurde von den soeben Weggeschobenen verdrängt. Die Technik erinnerte mich an ein Spiel, welches wir als Kinder mit Enthusiasmus gespielt hatten: Dazu benötigte man Hände, am besten

drei Rechte und drei Linke. Eine rechte Hand legte sich auf die Tischplatte, eine andere Rechte und noch eine tat es jener gleich. Wenn die rechten Hände ausgegangen waren, folgte die Linke auf den Berg, dann eine andere Linke und schließlich wurde die letzte, verfügbare Linke nachgelegt und bildete gleichzeitig den Gipfel. Nun musste die damit entstandene Struktur über den Haufen geworfen werden, indem die unterste Rechte sich aus der Affäre zog und den Gipfel erklomm, die nächste nachschob und so weiter. Es endete immer in einem heillosen Durcheinander und doch war jeder irgendwann zum Zuge gekommen.
Das nannte man Chaosmanagement!
An Chaos fehlte es mir nicht, dafür an Drängelbegabung.
Statt meine Ellenbogen zu spitzen, merkte ich mir das Gesicht, welches jetzt eintrat und stellte mich in seinen Windschatten. Mit meinem T-Shirt hautnah an ihrem bestickten Sari arbeitete ich mich bis zum Türstock vor, über dem sich ein Vorhang blähte und mir die Wehleiden aus dem Sprechzimmer zufächerte. Schließlich hatte auch meine Vorhut ihre Zeit beim Doktor abgesessen und ich rüstete mich zur Behandlung – knapp daneben! Eine Dame hinkte energisch an den Wartenden und mir vorbei, erreichte noch bevor ich einen Schritt tat den Weißkittel. Wie auf Kommando brach sie dort in Tränen aus und machte aus einem leichten Hinken ein unbrauchbares Bein, welches sie theatralisch hinter sich herschleifte.
Meine Ausdauer in Sachen Warten war somit erschöpft!
So aufdringlich wie ich nur konnte breitete ich mich im Türrahmen aus und stürmte gerade noch rechtzeitig vor einer Mutter mit Kind den Schreibtisch. Siegessicher versank ich in einem Kinderstuhl und schaute über den dick lackierten Schreibtisch zum Doktor auf,

der seinerseits soeben in einer Schublade abgetaucht war. Dort wühlte er nach Papier, klaubte seinen einzigen Stift von der Schreibtischplatte und notierte im Licht einer lose am Kabel baumelnden Glühbirne etwas. Dann endlich sah er auf, musterte mich von oben bis unten und tat so, als hätte er alle Zeit der Welt.
Selbst wenn der Sri-Lanker nichts besitzt, über Zeit verfügt er immer!
Der Arzt fragte mich nach meinem Namen, wo ich herkäme und wie mir Sri Lanka gefalle.
Der dunkle Haarschopf tauchte wieder in der Schublade ab und zauberte schließlich ein Gerät hervor, welches er wie eine Lupe benutzte und mir in meine Entzündung steckte, darin schmerzhaft fuhrwerkte. Um ein Haar hätte auch ich meine Wehleidigkeit ins Wartezimmer geseufzt, wollte aber den Foltermethoden nicht nachgeben und schwieg tapfer. Mit einem Baumwolltuch wischte der Herr Doktor sein Sehrohr sauber, aber keineswegs steril und warf es in seinen Platz zurück. Auf ein Stück Papier kritzelte er ein Schmerzmittel und ein Antibiotikum.
Das Antibiotikum gab es in der Apotheke im Anschluss zu kaufen und ich guckte ganz genau hin, aus welcher Packung meine Dosis herausgeschnitten wurde, verzichtete sicherheitshalber und aus Überzeugung ganz auf das Schmerzmittel.
Das Antibiotikum löste den Entzündungsherd auf und spendete mir einen Magendarmpilz, den ich selbst nach monatelangem Verzicht auf Weißmehl, Zucker und Stärke nicht loswurde. In letzter Instanz erinnerte ich mich an die ayurvedische Kusum und ihre effektiven Heilkräfte. Von ihr ließ ich mir ein Pulver für ein höllisches Gebräu mischen, das mir nach nur zwei Wochen einen gereinigten Darm und strotzende Gesundheit bescherte. Ganz nebenbei warf die

Wirkung von Ayurveda die Frage auf, warum ich in Negombo dreißig Schulmediziner fand, bevor ich auch nur einen ayurvedischen Arzt zu fassen kriegte? Dabei ging Ayurveda zweitausend Jahre vor unsere Zeitrechnung zurück und hatte sich durchaus bewährt – bewährte sich noch, wie ich bewiesen hatte.
„Die Kolonialzeit", seufzte ein ayurvedischer Arzt, den ich als Informationsquelle anzapfte. „Man wollte uns den Buddhismus und Ayurveda nehmen, hat uns stattdessen das Christentum und die westlich orientierte Medizin aufgedrängt. Heutzutage", fügte er enttäuscht hinzu, „ist die Bevölkerung auf die schnelle Medizin aus und schluckt lieber Chemie, als sich der ganzheitlichen Methode hinzugeben."

Darüber waren sich unsere beiden konträren, wertfremden Kulturen einig: Beide wollten wir unsere Lebensgewohnheiten nicht zu Gunsten unserer Gesundheit aufgeben und reagierten lieber als wir agierten. Das nämlich war Ayurveda: Man beugte der Krankheit vor! Das wiederum forderte eine Umstellung der Lebensgewohnheiten, eine angepasste Ernährung und zwang den Blick über die eigenen, physischen und psychischen Schranken hinaus.
Ein Blick, der Zeit kostete und guten Willen, augenscheinlich weder effektiv, noch wissenschaftlich belegt war.

Das war Anlass genug, mich in einen ayurvedischen Massagekurs einzutragen, mit dem ich Sri Lankas Vergangenheit einfangen und in Deutschland den SPA-Besuchern Gesundheit einmassieren wollte.

6. Ich bilde mich ayurvedisch

„Hmm!“, kommentierte mein Mann meinen ayurvedischen Massagekurs. „Find ich gut! Nur“, erklärte er die steile Falte, die seine Stirn teilte, „tue ich mich schwer mit der Vorstellung, dass du fremde Menschen massierst!“ Er stellte sich ungewaschene Massagekundschaft vor, die unter Umständen beim Ausatmen noch den Geruch des gestrigen Abendessens an mich abgaben, vielleicht sogar rülpsten, damit mein ästhetische Empfinden beleidigten und mir widerlich aufstießen. Dazu reichte sonst schon, wenn sich jemand bei mir in den ersten Sätzen unsymphatisch grölte. Solch einen Proleten sollte ich daraufhin nahezu intim anfassen?
„Ein Stück Kultur, welches ich aus Sri Lanka mitnehme!“, rechtfertigte ich meine wesensfremde Anwandlung und dachte sicherheitshalber nicht weiter über seine Bedenken nach.

Am ersten Tag und die nächsten sechs Monate quälte ich mich zwei- bis dreimal wöchentlich durch Colombos Verkehrschaos. Ich passierte bewaffnete Straßenblockaden und schlängelte mich unerschrocken um mögliche Selbstmordattentäter; nahm all das auf mich, damit mir ein ayurvedisch studierter Arzt eine Lektion in Sachen Ayurveda verpassen konnte.

Die Lektion kriegte ich in einem ayurvedischen Krankenhaus. Dem werten Leser könnte jetzt das Bild einer an endlosen, weißen Sandstränden, von Palmen eingerahmt, in meditative Musik getaucht und von heilenden Düften durchwobene Gesundheitsoase vorschweben. An jenem Bild werde ich nun hier und da einige Änderungen anbringen müssen. Meine Gesundheitsoase zierten weder Palmen, noch lag es am Strand und überhaupt war es nicht mit Überfluss dekoriert, sondern ausschließlich mit dem Nötigsten eingerichtet: Es gab Krankenzimmer mit einem Bett und einem Fenster, mehrere Unterrichts- und gleichzeitig Behandlungszimmer, Massageliegen, Klappstühle, Wandtafeln und mit Glück auch Kreide dazu. Zur Krönung lehnte das Gebäude an einem vierspurigen Straßendesaster und wuchs in Beton zwei Geschosse bergauf. Das ayurvedische Krankenhaus musste nicht den Ansprüchen des Touristen mit dem teuren Geschmack genügen, sondern dem Portemonnaie der lokalen Bevölkerung, die es sich schließlich leisten können musste.

Auf meiner ersten Fahrt in die Welt der Ayurveda schoss ich glatt am Gebäude vorbei und musste umdrehen, was mich unter dem lautstarken Hupprotest der Mitstreiter auf Colombos Kampfplatz Straße einige Minuten Zeit und reichlich Nerven kostete. Mein Vehikel parkte ich dann unter Anleitung des Einweisers in Millimeterarbeit in den Innenhof ein. Den Pfeiler, den ich touchierte, hatten wir beide übersehen, als wir in höchster Konzentration die rechte Karosserieseite an der Mauer vorbeijonglierten, dabei die Linke, ebenso einweisungspflichtige Seite vernachlässigten. Trotz der diversen Zwischenfälle kam ich eine Stunde zu früh, mein Arzt hingegen eine halbe Stunde zu spät. So standen mir fortan neunzig Minuten Zeit zur Verfügung, in denen ich am Krankenhausalltag teilnehmen konnte.
Eine feingliedrige Dame in Sari führte mich in einen Vorraum, der über den Charme unserer Garage verfügte. Ich richtete mir einen der Klappstühle ein, warf ein nicht ganz sauberes Stück Stoff über eine baufäl-

lige Schreibtischplatte und überließ mich meinen Gedanken. Jene wurden von Arbeiten gestört, die gegen die abblätternde Wandbemalung vorgehen sollten. Allerdings beschäftigte meine weiße Haut die Maler weitaus mehr als das Weiß, welches sie auf die Wand klatschten. Die Bemalung war entsprechend dürftig, schien aber durchaus zu ihrer Zufriedenheit ausgefallen zu sein, als sie bedauernd zur nächsten Wand und Raum übergingen und mich aus den Augen verloren. Auch die Leiden der im Hospital einquartierten Kranken waren mir bald geläufig, da jene nur eine Tür vom Schulzimmer entfernt ayurvedisch heilten. Für die Toilette und frische Luft mussten die Einquartierten an mir und meiner Sensationslust vorbei. Ich notierte jede absonderliche Gangart oder Hautschürfung und befragte später meinen persönlichen Halbgott betreffend einer möglichen Linderung oder gar Genesung.

In meiner Wartezeit stieg ich treppauf-treppab und besichtigte besonders häufig die Toilette. Zu diesem Anlass schlüpfte ich in meine Flip-Flops, rutschte anfangs noch einige Male auf dem nassen Boden aus und dachte aus gegebenem Anlass nicht weiter darüber nach, ob es sich bei dem Rutschigen tatsächlich nur um Wasser handelte. Mein Hinterteil schwebte über dem Klosett, welches weder über eine Auflage, noch eine ordentliche Sitzgelegenheit verfügte. Das geflieste Loch ließ nichts anderes als den Schwebezustand zu! Das Toilettenpapier brachte ich von Zuhause mit, die Hände wusch ich mit einem der Nasstücher, die seit Jahren in meiner Handtasche auf ihren Einsatz gewartet hatten. Meine Warterei brachte mir Gespräche mit den Ärzten und Studenten ein, die regelmäßig durch mein Klassenzimmer und mein Lernen strömten und ich fühlte mich binnen kurzem mehr als zugehörig. Am

Höhepunkt meines Wohlbehagens packte ich Butterbrote und einen Apfel aus, die ich zum Mittagessen vertilgte, bröselte Krümel auf Tisch, Papier und Boden und wischte sie notdürftig wieder zusammen.
Zusammengefasst unterschied sich mein Ayurvedatempel erheblich von dem ayurvedischen Luxushotel im Süden, dessen Ruhe, Sauberkeit und Üppigkeit ich ein Wochenende lang genossen hatte. Es war eine offene Begegnung mit der Scheinwelt, die sich auf der Insel ausgebreitet hatte. Dem Touristen wurde ein Luxus vorgegaukelt, der keineswegs der lokalen Realität entsprach. Ein Luxus, der die Bevölkerung in eine Zweiklassengesellschaft spaltete. Reich auf der Insel bedeutete unermesslich reich und arm bedeutete im Gegenzug beispiellos arm. Während die einen wie einst Dagobert Duck im Geld schwammen und jenes in Erste-Klasse-Objekte steckten, fehlte es den anderen an Existentiellem. Themen, die ich in den Privatlektionen mit meinem Lehrer gerne aufgriff. Mit ihm zerpflückte ich vorsätzlich und vorwiegend Politisches und Menschliches, bewertete die Welt neu und bastelte eine Bessere daraus. Wir verstanden uns prächtig, tauschten gegenseitig landestypische Vorzüge, Schwächen, Gegensätze und Eigenarten aus, belehrten den amtierenden Präsidenten in seiner Abwesenheit über das Recht der freien Meinungsäußerung und kehrten nach jeder philosophischen Schlaufe pflichtbewusst zu Ayurveda zurück.
Das musste sein, denn Ayurveda war nicht die theoretisch und praktisch ausgeklügelte Methode, eine Krankheit gewaltsam aus dem System zu reißen, sondern eine Philosophie, die auf Umwegen zum Krankheitsherd vordrang.
„Ayurveda", dozierte mein Herr Dr. Ayurveda, dessen farbenprächtige Kleidung für sonnige Zustände sorgte,

„ist die Lehre für ein langes Leben und geht Hand in Hand mit den gesicherten Menschenrechten!"
Bitte? Ich verstand nur Menschenrechte!
„Betrachten Sie es einmal von dieser Seite", verbildlichte er seinen Vergleich. „Ayurveda stützt sich gleichzeitig auf den Körper Mensch als auch auf die Seele. Der Mensch sollte demzufolge nicht nur über eine gesunde Hülle, sondern auch über einen gesunden Geist verfügen. Und das", fuhr er fort, „bezieht die freie Meinung mit ein."
Mein Lehrer zog einen abgegriffenen Wälzer aus einer verbeulten Ledertasche und blätterte darin, verharrte einige Sekunden auf Seite 237 und las schließlich: „Ayurveda ist die zeitlose, unendliche Dimension des Lebens, basiert auf Naturgesetzen, denen das Leben zu Grunde liegt."
Leider schaffte ich es nicht bis in die andere Dimension, guckte wie ein Fragezeichen auf Buch und Mann und steckte ganz in dem Unverstandenen des eben Dozierten fest.
„Ein besonders heiliger Mensch", bekam ich die Lektion jetzt mundgerecht verpackt, „hatte sich vor etwa vier- bis fünftausend Jahren", so viele Jahrtausende konnte ich in meinem Vorstellungsvermögen nicht unterbringen, hatte eine anschauliche Vision vor Augen, in der von Kopf bis Fuß behaarte Menschen Steine und gleichzeitig philosophische Weisheiten klopften, „meditativ in eine andere Dimension versenkt und hat die Grundlage des Ayurveda gefunden. Dort war er auf die fünf Elemente gestoßen: die fünf Pancha Butha."
In den Elementen kannte ich mich aus, jene hatten auch schon die Chinesen aufspürt: Erde, Wasser, Feuer, Luft und Raum komponierten auch im Ayurveda uns, unsere Erde und das Universum. Sie waren die Luft, die wir atmeten, die Erde, die uns stabilisierte,

das Feuer, das uns wärmte und mit Energie auflud, der Raum, in dem wir uns bewegten und das Wasser, das durch uns und über die Erde floss.
„Ayurvedisch betrachtet ist der Mensch materiell und emotional mit diesen fünf Elementen verbunden, was uns wiederum an die Natur und das gesamte Universum bindet. Und dort liegt die gefühlte Dimension, denn nach ayurvedischem Gesetz beherbergen wir Menschen alle Eigenschaften des Universums und umgekehrt". Ich dachte daran, dass unsere Wissenschaftler dem Universum weder Menschliches, noch Erdiges zugestanden: Der kritische Westen trennte Sonne, Mond und Sterne überzeugend von Fleisch und Blut.
„Die Dosis, in welcher die Elemente auf einen Menschen aufgeteilt sind, wird in Ayurveda über die drei „Doshas" erledigt. Jedes Dosha enthält zwei Elemente, die dem Einzelnen jeweils zugewiesen werden."
Er zögerte, als stolpere er wie ich über die Tatsache, dass fünf sich nicht ohne Schummeln durch zwei teilen ließ.
„Wasser ist gleich in zwei Doshas vertreten."
Aha! Da Wasser sowohl im Menschen als auch in der Natur überproportional vorhanden ist, leuchtete mir das doch ein. Drei Doshas auf die Menschheit umlegen – das konnte ja wohl nicht so schwer sein.
Irrtum!
„Alle drei Doshas sind in jedem Menschen vorhanden, allerdings nie gleichmäßig. Ein oder zwei Doshas bilden ein Übergewicht und diese ganz persönliche Aufteilung der Doshas bestimmt die Konstitution eines Menschen."
Mir entwischte ein Gähnen und ich ertappte mich dabei, wie ich abwesend auf den runden Rücken und die Hand starrte, welche ausschweifend Gesagtes mit bunter Kreide auf eine Wellen schlagende Wandta-

fel warf. Die eintretende Lethargie bekämpfend öffnete ich mein Notizbuch und kritzelte in blau „5 Elemente“ hinein, fügte in rot „Raum, Luft, Feuer, Wasser und Erde“ hinzu, holte mir einen grünen Stift und notierte die drei Doshas „*Vata, Pitta* und *Kapha*“ darunter. Im Schlussakt führte ich in dicken Balken den Doshas ihre Elemente zu und betrachtete zufrieden mein Werk.

„Die Konstitution, der wir angehören, muss vor der Behandlung bestimmt werden. Entsprechend der Konstitution sucht der Masseur die auf die jeweiligen Doshas abgestimmten Öle aus, sucht die passende Temperatur und die Art und Weise der Massiertechnik aus.“

Möglichst unauffällig sah ich an meinem windigen Äußeren herunter, wollte auf einen Blick mein ganz persönliches Dosha festmachen. Auf Anhieb konnte ich kein augenscheinliches Merkmal zum Element finden, welches für mich zuständig war, und versuchte es tiefer in der Versenkung. Das Versenken in mein Innerstes gelang mir nur oberflächlich und hörte spätestens am Sprachrohr auf, worüber ich alles, das sich in meinem Bewusstsein regte, vertonte. Mein Unterbewusstsein erreichte ich nur, wenn ich Sport trieb und anschließend ein paar Tai Ji Figuren tanzte.

Im Grunde, so wusste ich, stand mir meine Lebendigkeit im Weg zum ausgeglichenen Innersten.

Dabei, so würde ich demnächst lernen, konnte ich für meine Quirligkeit überhaupt nichts und durfte bequem die Verantwortung abschieben: „Die Grundkonstitution ist gegeben und sie haftet lebenslänglich an uns“, lehrte der Profi, betrachtete mich eingehend und wies mir die beiden Doshas Vata und Pitta zu.

Somit gehörte ich zum Typ Vata-Pitta, war Sternzeichen Schütze, Aszendent Stier, im chinesischen ein Hase, außerdem klein gewachsen und mit Temperament versehen.

Das „Vata“, lernte ich, wurde von den Elementen Raum und Luft beherrscht und und machte sich in meinem zarten Körperbau und der Liebe zur Bewegung bemerkbar.
„Vata lässt unser Herz schlagen, ist der Atem, das Gehen, das Sprechen und auch das Denken, der Transport von A nach B“ – und somit ohne Zweifel mein bewegtes Ich.
Vata war also auch der Grund, warum ich zehn Sätze sprach, bevor ich auch nur einen davon zu Ende gedacht hatte.
Der Dozierende war unterdessen bei Pitta angekommen: „Pitta vereint die Elemente Feuer und Wasser und dieses Dosha ist für die Energie und Körperwärme zuständig, die Verdauung, die Durchblutung und den Metabolismus …“ – und mein aufbrausendes Temperament!
Betrachtete ich das von der positiven Seite, war ich beweglich und temperamentvoll, die weniger sympathische Seite schwatzhaft und hitzköpfig!
Das dritte Dosha jedoch, Kapha, fehlte mir fast gänzlich. Wohl trug ich das darin enthaltene Element Wasser in mir und das zweite Element, die Erde, war mein bisschen Körpermasse. Nur von der Erdung hatte ich bedenklich wenig abgekriegt; ging ich, so setzte ich nicht einen Fuß vor den anderen, sondern jagte ohne mich auch nur einmal umzusehen in Richtung Ziel. Dabei verpasste ich nicht nur dreiviertel von all dem, das man gesehen haben sollte, sondern schoss dabei auch öfters mal am Ziel vorbei. Ernsthaft zweifelte ich, ob mir die Harmonie im Dosha-Dreiklang nicht zu vielstimmig sein könnte. Dieser vorüberflatternde Zweifel wurde von Kapha noch verstärkt, welchem mein Gegenüber ohne Frage angehörte.
„Man erkennt Kapha am kräftigen Körperbau, am dichten Haarwuchs, der langsamen Bewegung“ – an Aus-

dauer, Ruhe; der Kapha überdachte besagte zehn Sätze, bevor er auch nur einen davon gesprochen hatte. Kapha war alles, was ich nicht war.
„Jeder von uns", wiederholte er geduldig, „trägt ein Übergewicht an Doshas in sich, hat hier mehr und da weniger". Das Thema schien für ihn damit abgeschlossen und er ging umgehend zu einem neuen Fremdwort über, welches in mir zusätzliche Verwirrung stiftete: *Prakriti.* Prakriti war die Dosha-Konstitution zum Zeitpunkt der Geburt, die eine höchstmögliche Harmonie darstellte und somit die Ausgangslage eines vor Gesundheit Strotzenden war. Davon strotzten weltweit nur Wenige und Ayurveda hatte sich auch schon ausgedacht, warum dem so war und welche kränklichen Symptome die zugewiesenen Doshas hervorrufen konnten. Mich zum Beispiel störte Vata-Pitta im Gelenk, am Rücken oder am Kopf mit Schmerzen; mit Blähungen, Hautausschlägen, Haarausfall oder am Herzen – reichlich Variationen also, die vorbeugend behandelt sein wollten. Um die Störung gar nicht ausbrechen zu lassen, setzte Ayurveda unter anderem die Massage ein!
Mich also, die ayurvedisch Massierende!
Mich, die ich Elemente harmonisch kneten würde!
„Massieren aber", bläute mir mein Lehrer ein, „dürfen Sie ausschließlich Gesunde." Sechs Monate reichten nicht aus, als dass er meine Fähigkeiten auch noch auf Kranke ausweiten könne, es fehlte mir an medizinischer Bildung und Erfahrung.
„Ein ayurvedisches Studium ist genau so ausführlich und lange wie ein Medizinstudium!" – Was ihn nicht davon abhielt, mich im Schnellverfahren durch das Reich der Kranken zu führen, wobei ich sowohl die westliche Perspektive als auch die ayurvedische abbekam.

Nach drei Monaten war mein Notizbuch randvoll gekritzelt, Bücher stapelten sich kreuz und quer in Haus und Auto und mein Denken rotierte ununterbrochen um Kranke und Gesunde, um Elemente und Doshas. Meine Küche stimmte ich bestmöglich auf ayurvedische Gesundheit ab, Kinder und Mann wurden von mir auf ihre Konstitution hin bestimmt und heimlich entsprechend ernährt.

Es fehlte nur noch, dass ich handgreiflich wurde!

Sechs Wochen nach Beginn der Schulung kündigte mein Lehrer endlich den praktischen Teil an. Längst knetete ich meinen Liebsten in den theoretisch einstudierten Techniken weich, trommelte zur Übung auf Sofakissen und massierte mir selbst Hände und Füße, presste und rieb Punkte, die sich *Marma* nannten und den Akupunkturpunkten ähnelten, war voll und ganz auf Kommendes eingerichtet.

Aufgeregt schob ich in der Wartezeit an jenem Mittwoch meinen Hintern über die Plastikauflage des Klappstuhles, während eine Schülerkarawane kichernd an mir vorüberzog. Im Innenhof betrachtete ich die schwankende Palme, das hupende Straßenallerlei und den Ventilator, der über meinem Kopf an seiner Befestigung rüttelte. Jenen hatte ich vor ein paar Wochen beim Sekretariat gemeldet, woraufhin diese die Reklamation auf einen vorübereilenden Arzt abluden, welcher sich für diese Art der Störung nicht zuständig fühlte und ich auch noch am nächsten Tag unter der potentiellen Guillotine saß.

Mein Lehrer hatte mir den Wachmann organisiert, mit dem ich kürzlich im Teamwork die Karosserie verkratzt hatte, dessen Haut und Muskeln ich nun ölen und ohne Frage in den ersten Lektionen mehr malträtieren als massieren sollte. Um den kostbaren Freiwilligen nicht unnötig zu gefährden, schob ich den Massagetisch aus der Gefahrenzone des Ventilators und schlug mein Notizbuch auf. Eingehend studierte ich die hineingekritzelten Beine und Oberkörper, die unter meiner künstlerischen Führung bedenklich aus der Proportion geraten und mit Pfeilen und Symbolen versehen waren, die die diversen Techniken und Massagerichtungen festhielten.

Die anfänglichen Bedenken meines Mannes bezüglich meiner Eignung in Sachen Massage strömten im Gleichschritt durch die Tür und legten sich auf das Holz. Fremde Glieder streckten sich darauf aus und verströmten einen körpereigenen Geruch, stellten sich für meine dilettantischen Anfänge zur Verfügung. Auf ein Mal eilte es mir gar nicht mehr so sehr mit der Praxis und ich versicherte dem Lehrer, dass meine Theorie durchaus noch lückenhaft war und vertieft werden musste – am besten solange, bis ich ein mir angenehmes Versuchskaninchen aufgetrieben hatte. Meine plötzlichen Bedenken wurden nicht ernst genommen und ich war gezwungen, die inneren Widerstände zu überwinden und anzufassen, was mir fremd und geruchsintensiv war.
Bevor die Massage beginnen konnte, mussten die negativen Energien des Patienten verjagt werden. Dazu nutzte man die aus dem Yoga stammenden *Mudras*, die mir mein Lehrer nun eindrücklich demonstrierte. Mit gespreizten Beinen stand er am Wachmann, schloss die Augen und es war geradezu spürbar, wie er Energien sammelte, bevor er sich mit dieser beneidenswert aufrechten Körperhaltung und lang gestreckten Armen etwa zehn Zentimeter über dem Liegenden in Richtung Kopf verdrehte. Von dort schwebte er über den energetischen Körper, zog das Negative über den Patienten hinweg und schleuderte mit einer finalen, zügigen Wurfbe-

wegung Unerwünschtes durch die Zehenspitzen in die Atmosphäre hinaus.
Jetzt war ich dran.
Kinderleicht!
Ich richtete meine Beine und Arme so ein, wie ich es eben vorgeführt bekommen hatte, verfiel in den Ausfallschritt, dehnte Genick, Wirbelsäule und Arme in eine Gerade und krümmte Daumen und Zeigefinger zu einem Kreis, hielt die übrigen Finger so lange und zusammenstehend wie möglich. Die Bewegung in dieser verdrehten Position gelang mir nur unter Schmerzen und der Lehrer quittierte meine Verrenkung mit einem nachdenklichen Kopfschütteln. Noch einmal stellte er sich hin, ließ Hände und Arme federleicht am Außenkörper entlang gleiten, bevor er mir erneut das Feld überließ. Ich drehte meine Füße einen Zentimeter weiter auswärts, beugte die Knie drei Millimeter zusätzlich, lockerte den Rücken um fünf Grad, und verspannte die Finger – und turnte eine ganze Lektion lang sämtliche Möglichkeiten durch, wie man die *Mudras* eben nicht ausführen sollte, endete schließlich schweißgebadet in etwas, das mein Lehrer gerade eben akzeptieren konnte.
Mit knirschenden Knochen und vibrierenden Oberschenkeln fuhr ich nach Hause und suchte gar nicht ayur-vedisch Entspannung bei einem Glas Wein. Vielleicht war ich ja doch nicht zur Massage geeignet, zweifelte ich und bedauerte, dass ich schon nahezu krankhaft dazu veranlagt war, einmal Angefangenes auch zu Ende zu bringen.

Zwei Tage lang knetete ich in Gedanken Fremdes und trat gut vorbereitet auf das mir unvertraute Fleisch zu, an welchem ich die kommenden Lektionen lang das Anfassen trainieren sollte. Es zeigte sich, dass mich die Berührung weniger Überwindung kostete als er-

wartet, was vielleicht an dem Öl lag, welches zwischen meiner Berührung und der Haut lag. Mit den nervös flackernden Pupillen und hektisch verkrampften Bewegungen meines Massageopfers war sein Typ *Pitta* ohne Umstände gefunden. Keine Sekunde dachte ich darüber nach, dass Flackern und Hektik auch aus einem Widerstand rühren könnte, den nicht nur ich für ihn, sondern auch er für mich empfinden könnte.
Schließlich fasste nicht nur ich in einem prüden Land einen Mann an, sondern auch er wurde von einer Frau angefasst.
Unbeirrt, weil nicht nachdenkend, und von meiner korrekten Diagnose beflügelt, wählte ich in Sachen Öl die Kokosnuss und trug es kühl auf die Pitta-Hitze auf, hielt den Druck der Massage mäßig. *Kapha* hätte mir da mehr Arbeit gemacht, denn jener gehörte zu den gewichtigen Körpern, die nicht ohne Anstrengung geknetet werden konnten. Ich erstritt mir den rechten Fuß, den der Massierte verkrampft gegen das Holz presste, drückte zerstreut an der Sohle herum und vergaß ständig, wo und wann ich was und warum massieren sollte, beendete auch diese Lektion in der Gewissheit, dass ich nichts wusste und studierte ein Wochenende lang eingehend die Theorie.

In den kommenden Lektionen massierte ich nach und nach alle Körperteile einmal durch. Ich nahm Rücksicht auf Gelenke und Muskelansätze, fragte mein Opfer artig, ob er vielleicht seine Tage habe oder gar schwanger sei, denn ich war vom Lehrer angewiesen worden, in diesem Falle die Magengegend nicht zu berühren. Ich umkreiste und presste ayurvedische Punkte, fuhr mit dem Daumen zwischen die Rippen, drehte Kreise auf Hüftenund Oberschenkeln, strich und kniff Muskeln und Fettpolster, klopfte Oberarme, ölte Hände, Gesicht,

Scheitel, Wirbel und das Haupt, war höllisch konfus, wo der Anfang und wo das Ende in dieser teuflischen Massage steckte.

Unermüdlich las und übte ich. Tatsächlich machte die Übung aus mir zwar keinen Meister, aber immerhin schaffte ich es eines Tages übergangslos von einem Körperteil zum nächsten, endete nach nur zwei Stunden beim Gesicht und legte in Theorie und Praxis eine Prüfung ab.

Das unterschriebene und abgestempelte Dokument legte ich in meiner Diplomsammlung ab. Es blieb abzuwarten, ob ich Sri Lankas Ayurveda auch in Deutschland anwenden würde. In jedem Fall hatte mich die Ausbildung bereichert und mein Augenmerk auf das leuchtend Schöne des Landes gerichtet, welches ich im Kampf, den ich in Sri Lankas Alltag focht, teilweise ganz aus den Augen verlor.

7. Infrastruktur mit eigenwilliger Struktur

Nicht nur Ayurveda lockte Touristen auf die Insel, sondern auch die endlosen Sandstrände. Um an jenen einen Urlaub lang seine Seele baumeln zu lassen, nahm manch einer viele Stunden Anfahrt in Kauf.
Viele Stunden, weil die Anfahrt auf einem in die Jahre gekommenen, sehr liederlich gepflegten und vollkommen überlasteten Straßennetz erfolgte.
Die Strände, die im flughafennahen Colombo und Negombo angeboten wurden, taugten leider nur eingeschränkt für baumelnde Seelen, woran die Millionenstadt Colombo und auch die mehreren Tausend Einwohner Negombos schuld waren. Ein beachtlicher Anteil des von ihnen im Ozean versenkten Mülls schipperte zielstrebig um Badende an Land zurück und befleckte das paradiesische Bild, welches sich der gemeine Urlauber von Palmen, Sand und Meer zusammengebastelt hatte.
Und weil der Tourist so oder so auf die Reise in den Süden geschickt werden musste, rieben sich die Organisatoren die Hände und weiteten das Ganze zu einer höllischen Rundreise über den minenfreien Bereich der Insel aus. Sie scheuchten die Reisenden durch Kandys buddhistische Tempel, auf die Besichtigungsstrapaze einer Teeplantage in Nurawa Eliya oder nach Anaradhapura, die historische Stadt in der Inselmitte, über welche die Singhalesen und Tamilen jahrhunderte lang Blut vergossen hatten. Dort konnte der Kulturinteressierte die königliche Vergangenheit der Insel verinnerlichen und deren Ruinen betrachten. Ruinen, die der Reisende auf jener Fahrt zu spüren bekam, denn streckenweise konnte das, was die Engländer nach ihrem

Abzug aus der Kolonie hinterlassen hatten, nicht mehr mit gutem Gewissen als Straße bezeichnet werden. Autofahren nach Sri Lankas Bedingungen machte mir keinen Spaß.
Das koloniale Straßennetz war dem zunehmenden Verkehr nicht mehr gewachsen und, wenn überhaupt, nur notdürftig geflickt worden. Als Resultat überlief ein Flickwerk die Insel, aus welchem zuweilen imponierende Löcher klafften, die der Autoachse, den Autoreifen und nicht zuletzt dem durchgeschüttelten Fahrer heftig zusetzt. Abgesehen davon, schienen darauf vierundzwanzig Stunden lang Sri Lankas zwanzig Millionen stets irgendwo vor, neben oder hinter meiner Autofahrt unterwegs zu sein. Nach und nach versiegte unsere Reiselust mit den drei Kindern und wir reduzierten die Fahrerei nur noch auf das Nötigste, richteten unsere Freizeit auf die Möglichkeiten vor Ort aus. Bei einer Durchschnittsgeschwindigkeit von dreißig Stundenkilometern konnte eine Fahrt nicht nur sehr lang, sondern auch sehr, sehr quengelig werden.
„Wann sind wir endlich da-a?“
Und das ununterbrochen gleich mehrere Stunden lang! Vermutlich bereiteten wir uns aber schlicht und ergreifend einfach nur nicht richtig auf das Inselreisen vor. So hätte ich den chorischen wann-sind-wir-endlich-da-a statt in eine Nervenbelastung in einen Familienchor umwandeln und die Fahrstunden zum Einstudieren eines fünfstimmigen Gesangs nutzen können.
Dazu hatte ich aber – wie ewig schade, wenn ich an die Jackson-Five und ihre Erfolge denke – keine Lust oder war es auch einfach nicht gewöhnt, stundenlang die Alleinunterhalterin beziehungsweise den Chorkasperl zu spielen. Schließlich war ich in Ländern verkehrstüchtig geworden, in denen nicht nur viel Raum für wenig Verkehr vorhanden war, sondern auch auf

alarmierend roten Schildern mit „Vorsicht! Straßenschäden!“ vor schadhaften Stellen gewarnt wurde – die Schäden bestanden dann selten aus mehr als einer Wölbung oder einem kaum sichtbaren Riss im Teer. Nichts also, was dieser schreiend roten Warnung gerecht werden konnte.
In meiner neuen Heimat waren Straßenschäden wirklich Straßenschäden und gehörten auf die Insel wie die Palmen und das Meer.
An den hier üblichen Fahrbahndefekten sollte ich fortan regelmäßig meine Autoreifen aufschlitzen. Nicht ohne Frust stellte ich fest, dass nur immer mir die Luft ausging, Andreas von platten Reifen fast gänzlich verschont blieb.
Mit der mir eigenen Pannenroutine blieb mir nichts übrig, als ein System zu entwickeln, mit welchem ich möglichst effizient meine Reifen wechseln ließ – die dann im nächsten Loch wieder aufgeschlitzt werden konnten. Ein System, welches ich in Deutschland erfolgreich getestet hatte: Ich stellte mich auffallend unbeholfen neben den Plattfuß, guckte recht besorgt und deutete in meiner Körperhaltung an, dass ich überhaupt nicht wusste, wie ich diesem Platten auch nur annähernd Herr werden könnte. Eine im Grunde ziemlich überflüssige Inszenierung, denn es reichte durchaus, wenn ich mein angeschlagenes Vehikel verließ, um potentielle Helfer herbeizuholen.
„Hello!“, schallte es augenblicklich von mehreren Seiten und ein Pulk schaulustiger Hilfsbereitschaft scharte sich um mich und meine Panne.
„Need help?“
Oh ja, Hilfe brauchte ich!
Daraufhin gab es: „What's your name?“ und „Where are you from?“, dem umgehend die inseleigene Hilfsbereitschaft folgte, welche bei meiner einträg-

lich anmutenden Blässe nicht immer erwartungslos, aber nichtsdestotrotz immer von Herzen kam. Hilfsbereitschaft war Teil der sri-lankischen Kultur und hatte leider an Charme eingebüßt, weil wir, die vorüberwehenden Gut-Menschen-im-Urlaub, ihnen die Freundlichkeit zuweilen mit mehr als einem Tageslohn vergolten. So wurde für manchen aus spontaner Hilfsbereitschaft ein einträgliches Geschäft. Auch ich belohnte die Helfer in meiner nie versiegenden Dankbarkeit reich, selbst wenn mein Vertrauen in ihre Technik, das Ersatzrad anzuschrauben, durchaus versiegte. In der Regel zog ich, nach überschwänglichem Dank einige Meter weiter und außer Sichtweite des Helfers, die Schrauben nach, sodass aus einer Reifenpanne kein Radverlust wurde.
„Ich würde mir in diesem Land einen Fahrer gönnen", riet mir eine Freundin, nachdem sie die ganze Palette an Widrigkeiten in nur einer Fahrt zum Markt und zurück miterlebt hatte.
„Sollte ich mir überlegen!" erwiderte ich und überlegte tatsächlich – allerdings nur sehr flüchtig. Ich entschied, dass ich für einen Fahrer nicht herrschaftlich genug war, mich nur mit Umständen an das Hausmädchen gewöhnt hatte und mich noch mehr Personal schlichtweg überfordern würde.
Infolgedessen fuhr ich auch weiterhin selber und gewöhnte mich eines Tages sogar an den Linksverkehr. Vor dem Eingewöhnen hatte jener allerdings ausführlich für Verwirrung gesorgt. Konfus manövrierte ich mich in meinen ersten Fahrversuchen regelmäßig Auge in Auge mit dem Gegenverkehr, weil ich nach einer Kreuzung oder einem Kreisverkehr nicht mehr in den Linksverkehr gefunden hatte. Meine Abwege schienen jedoch niemanden großartig aufzuregen, passten sich ohne mit der Wimper zu zucken meiner

Geisterfahrt an. Das eigene Vehikel lenkten sie behänd aus meiner Bahn, zwinkerten mir ein „Halb so wild!" durch das heruntergekurbelte oder gänzlich fehlende Glas zu und ließen mir alle Zeit der Welt, mich wieder auf der korrekten Spur einzufädeln.
Ich beschloss wieder einmal, mir von der Gabe „Gelassenheit" eine dicke Scheibe abzuschneiden. Das Chaos auf den Straßen wollte ich mit sofortiger Wirkung wohlwollend, statt erregt antreten – und schaffte es selten über das erste Hupkonzert hinaus, welches ein Busfahrer oder Lastwagen bei meinem Anblick veranstaltete. Das wiederum lag einerseits daran, dass mein Weiß für Begeisterungshupen sorgte, andererseits der Umstand, dass ich mich stur an internationale Verkehrsregeln hielt; Regeln, die auf der Insel kein Mensch ernst nahm, die im Gegenteil hier kaum Sinn machten. Hier übliche Verkehrsregeln rankten sich um das ereignisreiche Befahren einer hiesigen Verkehrsstraße und machten den Ausnahmezustand zum Normalzustand. Ausnahmezustand Nummer eins: Vortritt wurde dort gewährt, wo a) der größere Motor im Einsatz und b) die besseren Nerven auf Tour waren, was Hand in Hand mit c), der forscheren Fahrweise einher ging.
Rein theoretisch hätte mir mein Motor ein fast uneingeschränktes Vortrittsrecht verschafft, praktisch jedoch scheiterte ich an den dünnen Nervensträngen und meiner ängstlichen, absolut un-forschen Fahrweise. In den ersten Versuchen meines Fortbewegungsabenteuers schlich ich mit einer Durchschnittsgeschwindigkeit von fünfzehn oder zwanzig Stundenkilometer dahin, passte mich dem Tempo von Eselskarren, Fahrrädern und Fußgängern an. Ganze Familien schienen genau dort unterwegs zu sein, wo ich mich gerade entlang schlängelte, saßen zu fünft auf ihrem Drahtesel, waren auf dem Gepäckträger, der Querstange und dem Len-

ker untergebracht, während kräftige Beine in die Pedale traten. Auch ausgelassene Wiedersehensfreude, die ganz spontan mitten auf dem Fahrweg gefeiert wurde, verlangsamte meine Fahrt merklich. Meine daraufhin folgenden, zuweilen quietschenden Bremsmanöver wurden von den Straßenbenutzern kaum beachtet, allerhöchstens neugierig betrachtet. So dicht besiedelt blieb wenig Raum außerhalb der Fahrbahn, was wiederum meinen mir verfügbaren Platz auf ein Minimum verringerte – insbesondere, wenn ein Bus den kläglichen Rest meines Fahrstreifens für sich in Anspruch nahm, er jenen obenauf mit Gehör schädigenden Hupeinlage einforderte.

Die Fahrer des Ungetüms schienen auf mörderischer Mission unterwegs zu sein. Längst hatten sie sich durch ihre rücksichtslose Fahrweise den Respekt des Bürgers erworben und sicherten sich mit diesem zweifelhaften Ruf den absoluten Vortritt. Missachtete man die ungeschriebenen Vortrittsregeln, lief die eigene Autokarosserie Gefahr, dass sie Farbe des Missachteten abkriegte.

Ich war Opfer eines Überholmanövers geworden, mit dessen Umfang ich nicht gerechnet hatte.

Für mich durchaus unerwartet war das rote Ungetüm mit seiner aus den Türen quellender Passagierlast an meinen zwanzig Stundenkilometern vorbeigezogen und hatte das mich umgebende Blech angeschabt hinter sich gelassen. Gleichzeitig hupte er dröhnend, weil ich vor lauter Schreck vergessen hatte, dass ich nun aktiv bremsen sollte, denn hier kam die nächste, inseleigene Verkehrsregel zum Zuge: Jener mit der Nase vorn, war auch automatisch vortrittsberechtigt. Das bedeutete, dass von mir, der Überholten, beherztes Abbremsen gefragt war, damit jener ungehindert davonziehen konnte.

Jenes rote, öffentliche Transportmittel hatte somit auch mir gehörig Respekt eingeflößt und ab sofort wich ich instinktiv dem knatternden Geschoss aus. Beim Ausweichen geriet ich nicht selten mit zwei Rädern auf unbefestigte, rote Erde, wo ich nur mühsam wieder herausfand, weil das nun freigegebene Straßenstück sofort von anderen Verkehrsteilnehmern beansprucht wurde. Der routinierte, sri-lankische Straßenbenutzer würde nun einen weiteren Ausnahmezustand geltend machen und sich damit aus seiner abgedrängten Positionierung retten: Der Fahrer- oder, falls vorhanden und notwendig, der Beifahrerarm setzte ein Signal, reckte sich möglichst lässig aus dem Fenster und kündigte an, dass dieses Auto, ohne wenn und aber und ohne Kontrollblick, demnächst ausscheren würde. Der Blinker machte überhaupt keinen Eindruck. Das lag daran, dass jener, wenn er überhaupt funktionierte, dann lustig und unerschütterlich blinkte, ohne dass der Fahrer auch nur Anstalten machte, seinem Signal auch tatsächlich Folge zu leisten und endlich abzubiegen.
Mein Arm war dazu nicht zu gebrauchen. Der wedelte höchstens lebende Verkehrshindernisse weg und winkte anfangs noch unbeschwert Zurufenden zu.
„Hello!"
Und wenn ich nicht aufpasste, dann beging ich winkend ein weiteres Verkehrsdelikt und beachtete nicht die Vortrittsregel, die eigentlich keine war. Nebenstraßen nämlich waren weltweit Nebenstraßen, hatten aber inselweit mehr Rechte. Aus ihnen schoss einiges (wieder ohne Kontrollblick natürlich) ganz knapp vor meinen Kühler, und nötigte mich im Laufe meines Inselaufenthaltes zu einigen Vollbremsungen. Die Führung übernahmen sie gerne in gemütlichem Tempo – und das mir, die iches doch von Natur aus immer eilig hatte. Mehrfach hatte mich dieser Nebenstraßen-

vortritt zu selbstmörderischen Überholmanövern angestiftet, die gerne im Gegenverkehr endeten und nur mit sri-lankischer Gelassenheit wieder behoben werden konnten.
Letztlich schien es nichts zu geben, mit dem man auf Sri Lankas Straßen nicht rechnen musste. Nicht nur teilte man den Verkehr mit Eseln, Kühen, Hunden, Schweinen, Ziegen, sondern selbst deutsch-gründliche Touristen schienen in dem allgemeinen Gewusel den Kopf zu verlieren und flossen gedankenlos bis zur Fahrbahnmitte und zurück, schnatterten, lachten und schauten. Aus Spielfeldern flogen Kokosnüsse, von mindestens einem Kricket spielenden Kind verfolgt. Als besonders aufregend erwiesen sich die Zweiräder. Scheinbar aus dem Nichts tauchten sie auf und schlossen sich augenblicklich zu einer ausgelassenen Mehrsamkeit zusammen, wurden umfangreich wie ein Lastwagen und kosteten dem ungeübten Straßenbenutzer erheblich Gummi beim Bremsen, während der Geübte die Duos und Trios in ein Hupkonzert hüllte und sie anschließend (absolut und immerwährend gelassen natürlich) umkurvte.
Das Hupkonzert in Ton und Licht war das Kommunikationsmittel unter Verkehrsteilnehmern, setzte deutliche Signale – wobei diese Signale leicht zu folgeschweren Missverständnissen führen konnten.
Es geschah, als ich in einer Nebenstraße festsaß und mich nicht traute, vom Nebenstraßen-Vortrittsrecht Gebrauch zu machen. Ich stand da und hoffte in wachsender Verzweiflung darauf, dass sich der Verkehr auf der Hauptstraße lockerte und mir ein Plätzchen auf der Straße nach Colombo einräumen würde. Zögerlich ruckelte ich vor und zurück, machte Anstalten, mir den Vortritt zu erstreiten, erwies mich als zu ängstlich und bildete eine Verkehrsblockade der übelsten Sorte. Als

ich wieder einmal unschlüssig in den Verkehr einfädeln wollte, des Autos Nase in den vorbei rauschenden Verkehr tunkte, setzte eines der auf der Hauptstraße rasenden Fahrzeuge die Lichthupe ein. Erleichtert winkte ich zum Dank (erstes Missverständnis, denn schließlich plante ich nicht links, sondern rechts abzubiegen) und missverstand zweitens sehr gründlich die Kernaussage jenes Funksignals. Während ich auf diese Weise in Deutschland Fußgänger über die Straße komplimentierte und einfädelnden Fahrzeugen freie Fahrt genehmigte, teilte mir das blinkende Licht in Sri Lanka mit, dass der Blinkende mir auf gar keinen Fall beim Einfädeln behilflich sein werde und auf seine freie, ungestörte Fahrt beharrte.
Das Auto schoss hupend knapp an meiner noch heilen Karosserieseite vorbei und jagte mir einen heillosen Schrecken ein.
Natürlich war der Fahrer ein Weißer, kein Sri-Lanker gewesen. Ich sage „natürlich", weil nur wir Weißen in der Regel so beharrlich auf unser Recht pochten, mit der flexiblen Rechtslage auf Sri Lankas Straßen nicht zurecht kamen. Ähnliche Verhältnisse in Deutschland hätten die psychiatrischen Kliniken mit am Chaos zerschmetterten Existenzen überfüllt und die Unfallstatistik ins Unermessliche steigen lassen. Uns fehlt, was dem Sri-Lanker angeboren ist: lässige, großzügige Besonnenheit! Während wir gesetzlich gezwungen werden müssen, am Fußgängerstreifen für Überquerende Halt zu machen, hält der Sri-Lanker freiwillig und lässt Heerscharen von Fußgängern über die Straße ziehen, ohne dabei auch nur einmal eilig auf die Uhr zu schauen. Überhaupt ist der Sri-Lanker ein Gentleman der Straße, regt sich nicht auf, wenn der Nebenstraßen-Vortritt ihn auf die Bremsen zwingt, wenn Menschen ausgelassen und gleichzeitig ausladend feiern; lässt

Tsunami und seine Folgen in Arugambay, auf der Ostseite der Insel

Ein Pfleger badet seinen Elefanten in einem Stausee

In Sri Lanka ist Teepflücken harte Arbeit und wird spärlich bezahlt

Der ganz normale Wahnsinn auf Sri Lankas Straßen

Adams Peak, ein Pilgerberg

Ein Kokosnusspflücker auf der Palme

Sri Lanka feiert mit dem Elefantenumzug „Peraheras" in Kandy den Vollmond

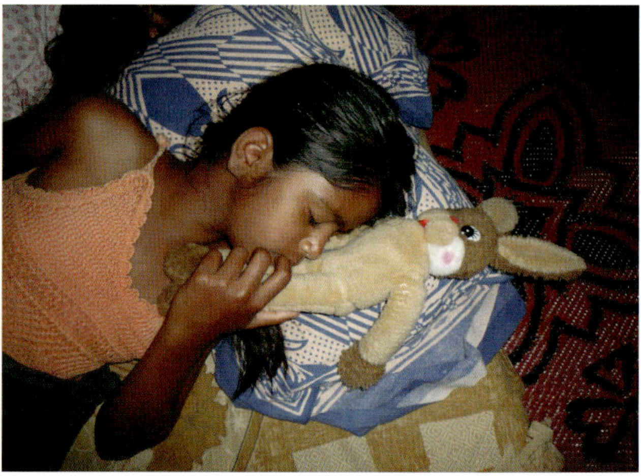

Die 13jährige Ranjani lebt seit 2 Jahren in Little Smile. Im Schutz des Kinderdorfs kann sie nach Jahren in Angst und Schrecken endlich nachts ruhig schlafen.

Eine weiße Kobra verspeist ein Ei

Wohnen: Leben zwischen Lagune und Meer

Durch den von den Holländern gebauten Kanal fahren die Motorboote ihren Fang zum Verkauf an die Fischmärkte

Immer wieder und trotz allem: Ein leuchtend schönes Land!

Umzug: Tänzer am „Peraheras“

Inselwohnen auf einer Insel!

Wohnen für Surf-Touristen im Osten der Insel, die Wände und das Dach aus Kokosnussblättern geflochten und nach Vorbild der Fischerhütten gebaut

Eine sri-lankische Familie in ihren bunten Saris unterwegs

Ein beleuchteter Tempel am Nationalfeiertag

Streuner am Strand

Ein Verkäufer von Plastikgegenständen, in der Vitrine hinter ihm werden feurige Imbisse angeboten

Verkehrsteilnehmer: ein Tuk-Tuk, ein Fahrrad und eine Kuh

Eine Ochsenkarre, die leider immer häufiger von der motorisierten Variante abgelöst wird

King-Kokosnüsse am Straßenrand zum Verkauf angeboten

Jugendliche am Strand im Süden

Alle Stadien bis hin zur Banane: Unter den Blättern der lila Blüte reifen die Früchte

verstört am Rande stehende Fahrzeuge vor und scheint sich über gar nichts aufzuregen.
Die einzige, die sich hier aufregte, war ich.
Und zwar nur, weil ich mir gerne einbildete, furchtbar in Eile zu sein. Und Eile, ich erwähnte es bereits, sorgte höchstens für jene Aufregung, die dem Herzen ungesund auf die Sprünge half.
Immerhin lernte ich das rege angewendete Kommunikationsmittel, die Hupe, verstehen, setzte sie übermütig selbst ein, hätte das kümmerliche Quäken unseres Autos gerne nach Vorbild der Mehrheit auf Mehrtöniges umgerüstet, damit ich mehr Eindruck machte, scheiterte jedoch an Andreas Veto.
„Schmarrn!", sagte er nur und beließ es dabei.
„Gar nicht", schmollte ich und erklärte ihm den Lärm, wollte ihm damit beweisen, wie erforderlich das Umrüsten auf eine eindrucksvollere Hupe war, die gehört und wahrgenommen wurde.
„A bedeutet: ‚Vorsicht, ich werde gleich überholen!', b wiederum ‚Vorsicht, ich überhole dich gerade, bitte nicht ausscheren', c ‚Danke, dass du mich überholen lassen hast!', d ‚Hallo! Dich kenne ich doch!' und e, ‚Hey! Das ist mein Parkplatz!'" – Hier vereinten sich die Hupsprachen der verschiedenen Länder wieder. Es gab auch noch Variante f, die mein geräuschempfindlicher Mann gar nicht akzeptieren konnte, und zwar das Hupen aus reiner Gewohnheit. Andreas hupte aus Prinzip überhaupt nicht, und überflutete mich, die Beifahrerin, regelmäßig mit Angstschweiß. Flott überholte er Trödler, machte dabei keinen Mucks und ich konnte nur darauf warten, dass jener ohne Vorwarnung aus- und in *meine* Seite hinein scherte. A und b, die Überholwarnungen, waren meines Erachtens nämlich notwendig, weil der Rückspiegel aufgrund der Straßensituation nur unter Lebensgefahr benutzt werden konnte und man infolge-

dessen gut hörbar darauf aufmerksam machte, dass im Rücken des Angehupten soeben ein Überholmanöver vorbereitet wurde. Andreas war nicht zu überzeugen. Ich gab auf, hupte sachte weiter und befasste mich im Stillen mit Punkt c, dem gehupten Dank. Jener stand für die Toleranz, die deutsche Straßenteilnehmer nur selten aufbrachten. Meistens winkten Lastwagen, Traktoren und Co. die ungeduldige Nachhut vorbei, wenn die Luft zum Überholen rein war, und erzwangen nicht mit Sprüchen wie: „Landwirtschaft dient allen" auf ihr Recht, den Verkehr aufzustauen. Dreiräder (Man nennt sie hier „Three-wheeler" oder einfach nur „Tuk-Tuk", was wunderbar das Geräusch nachklingen lässt, welches der dreirädrige, asiatische Zweitakter und Taxi von sich gibt) trübten allerdings dieses schöne Bild. Sie nutzten ihre Wendigkeit und praktische Größe zum Drängeln, zwängten sich in Lücken, die ich als solche nicht erkannt hätte, und verursachten Verstopfungen und Magenbeschwerden vor Ampeln oder Straßenübergängen, die nur in konzentrierter Zusammenarbeit aller aufeinander- und nebeneinander Verkehrenden entwirrt und in Bewegung gebracht werden konnte. Aber auch da funktionierte, was in Deutschland nie und nimmer funktioniert hätte: Man drängelte sich in Fahrt und brauchte keine Ampeln, die scheinbar sinnlos erröteten und damit den klassischen „stockenden Verkehr" auf den Plan riefen. Und tatsächlich fand ich eine Parallele auf den Straßen mit mir Vertrautem: die unmöglichsten Staus fanden genau dort statt, wo der Verkehr von unserem Freund und Helfer „geregelt" wurde. Nicht nur einmal hätte ich ihnen eine fortwährende Kaffeepause gewünscht, wäre dabei für die Kosten aufgekommen, nur damit das Prinzip Eigenverantwortung den Verkehr wieder ins Fließen gebracht hätte.

Aber nicht nur die Polizei produzierte Staus, sondern auch unbeholfene Menschen wie ich, die jenen Schutzmann genauso wenig verstehen konnten, wie ich die Lichthupe verstanden hatte. Die Art nämlich, in welcher jener mir freie Fahrt einräumte, stürzte mich in höchste Verwirrung. Erst überwog die Bestürzung, im Hitlergruß begrüßt zu werden, dann wusste ich beim besten Willen nicht, was ich mit der am Handgelenk auf und ab schlagenden Hand anfangen sollte.
Ich beschloss, dass jene mir vermutlich anzeigte, dass ich anhalten sollte, was ich auch tat – und mir ein feines Hupkonzert von jenen einhandelte, die auf das Handzeichen hin hatten losfahren wollen, und von mir nun zum Halten genötigt worden waren.
Es gab auf der Insel aber nicht nur die winkenden Polizisten, sondern auch die Stillen, die „silent Policemen“. Sie waren von öffentlicher Stelle dem ohnehin angeschlagenen Fahrer über die Straße und somit zusätzlich in die Quere gelegt worden, standen als zu überfahrender Buckel im Kontrast zu den Löchern, die jenem mit Sicherheit folgten. Aber auch die Natur hatte eine Verkehrsberuhigung eingebaut, warf ihre tropischen Regengüsse ab, die die notdürftig geflickten Löcher im Teer fluteten und erneut aufrissen, ihnen sogar noch zu ein paar zusätzlichen Zentimetern verhalfen. Die himmlische Flut konnte wiederum nur bedingt von der Erde aufgenommen werden und formierte sich früher oder später zu einem reißenden Fluss, den unser Familienauto so kleinrädrig kaum befahren konnte. Wir Reisenden warfen bei solchen Gelegenheiten Fontänen und ließen tropfnasse Empörung hinter uns, hofften stets, dass irgendein göttliches Wesen nicht auf die Idee kam, uns augenblicklich die verdiente Strafe zukommen zu lassen – was leicht passieren konnte, wenn Straßenschäden zu

Fallgruben ausgeschwemmt worden waren und wir ein solches Meisterwerk Gottes befuhren. Dann erlag das Fahrzeug im günstigsten Fall einem Plattfuß, im ungünstigsten einer gebrochenen Achse. In der Regel allerdings leerten sich zeitgleich mit dem plötzlichen Regenguss die Straßen und die Fontäne traf nur jene, die nicht schnell genug unter ein Dach gekommen waren. Schirme mutierten vom Sonnen- zum Regenschutz, Fahrräder wurden ins Trockene gezerrt, Motorräder warteten unter Vordächern und Imbissbuden und die Kommunikation wurde von der Straße an einen Hauseingang verlegt; Sri Lanka wartete auf die ihnen eigene Art die demnächst eintretende Trockenphase ab.

„Aber viel gefährlicher", drohte unser sensationslüsterner Nachbar Nick eines Tages begeistert, nachdem wir ausführlich die Gefahren der überfluteten Straßenschäden diskutiert hatten, „ist es, wenn ihr einen Unfall habt – und das nicht wegen des Unfalls." Triumphierend sah er von einem zum andern, senkte die Stimme ein wenig, lehnte sich vor und legte eine eindrucksvolle Kunstpause ein, bevor er das entscheidende Bisschen seiner Sensation preisgab: „In diesem Fall müsst ihr Fahrerflucht begehen, ansonsten", unterdessen flüsterte er nur noch, „werdet ihr vom Mob gelyncht!"

„Was bedeutet ‚gelyncht'?", wollte Willi wissen, ahnte bereits das Abenteuer hinter diesem verschleierten Wort.

„Das bedeutet so was wie ‚beschimpft'", log ich und enttäuscht wandte sich Willi wieder seinem Ritterdasein zu, das deutlich mehr Spannung versprach als Gelynchtes.

Nachdem Nick wieder abgezogen war, schüttelten Andreas und ich synchron den Kopf über seine Räuber-

pistole. Auf gar keinen Fall würden wir im Falle einer Kollision fliehen, auch wenn als Zufluchtsort die Polizeistation vorgegeben war, wo der Weiße sich entweder anzeigen oder, im Falle seiner Unschuld, eine Anzeige erstatten sollte.
„Schon die Anwesenheit der weißen Haut macht ihn schuldig", raste Nick atemlos ins Finale, „denn schließlich wäre der Unfall gar nicht passiert, wenn der weiße Mann dort geblieben wäre, wo er hergekommen ist."
Darin lag nicht nur ein Körnchen Wahrheit, dachte ich bedrückt. Wäre der weiße Mann geblieben, wo er hergekommen ist, wäre die Welt vermutlich eine Bessere. Dass die Sri-Lanker missmutig auf unsere Kolonialherrschaft zurückblickten, konnte man ihnen nicht verdenken, schließlich profitierten wir noch heute von ihnen, ließen sie günstig produzieren und mehrten mit „Geiz ist geil" unseren ohnehin im Verhältnis maßlosen Reichtum auf ihre Kosten.
Trotzdem glaubten wir Nick kein einziges Wort.
Er schien das zu spüren und beteuerte, dass es wirklich schlauer sei, den Unfall mit der Rückendeckung der Gesetzeshüter zu regeln und die eventuell notwendig werdende Entschädigung bei Eigenverschulden mit ihrer Hilfe zu verhandeln.
Jaja!
Jetzt wurde es aber noch bunter: „Ist eine Person verletzt oder gar tot", ein Gedanke, der es durchaus wert war, verdrängt zu werden, „sollte die oder der Verletzte umgehend ins Auto gepackt und ins nächste Krankenhaus geschafft werden."
Und all das, um einem herbei geredeten Mob zu entkommen?
Unsere Familie zeigte sich resistent gegenüber allen Ratschlägen, die wiederholt an uns herangetragen und mit hanebüchenen Ratschlägen gewürzt wurden.

Resistent, bis eines Tages unser Nachbar Juris kettenrauchend bei uns einkehrte und im nervösen Wechsel zwischen Zigarette und Bier seine Heimreise im Detail über uns ergoss.
„Wäre ich doch vor der Dämmerung heimgefahren", bedauerte Juris aufrichtig den Zeitpunkt der Autofahrt, hätte Erlebtes gerne rückgängig gemacht. Auf Sri Lanka dämmerte es 365 und auch schon mal 366 Tage im Jahr punktgenau zwischen achtzehn und neunzehn Uhr. Die Sonne ließ dem Dämmern jedoch kaum Gelegenheit, den Tag gemächlich ausklingen zu lassen, hatte es – nachdem sie zuvor einen ganzen Tag lang senkrecht über uns herumgebummelt hatte – plötzlich eilig im Horizont abzutauchen, um rechtzeitig auf der anderen Seite der Erdkugel wieder aufgehen zu können.
Aber nicht nur die Sonne, sondern auch wir Menschen schienen in der Dämmerung verrückt zu spielen. Vermutlich waren wir überfordert, wenn wir von einem Moment auf den anderen von dem Tag in die Nacht wechseln sollten. Entsprechend zügellos ging es während dieser Phase auf Sri-Lankas Straßen zu. Lange Zeit hatte Juris es geschafft, alles Zügellose zu umkreisen und die Geschwindigkeit dem Unberechenbaren der Straßenbenutzer anzupassen. Mit Juris Umsicht in der Fahrweise wäre wahrscheinlich auch alles gut gegangen, wäre da nicht dieser Lieferwagen mit überhöhter Geschwindigkeit ausschweifend an ihm vorbeigezogen und in Schlangenlinien vorgefahren. Vermutlich, dachte Juris und drosselte die Geschwindigkeit, vergrößerte damit den Sicherheitsabstand zwischen ihm und dem schwankenden Straßenbenutzer, hatte der Fahrer einen Sundowner zuviel getrunken und sah doppelt oder in Schlangenlinien. Von dem Fahrstil irritiert, drosselte Juris seine Geschwindigkeit noch weiter und dann ging alles plötzlich sehr, sehr schnell.

Juris sah gerade noch, wie ein Fahrrad mitsamt Fahrer akrobatisch über die Kühlerhaube seines torkelnden Vorfahrers einen Salto drehte und ein paar Meter weiter aufschlug. Direkt vor seinem eigenen Kühler. Nun kam das Pflichtbewusstsein des Erste-Hilfe-Absolventen Juris zum Einsatz, welches auch Andreas und ich trotz der zahlreichen Warnungen eingesetzt hätten. Juris parkte seinen Jeep quer, sodass der Verunfallte nicht aus Versehen ein weiteres Mal verunfallte und eilte zu Hilfe. Der Unfallverursacher kauerte bereits über dem Verletzten und hauchte Juris ein beachtliches Maß an Promille ins Gesicht, zog und zerrte an dem vom Fahrrad eingeklemmten Mann.

„Der Mann war mindestens sechzig Jahre alt", stöhnte Juris in seine Erzählung hinein und nahm einen tiefen Zug Nikotin.

„Nicht so! Er könnte am Rückrat verletzt sein!", habe er gerufen und sei mehrfach ignoriert worden. Als er daraufhin den Puls des Verletzten hatte suchen wollen, fand er keinen mehr. Unterdessen hatte der Unfallverursacher den Überfahrenen gewaltsam aus dem Fahrradskelett gerissen und in seinen Lieferwagen gepackt, hupte und fuhr mit ihm davon. Unfähig, noch etwas für den Mann tun zu können, hätte der erschütterte Juris nun auch gerne den Abend mit einem beruhigenden Glas Promille gerettet, woran ihn die unterdessen zusammengelaufene Menschenmenge hinderte.

„Besonders die Frauen", erinnerte sich Juris und zündete eine weitere Zigarette an, „waren geradezu hysterisch. Dann nahmen mich die Männer in ihre Mitte und reichten mich schubsend von einem zum anderen."

„Irgendwie kommt mir das bekannt vor", erschrak ich. Der Singhalese, der Juris schließlich zu Hilfe eilte, hatte Schlimmeres verhindert. Beschwörend hatte er auf

seine Landsleute eingeredet, die Scherbe vom im Unfall zerschmetterten Bremslicht als Beweismittel aufgehoben und herumgereicht. Wieder und wieder hatte er auf das noch intakte Exemplar Licht an Juris' Auto gedeutet und dem wütenden Mob so klar gemacht, dass Juris wenn, dann höchstens als rettender Engel eingeschritten war.
„Schnell", hatte er den verdatterten Juris angeschrien, „fahr weg!"
Und dann fuhr er, so schnell er konnte, auf direktem Weg zu uns.
Schweigend saßen wir da, die einen rauchend, die anderen tranken ein Bier. Ich holte mir ein Glas Wein und wollte die Erinnerung wegspülen, die uns damals am Strand hätte das Leben kosten können.

Was hatten wir ihnen in der Vergangenheit mit unserem herrischen Gehabe angetan, dass manche Sri-Lanker uns Weiße so sehr hassen mussten? Waren wir vielleicht sogar mitschuldig daran, dass ihr Rechtssystem so ein Desaster geworden war, Recht und Ordnung eigentlich eher Unrecht und Unordnung geworden waren?

8. Un-Recht und Un-Ordnung

Es gibt Einwanderer, die schauen sich erst mal in den kulturellen Highlights des eingewanderten Neulandes um, bevor sie sich an den Alltag wagen. Das hätte mir auch gut gefallen, so durch Tempel zu schlendern, das eine oder andere Gebäude auf seine Geschichte hin zu studieren und mich obenauf noch ein wenig ayurvedisch massieren zu lassen. Leider blieb mir dazu wenig Zeit: Mich hatte das hiesige Auge des Gesetzes ganz in Beschlag genommen. Ein Auge, das nicht immer ausschließlich auf dem Gesetz ruhte, bei Bedarf schon mal mit Moneten Paragraphen zurechtbog.

„Ich weiß ja gar nicht, wie ich die bestechen müsste, wenn es denn notwendig würde!", klagte ich, nachdem ich einige abstruse Geschichte konsumiert hatte, die erfahrene Inselbewohner mir aufgetischt hatten. Bekanntlich kam es immer anders, als ich hoffte. Auch diesmal!

Diese Hoffnung, vereint mit meiner Neigung, mich erst mit Ereignissen zu befassen, wenn sie akut wurden, passte ganz wunderbar in dieses buddhistische Land, konnte aber durchaus mal schief gehen.

Schief war der nächtliche Vorfall tatsächlich dahergekommen.

Alleine schon deshalb, weil wir den Einsteiger erst bemerkten, nachdem der bei uns gastierende Straßenköter unter dem Schlafzimmerfenster unablässig ein Kläffkonzert veranstaltete, während der ungeladene Besuch im Wohnzimmer interessiert unseren Besitzstand inspizierte. Jener plante den sozialen Missstand mit unserem Inventar auszugleichen und würde mich wenig später daran erinnern, dass ich in einem Land

lebte, in dem die Schere zwischen arm und reich besonders weit aufging.
Schlafbedürftig integrierte ich Bellen und Klackgeräusche in meine Träume, warf mich über zerknautschte Leintücher und störte damit heftig Andreas Schlaf. Jener saß plötzlich kerzengerade im Bett. Ich traumtrunken hinterher.
„Was denn?“, gähnte ich.
„Schttt!“, zischte er, „ich glaube, ich hab' was gehört.“ und stand auf, schlich ins angrenzende Wohnzimmer. Bei Andreas Anblick nahm der Gehörte reißaus, Caros prall gefüllte Turntasche mit meinen CDs gleich mit ihm. Andreas heftete sich an des Einbrechers Fersen, hatte in der Eile nicht die Zeit, die eigene Nacktheit zu verhüllen. Seine Silhouette eilte im Vollmond dahin, nahm in grazilen Sprüngen die Gartenmauern und klatschte schließlich fast zeitgleich mit dem Taschenträger in die Lagune. Dort entwand Andreas dem sozial Benachteiligten den Turnbeutel, nachdem er ihn überzeugt hatte, dass wir auch nach langer Überlegung und Abwägung aller sozialen Indikatoren nicht bereit waren, uns kampflos von unseren Erinnerungen zu trennen.
Die Nacktheit dürfte das überzeugendste Argument gewesen sein!
Die neuen Bekannten trennten sich, jeder aus seinen Gründen, schneller als üblich. Andreas musste allerdings die Eile unterbrechen, weil unsere indische Nachbarin, von der Lagunendiskussion aufgeweckt, genaueres wissen wollte.
Jetzt, mitten in der Nacht.
Die Inderin vom splitterfasernackten Mann!
Ein wenig wunderte sie sich über die Kürze, mit welcher Andreas die Antworten würzte, konnte von den Nachtlichtern geblendet nicht den ganzen, unverhüllten

Andreas ausmachen – was sie im Nachhinein sehr bedauerte und sich schwor, in einer weiteren Episode besser auf die Details zu achten.

DVD-Spieler, CDs und Taschenlampe räumte ich noch im Morgengrauen wieder ein. Nur die Kamera, die blieb verschollen. Das Hausmädchen Jasinta klinkte sich augenblicklich beim Ratsch und Tratsch ein, dem die Sri-Lanker bei jeder Gelegenheit leidenschaftlich nachgingen, ließ ihr detektivisches Auge durch die Gegend gleiten und zerschlug eine Kokosnuss vor einer Gottheit. In der Kirche zündete sie Kerzen, nutzte jeden Hokuspokus und endete bei einem Zwanzigjährigen, der lautstark mit seinen Einbrecherqualitäten geprahlt und dazu die stibitzte Kamera geschwenkt hatte. Sogleich suchte sie jenen auf und machte ihm unmissverständlich klar, dass er in der Hölle und vorher noch im Gefängnis schmoren werde, wenn er nicht augenblicklich die Besitztümer ihrer Arbeitgeber retournierte. Natürlich, säuselte sie, würden wir die Polizei nicht in den Diebstahl einweihen, wenn er Geklautes sofort retournierte.
Am folgenden Tag kehrte alles, was er noch nicht verhökert hatte, ins traute Heim zurück. Die Kamera enthielt wackelige Aufnahmen von drei Singhalesen, die lachend Sinhala in den Lautsprecher geknattert und auf Glas und Gehäuse zahlreiche Fingerabdrücke hinterlassen hatten.
Mehrfach umarmt und großzügig belohnt hätten weder Jasinta noch ich dieses runde Ende beklagt.
Als ich freudestrahlend an den Finger- und sonstigen Abdrücken der Diebe auf meiner Kamera herumpolierte, schlenderte zufällig unser australischer Nachbar Jim auf der Suche nach einer Koffeindosis vorbei. Farbenreich schilderte ich zwei Espressos lang unseren

nächtlichen Besucher, präsentierte stolz Zurückerobertes und schloss mit der folgenschweren Bemerkung, dass „unser“ Dieb vermutlich auch „sein“ Dieb gewesen sei. Er nämlich, so wusste ich, war vor zwei Monaten um zwei paar kostspielige Sportschuhe gebracht worden, die er – Leichtsinn wohnt nun mal in jedem Neuankömmling – vor seiner Haustür, statt gut verschlossen dahinter gelagert hatte. Damals hatte unsere Jasinta noch seinen Haushalt bestritten, bevor sie unehrenhaft entlassen wurde. Sie habe ihn bestohlen, behauptete er damals und stellte eine zierliche, wunderschöne Nachfolgerin ein. Fortan hegte er gegen Jasinta einen Groll, für den er mit unserem glücklichen Ende des Einbruchs ein Ventil gefunden hatte.
Denn auch er wollte Gestohlenes wiederhaben.
Zwei Monate später und sofort!
Mit unserem Kameraglück wurde das Anliegen sehr dringend. Sein Glück suchte er in der Behauptung, Jasinta sei die Initiatorin der Diebstähle, forderte seine entwendeten Schuhe von ihr persönlich zurück.
Ein Paar Nikes und Radelschuhe mit Klack.
Um das zu erreichen, knüpfte Jim Kontakte mit der Polizei und kurze Zeit später sah ich einen düsteren Jeep mit vier noch düstereren Typen in seinem Grundstück einparken. Jovial begrüßte sie Jim, haute ihnen im Wechsel auf die Schultern und mimte den reichen Kumpel, den die Elitetruppe nicht richtig einordnen konnte. Etwas konsterniert lachten sie. Im Gänsemarsch trabten sie auf die eingewachsene Terrasse, versanken in den dortigen Sesseln und stiegen erst wieder daraus hervor, nachdem sie einhundert Dollar Bestechungsgeld und mehrere Gläser Wodka eingenommen hatten.
Unterdessen stand ich geduckt an meiner Gartenmauer, lauschte und spähte, war widerlich voyeuristisch

und kriegte vom Bestechungsgeld bis zum getrunkenen Wodka alles mit. Die Ohren auf Empfang und mit lang gerecktem Hals stand ich in meinem Garten und sah gerade noch, wie der fettleibigste der vier ein Papier zu Jim herüber schob. Jim lachte ausdauernd und ein wenig gequält, warf einen flüchtigen Blick auf den Fetzen und setzte schwungvoll seine Initialen darauf.

Soeben hatte er bestätigt, dass ihm ein paar Sportschuhe und ein Fahrrad entwendet worden war.

Das Papier, welches er so schwungvoll unterschrieben hatte, war in singhalesischen Schriftzeichen verfasst worden und somit für den Australier unleserlich. Die Häuptlinge der Polizeistation hatten wiederum sein flottes, mit Akzent beladenes Englisch kaum verstanden und sich nicht getraut, bei dieser ihnen gegenübersitzenden Autorität nachzufragen.

Als der offensichtliche Anführer, der Fettleibige, mühsam aus den Untiefen seines Sessels herauswuchs, huschte ich mit klopfendem Herzen entlang der Mauer über unserer Garage ins Hausinnere. Dorthin kam kurz darauf auch die Polizei und wäre gerne noch ein weiteres Mal bestochen worden – was ich natürlich in meiner Naivität erst zu spät merkte. Mir wurde die wodkahaltige Weisung entgegengepustet, Jasinta solle Montag früh in der Polizeistation zur Befragung antreten.

Der Schuldspruch basierte auf der Tatsache, dass unser Hausmädchen bei beiden Vorfällen in den bestohlenen Häusern angestellt gewesen war.

„Das ergibt doch keinen Sinn", schimpfte ich Jim. „Warum sollte Jasinta erst einen Einbruch initiieren und dann Gestohlenes wiederbringen?"

Darauf wusste er spontan keine Antwort, befand sie aber gefühlsmäßig für schuldig und ließ es dabei bewenden. Mit einem gekonnten Sprung spitzte er in den Swimmingpool ein und signalisierte damit, dass er nun keine Lust mehr hatte, diesen lästigen Vorfall zu besprechen. Viel Lust auf diesen Vorfall hatte ich auch nicht, aber mir blieb nichts übrig, dafür hatte Jim ja nun gesorgt.

Mit Jasinta auf dem Beifahrersitz fuhr ich Montag früh bei einem Betongebäude vor, das – von Stacheldraht und bewaffnetem Personal umgeben – für mich der Prototyp eines Polizeigebäudes in einem Entwicklungsland war. Graue Mauern außen, graue Mauern innen; lange, kahle Gänge, die alle paar Schritte in kleine, kahle Räume verzweigten. Violette, mit Blumen verzierte Plastikstühle waren um dick lackierte Holztische gestreut. Am Eingang saß ein Wachmann auf Plastik am Schreibtisch. Erschöpft stürzte sein Kopf immer wieder auf einen Berg vergilbten Papiers. Gähnend schickte er uns den Gang hinunter in eine Warteschlange, dessen Ausmaß mich auf einen langen Vormittag einstimmte. Ordentlich reihte ich mich hinten ein, wurde begutachtet und mal übermütig, mal schüchtern angelächelt, bekam auch einige „Hello! What's your name?" ab. Versonnen betrachtete ich meine Mitstreiter und überlegte, welches Verbrechen sie meldeten oder rechtfertigen mussten. Da war die Frau mit dem eingebundenen Auge und den Schrammen an den Armen, an ihrer Hand ein leise schluchzendes Kind. Eine andere wiederum klammerte sich an eine Tasche, während der Mann daneben mürrisch dreinblickte und sie grob weiterschubste, wenn der Vordermann sich bewegte. Bei den sri-lankischen Frauen, empörte ich mich, war noch nicht viel Emanzipation angekommen. Dabei hatten sie schon eine Präsidentin gehabt, lange bevor Frau Merkel in Deutschland den weiblichen Anfang gemacht hatte.

„Komm!", riss mich ein Polizist in mattgrüner Uniform aus meinen Überlegungen. Ich schreckte aus der Wartereihe heraus direkt zum Oberhaupt, der mit seinen dicken, schwarzen Rändern unter den Augen um einiges bedrohlicher als gestern auf mich wirkte. Gestern, als er erst von Jim bestochen, dann alkoholisiert worden war. Heute arbeitete er die hundert Dollar Bestechungsgeld ab und war über meine Anwesenheit alles andere als erfreut. Schnell knöpfte er sein Jackett zu, streckte mir mit hervor geschobener Brust die vielen Abzeichen entgegen, die Löcher in den Stoff rissen und ihn zum wichtigen Mann werden ließen. Sein eisernes Auftreten schüchterte mich ein und lehrte unserem Hausmädchen geradezu das Fürchten.
„Setz dich!", bellte er und befahl mich in einen der Plastikstühle und Jasinta hinter einen Vorhang, den er dicht zuzog. Es zeigte sich, dass der Mann nicht nur autoritär, sondern auch laut war. Auch ohne Sinhala-Kenntnisse überblickte ich, dass keine Begnadigung in Aussicht stand. Ausdauernd schrie er auf Jasinta ein und ich hörte ausdauernd seinen Bass, ihre Entgegnung wurde fortwährend überbrüllt. Ganz offensichtlich waren Rechtfertigungen hier nicht erwünscht.
Mit einhundert Dollar war sie ohne Beweise des Diebstahls überführt worden!
Fieberhaft überlegte ich, wie ich ihre Unschuld erkaufen könnte. Hilfe suchend blickte ich in die Warteschlange, deren Männer einer nach dem anderen herausgepflückt und abgearbeitet wurden. Die Frauen warteten geduldig ab, bis alles Männliche aus dem Weg geräumt waren und sie an die Reihe kamen. Das Geschrei hinter dem Vorhang schien sie nicht weiter zu irritieren, geschweige denn zu empören. Ich meinerseits empörte mich sehr, sprang schließlich entschieden auf und öffnete den verfilzten Vorhang ein paar Zentime-

ter, steckte mein hochrotes Gesicht in das Verhör. Froh, dass Blicke doch nicht töten konnten, huschte ich kurz darauf auf Plastik zurück und zählte zur Ablenkung die Polizisten und ihre Abzeichen. Ich hatte gerade fünfundvierzig Stück gezählt, als der Vorhang aufging und mein aufgeweichtes Hausmädchen ausspuckte. Das Oberhaupt folgte und stampfte wortlos an mir vorüber und den Hinterausgang hinaus. Unschlüssig blieb ich stehen und betrachtete Jasinta, die tapfer gegen die aufsteigenden Tränen ankämpfte.

„Wenn ich nicht bis morgen", heulte sie dann in der Privatsphäre des Autos, „alles Gestohlene zurückbringe, dann kommen sie nachts und holen mich ab."

Sie senkte ihren Kopf so tief, dass er kaum mehr zu sehen war. Sie hatte ihr Gesicht verloren, dachte ich mitleidig und reichte ihr ein Tempotaschentuch, fuhr mit einer Hand tröstend über ihren Rücken. „Auch sagt er", setzte sie nach, „dass er mich doppelt hart bestraft, wenn ich jemals wieder meine Madam mitbringe!"

Es gab Momente in meinem Leben, da hätte ich gerne rückgängig gemacht, was ich angerichtet hatte.

Jetzt war so ein Moment!

Im Stillen schimpfte ich mich geschwätzig, forderte sofortige Besserung und Zurückhaltung, die meinem Wesen so gar nicht entsprach. Immer auf Tuchfühlung eingestellt trat ich entweder auf die Füße überraschter Neubekanntschaften oder weihte Bekanntschaften in Dinge ein, die sie eigentlich gar nichts angingen. Ich konnte kein Geheimnis für mich behalten, am wenigsten Geheimnisse, die meine täglichen Geschicke und öfter mal Missgeschicke betraf. Wahrlich ungeschickt war, meinem Bekannten Jim den Einbruch so ausführlich geschildert zu haben und ich nahm mir vor, alles auszulöffeln, was ich Jasinta so leichtfertig eingebrockt hatte.

„Das richten wir wieder!“, tröstete ich Jasinta ohne auch nur einen Schimmer, wie ich in diesem fremden, mit Unrecht durchwachsenen System, sowas Drastisches wie eine Anzeige wegen Diebstahls richten sollte. Ich reichte ihr noch ein Tempo, in welches sie ihren Kummer schnäuzte, woraufhin sie ein kleines Lächeln zustande brachte.
Zuhause ließ ich keine Zeit vergehen, walzte in Jims Garten und stellte ihn zur Rede. Eigentlich wollte ich an seinen Verstand appellieren und ihm ruhig zureden. Tatsächlich trompetete ich, für alle Compoundbewohner gut hörbar, Unverständnis und Ärger gegen den Verursacher von Jasintas Tränen. Jener nämlich zeigte sich uneinsichtig und schürte mein Temperament, als er mich mit mehr als einem Anflug Rassismus fragte, wem gegenüber ich loyal sei: „Gegenüber einem Hausmädchen oder uns Compoundbewohner?“ Mit dem Compound meinte er sich, behauptete meine Haltung gefährde die Sicherheit von uns Weißen.
„Du – du –“, schrie ich mit gerissenem Geduldsfaden, „kolonialistisches Arschloch!“
Das tat mir dann im Nachhinein aus zwei Gründen leid: Erstens, weil meinen Kleinen nach Aussprache dieser oder ähnlicher Titel Taschengeldabzug sicher war, somit meine Vorbildsfunktion kräftig wankte und zweitens, weil sich mit dem emotionalen Ausbruch die Fronten endgültig verhärtet hatte.
Beleidigt zottelte Jim davon.
Wie nun, überlegte der Familienrat, holte man Recht und Ordnung aus den verstaubten Bücherregalen eines Entwicklungslandes? Wie, ratselten wir, kaufte man Recht legal ein?
Noch einmal griff ich auf mein Grundvertrauen in Recht und Ordnung zurück, brachte meine angeborene Gesetzestreue an und redete mir ein, dass in un-

serem Fall das hiesige Gesetz zur Problemlösung führen würde. Zuversichtlich wählte ich die Nummer unseres Vermieters, der aus uns eine landesunübliche Miete herausgeschlagen und sich einmal lautstark immer und überall als hilfsbereit erklärt hatten.
„Zögern Sie nicht", hatte er getönt, „mich bei Problemen zu kontaktieren", und schließlich auch noch hinzugefügt: „Ich habe Beziehungen!"
Diese Beziehungen hatten wir jetzt nötig.
Tatsächlich zeigte sich unser Vermieter entrüstet über den Australier und versprach, sogleich einen ihm bekannten Minister und den mit ihm verwandten und aller-aller-allerhöchsten Polizeiinspektor mit der Angelegenheit zu betrauen.
„Die", versprach er mir, „werden den Eintrag löschen und Jasinta von aller Schuld erlösen."
Dann hängte er ein und hatte mich schon beim Einhängen wieder vergessen.
Siegessicher glaubte ich, dass ein Minister die Paragraphen gewiss mehr achten würde, als eine bestochene Polizei. In diesem Irrglauben ging ich schlafen.
Um Mitternacht weckten mich klägliche Rufe. Schlaftrunken torkelte ich ans Fenster und fand dort Jasinta vor, die in Tränen aufgelöst mir Unverständliches schluchzte. Die Polizei, so übersetzte ihr Schwager, der mit ihr hergeeilt war, würde sie noch heute Nacht abholen. Eine Cousine arbeite bei der Polizei und habe sie gewarnt.
Nächtliches Inhaftieren, so gestand mir Jasinta erst viel später, ginge mit Vergewaltigung einher, machte aus der Verhafteten im Nu ein gefallenes Mädchen. Und die Menschen fielen hier sehr tief, wenn sie fielen und fanden nur wenige Hände, die ihnen nach dem sozialen Abstieg gereicht würden. Wohl stand eine Fami-

lie füreinander ein, aber wenn aus irgendeinem Grund ein Familienmitglied die Regeln missachtete – auch wenn sie keine Schuld traf – dann schmolz der Beistand merklich zusammen. Wie ein Vogel, der aus dem Nest fiel und von einem Menschen angefasst worden war, war die Gefallene danach weitgehend verstoßen.
Ich quartierte Jasinta bei uns ein und überlegte, was zu tun war, sollte wider Erwarten die Polizei bei mir auftauchen. Schließlich konnte ich nur spärlich Widerstand leisten, sonst würden sie auch mich verhaften. Ich würde wohl nur wenig tun können, dachte ich verdrossen, schließlich hatte ich noch drei Kinder, die mich brauchten. Mein Mann war wie immer, wenn es brannte, zeitig auf Geschäftsreise geflohen, mit seinem Beistand konnte ich also nicht rechnen. Diese Nacht machte ich umsonst kein Auge zu, denn ich hatte immer noch nicht kapiert, dass in diesem Land mehr mit Geld geregelt werden konnte, als es mir gewohnt und streng gesehen auch lieb war. Ohne rechtliche Grundlage würden sie uns Weiße kaum ins Kreuzverhör oder gar in ihre Obhut nehmen, dazu waren sie von unserer Ersten, im Vergleich so gesetzestreuen Welt, finanziell einfach zu abhängig.
In den frühen Morgenstunden klingelte ich unseren Vermieter aus den Federn, der versprach, noch heute bei besagtem Cousin anzurufen.
Damals lernte ich, was ich bisher immer nur in Büchern gelesen hatte, die in die Ferne schweiften: Ein Menschenleben oder auch ein zerstörtes Leben wurde mit sri-lankischer Gelassenheit scheinbar als Teil des Alltags getragen. Man nahm hin, was unsereins schrecklich aufregte. Nicht selten jedoch stellte sich diese Gelassenheit als schützende Mauer heraus, die Emotionen nur in Panikattacken einließ und so manchen Gelassenen als Abgestumpften enttarnte. Die Gesell-

schaft hatte sich damit abgefunden, dass hier gekauft werden musste, was wir Deutschen und ganz selbstverständlich hinnahmen: ein Recht, das uns schützt. Dort, wo im Rechtssystem Unrecht produziert wurde, setzte die Familie ein, die über ihre vielen Ecken in die Pflicht genommen werden konnte und eine wichtige Rolle in der Gesellschaftsordnung spielte. Auch Jasinta hatte einen Cousin aufgetan, nachdem unser Vermieter selbst nach dem dritten und vierten Anruf keine Anstalten machte, mit seinen Kontakten auszuhelfen. Über den Cousin des Cousins des Cousins hatte Jasintas Familie einen amtierenden Staatsmann aufgetrieben, der in Negombo Fäden zog und für das Löschen des Eintrags sorgen sollte.
Im Auto kurvte ich Jasinta, ihren Schwager und ihre Schwester zu dieser Persönlichkeit, diente dabei allerdings lediglich als weiße Dekoration, die mit meiner Gegenwart die Abwicklung beschleunigte. Ich kutschierte von aufgeblasener Wichtigkeit zu aufgeblasener Wichtigkeit und landete im Schlussakt wieder dort, wo alles angefangen hatte: Beim mindestens so aufgeblasenen Polizeihäuptling. Unterdessen hatte jener aber sein Lächeln wieder gefunden und schob alle Schuld in des Australiers Schuhe und löschte die Anklage aus einem dicken Buch, worin Jasinta und einige hundert andere eingetragen worden waren. In meiner Dankbarkeit steckte ich dem Häuptling ein paar Dollar zu, hatte Bestechung dazugelernt und fühlte mich so richtig unwohl in meiner neuen Haut.

Insgeheim beneidete ich Jasinta um ihren Familiensinn und überlegte, wie viel entfernte Familie für mich verfügbar wäre, sollte ich in ähnliche Not geraten. Ich schwamm in fast unendlicher Unabhängigkeit und Freiheit, musste streng gesehen für nichts und niemanden Rechenschaft abgeben, war mein eigener Herr und Meister und mir drohte nicht bei Kleinigkeiten der soziale Absturz. Und doch bezahlte ich für diese vermeintliche Freiheit den Preis, dass ich in der Not auf wenig Menschliches zurückgreifen konnte. Unser gut strukturierter Staat hatte der Familie die Verantwortung aus den Händen genommen. Staatliche Unterstützung hatte einst die Notwendigkeit für die Großfamilie abgeschafft, wo die Alten von ihren Kindern bis zum Tode versorgt worden waren. Dabei teilte man damals nicht nur Einkommen und Aufgaben auf, sondern man sorgte auch emotional füreinander – und emotional konnte sich der Staat nicht um uns kümmern, dafür war kein Paragraph vorgesehen. Damit liefen wir im Alter unter Umständen Gefahr, in unserer Einsamkeit zu ertrinken.

Die Rente, die den Sri-Lankern in der Regel, wenn überhaupt, zur Verfügung stand, reichte kaum zum Leben und auf ein einigermaßen stabiles Sozialsystem konnten sie auch nicht zurückgreifen. Durchaus lobenswert empfand ich das Schulsystem, in welchem jedem Kind die Grundausbildung nicht nur zustand, sondern auch vom Staat finanziert wurde – oder die Krankenversorgung, die, wenngleich nicht luxuriös, so immerhin grundsätzlich vorhanden war. Die größten Lücken, entschied ich nach Erlebtem, klafften allerdings im Rechtssystem. In dieser Hinsicht dachte ich an die Schmiergeldskandale, die Deutschland regelmäßig überzogen, und empfand den Luxus, den sich die Minister auf Sri Lanka gönnten, im Verhältnis zur Armut geradezu grotesk. Da ließen sich die Minister in gepanzerten BMWs chauffieren und genehmigten sich – so die sporadischen, (miss-)mutigen Zeitungsberichte – Provisionen, die bei jeder Möglichkeit eingesteckt wurden, während die Bevölkerung von der Hand im Mund lebte.

Somit musste die Familie im gesetzlich geschürten Unrecht füreinander einstehen, wie es Jasintas Familie getan hatte. Das bedeutete allerdings auch, dass die Familienmitglieder sich verpflichteten, nach den Spielregeln der Familie zu spielen, was ihnen ein Stück Freiheit nahm, dafür jedoch menschliche Nähe schenkte.

Dort, wo die Familie nicht mehr weiterkam, halfen ihnen die Götter, Allah, Jesus und Buddha; Teufelsaustreiber, Orakel und einfache Priester, die versprachen, dem Wunder auf die Sprünge zu helfen. Es lohnt durchaus, einmal für eine Stunde in der Kirche oder einem Tempel in diesem ehrlichen, tiefen Glauben unterzutauchen, das wirkt wie ein Lebenselixier, besprenkelt die tägliche Tretmühle unseres Alltags mit heiteren Farben.

Jasinta hatte in ihrem Gottvertrauen (sie gehörte zu den 7,5 % Katholiken der Insel) nicht nur unsere Kamera zurückerobert, sondern war noch einen Schritt weitergegangen und hatte Jim vergeben.

„Das meint er nicht so", beteuerte sie und setzte leise hinzu, dass er sich vor Gott werde rechtfertigen müsse. Fortan verlor sie kein Wort mehr darüber. Gut gelaunt radelte sie wieder täglich durch den Compound, hatte keine offensichtlichen Hassgefühle von diesem traurigen Vorfall abbekommen.

Hätte ich Gott in einer meiner Schubladen im Unterbewusstsein gefunden, ich hätte ihn daraus hervorgezogen und ihm einen Schrein gebaut!

Ich kam nicht umhin, Jasinta und ihr Gottvertrauen als Beispiel dafür zu nehmen, wie nicht nur unter Nachbarn, sondern auch unter den Völkern dauerhaft Frieden einkehren könnte.

Und selbst wenn ich Jasinta nicht grundsätzlich zur Heiligen stempeln konnte; selbst wenn ich ihre de-

monstrierte Nächstenliebe, Größe und Gottvertrauen nicht überall gleichermaßen erlebte; selbst wenn auf Regierungsebene der streng buddhistische Präsident Unrecht sogar mit Buddha rechtfertigte; selbst dann hatte Jasinta bewiesen, was ein tiefer Glaube bewirken konnte.
Ob die Tatsache, dass Jim nur vier Wochen später an dem schwerwiegenden Dengue-Fieber erkrankt war, mit göttlichem Zorn zusammenhing, wusste ich nicht. Für Jasinta allerdings bestand kein Zweifel, dass hier mindestens Jesus seine Finger im Spiel gehabt hatte. Ich persönlich konnte daraus lediglich schließen, dass unsere Taten immer über irgendeinen Kanal zu uns zurückgeleitet werden und habe lange darüber nachgegrübelt, welche Missetat uns die Läuse einbrachte, die uns eines Tages befielen.

9. Von der Laus und anderem Alarm

Giftig ging ich bereits beim dritten Familienmitglied gegen den Juckreiz vor, den mehrere Lausfamilien dort angerichtet hatten. Spätestens jetzt geriet meine Tierliebe ins Wanken. Aus potentieller Liebe wurde Ärger, aus Ärger Verachtung und ging mit jedem lausvernichtenden Tropfen „Lycine" in Mordeslust über. In der tropischen Hitze und dem Dreck, dem man in der Feuchtigkeit nie gänzlich Herr wurde, gedieh auch diese Art Tier prächtig. Ich surfte das Internet nach Läusen ab und stellte frustriert fest, dass unsere Waschmaschine keine für die Laus todbringende Temperatur von 60 Grad zustande brachte, stopfte Kissen und Bettwäsche in den Ofen und buk sie bei neunzig Grad lausfrei.

Daraufhin kaufte ich am Fischmarkt Garnelen und schob sie ebenso in den Ofen wie zuvor die verlauste Bettwäsche. Dazu reichte ich Spaghetti und servierte sie meiner entlausten und frisch einshampoonierten Familie. Zum Nachtisch lieferten sich Kind und Mann ein Fußballspiel, wobei der Ball regelmäßig am Tor vorbei im angrenzenden Garten landete. Routiniert holte Willi die Leiter, lehnte jene an die zwei Meter hohe Mauer, stieg hinauf und in Nachbars Privatsphäre hinein, verschaffte sich mit einem Räuspern Gehör und bat mit dem von mir zuvor eingetrichterten „Bitte!" um einen Rückwurf des Spielballs. Räuspern und „Bitte!" mutierte zum Bambusstock, wenn der Ball im Gebüsch und nicht nebenan landete. Jener stocherte im Gestrüpp nach Kobras und Vipern, bevor die bloße Hand eintauchte und den Ball herausfischte.

Es gab mehrere Möglichkeiten, um an den Ball zu kommen und an den Freitagen, wenn die Schu-

le Fußball dort trainierte, wo der Dschungel sich tief ins Spielfeld neigte, war die Rückholtechnik um einiges ausgeklügelter. Der Ausrufende: „Ich hol mal schnell den Ball!“ wurde mit kniehohen Gummistiefeln und Arbeitshandschuhen ausgestattet. Beim Gehen durch das üppige Grün des Dschungels ging ein Stecken rechts und links, vor und neben dem Kind nieder, welches dazu auserkoren worden war, den Ball zu apportieren. Daraufhin sprang erst der Ball, dann das Kind über den Zaun ins Feld zurück.
Irgendwie wurde ich den Verdacht nicht los, dass diese bedachte Art der Rückführung eines Fußballes ausschließlich für die anwesenden Elternaugen aufgeführt wurde.
Einmal nämlich ertappte ich bei meiner Ankunft eines meiner Kinder, das aus dem Dschungel „Catch!“ rief - Erst flog der Ball, dann hüpfte das Kind wieder ins Spielfeld zurück: in Turnschuhen und Socken, die bis auf die Knöchel abgestürzt waren; in kurzen Hosen, T-Shirt und ganz ohne jenen schlangenvertreibenden Stock!

Schlangen gehören zum sri-lankischen Alltag und wie auch dem damals tobenden Bürgerkrieg lernten wir damit zu leben oder besser: beidem aus dem Weg zu gehen. Die Schlangen stampften und stocherten wir auf Distanz, die Bombenanschläge umgingen wir, indem wir Militärkarawanen und größere Zusammenkünfte mieden. Wenn man sich an die Spielregeln hielt, lebte es sich auch auf der Insel einigermaßen sicher.
Krokodile jedoch halten sich nicht an Spielregeln, sondern vielmehr unser Fleisch für eine Delikatesse und lassen sich von hektischem Stockschlagen nicht beeindrucken.

Da ich „Crocodile Dundees“ selbstverständlichen Umgang mit den langen, grünen Reptilien nicht beherrschte und ihnen auch keine Handtäschchen oder Schuhe vom Leib ziehen wollte, bevorzugte ich es, mich nicht näher mit diesen auf der Insel wohnhaften Fleischfressern zu befassen, lebte frei nach: „Was ich nicht weiß, macht mich nicht heiß!“.
Was ich nicht wusste war, dass die Stauseen um Kandalama, auf denen wir unsere Wassersportkunststücke ausprobierten, von jenen Reptilien rege besucht wurden.

Im Nachhinein hätte ich herrlich blutrünstige Geschichten schreiben können, die von Krokodilen und zartem Menschenfleisch handelten. Als Hauptpersonen hätte ich autobiografisch auf zwei kopflose Familien zurückgreifen können, die sich einen Nachmittag lang in einer verfallenen Hütte direkt am Stausee niedergelassen hatten. Der Gipfel der elterlichen Nachlässigkeit war, dass wir – da der Wind nicht zum Wassersport reichte – träge lesend und dösend auf dem Felsvorsprung abhingen, während sich unsere kostbaren Kinder von überhängenden Ästen in den Schlund des Sees stürzten, um im Zeitlupentempo über die scharfen Steinkanten wieder an Land zu klettern. Die Wassernähe, die auf dem Surfbrett zustande kam, von dem aus sie theatralisch Showabstürze in den Lebensraum besagter Reptilien veranstalteten, hätte ohne weiteres ein gefundenes Fressen für meine schlimmsten Alpträume werden können. Unser Nachwuchs blieb unversehrt und meine blutrünstige Autobiographie musste nicht geschrieben werden. Jene hätte dagegen die im See badende Sri-Lankerin schreiben können, die kurz darauf in den Schlagzeilen auftauchte, weil sievon einem Krokodil um ihren rechten Arm gebracht worden war.

Seither googelte ich die Insel vor jeder Reise nach möglichen menschenfeindlichen Tierarten ab und kassierte vom Ältesten ein abschätziges: „Ach Mama! Du übertreibst!“. Ich hatte nämlich gerade den geplanten Ausflug nach Pinnawela und das dort eingerichtete Waisenhaus für Elefanten als lebensgefährlich erklärt. Den Faden spann ich aus den Bedenken weiter, die ich noch vor unserer Ausreise nach Sri Lanka hatte anbringen wollen, woran mich damals eine mahnende Männerhand hinderte. Diesmal aber hatte ich Beweise und schwenkte siegessicher ein Stück Zeitung, wo meine Bedenken schwarz auf weiß belegt waren. Im Artikel war zu lesen, dass ein buddhistischer Mönch, aller religiösen Autorität zum Trotz, von einem grauen Riesen zu Tode getrampelt worden sei. Außerdem erinnerte ich mich an ein in Schlamm gekipptes Vehikel, über welchem ein erzürnter Elefant tobte; Bilder, die einmal die Fernsehsender gestürmt hatten und Wasser auf den Mühlen meiner mütterlichen Sorgen waren.

„Soviel wuchtiges Temperament“, schloss ich, „könnte auch unsere Wenigkeit mühelos in die Breite treten!“

Wir fuhren!

Fuhren holprig drei Stunden und löhnten reichlich Eintrittsgeld. Von mir genötigt brachten wir uns in einem Restaurant in Sicherheit. Wir ließen uns auf einer der Terrassen nieder, die mit Blick auf ein Flussbett ausgerichtet war, in welchem die Elefanten soeben in sicherer Entfernung ihr Bad antraten. Das war den Kindern nicht nah genug. Sie warteten die blasenschwächebedingte Abwesenheit der Mutter ab, holten sich die Genehmigung des Vaters und turnten übermütig dem Geländer entlang bis zur Absperrung. Von dort aus war es nur noch ein Katzensprung und als ich wieder auftauchte, standen sie schon fasziniert neben

dicken Tretern und schwenkenden Rüsseln und liebkosten einen Dickhäuter.
Ganz offensichtlich hatten alle drei mit sofortiger Wirkung ihr Herz an den Elefanten verloren, während meines in meine kurzen Hosen rutschte.
Wortlos vorwurfsvoll setzte ich mich neben meinen Mann. Ängste in diesem Land waren furchtbar anstrengend, weil sie besonders Müttern an jeder Ecke auflauerten und ständig die Seelenruhe über den Haufen warf. Mutig nahm ich mir vor, mich von Elefanten nicht einschüchtern zu lassen und betrachtete unseren Nachwuchs am Flussbett. Von unserem erhabenen Standpunkt aus betrachtet waren die Kinder nur noch ein Klecks Farbe inmitten eines grauen Rüsselschwenkens. Drei Farbtupfen standen auf einem ausgewaschenen Stein, der vom Wasser umspielt aus dem Flussbett ragte. Die Szene, im Dschungelgrün eingebettet, war ein Bild der vollendeten Schönheit, die nur die Natur in dieser Perfektion zustande bringen konnte. Unterdessen machten die Kinder Anstalten, aktiv an der Spritzerei teilzunehmen, die von den Elefanten untereinander ausgetragen wurde. Jetzt wurde selbst der sonst so entspannte Vater unruhig, rutschte über das Geländer in Richtung Kinder und entfernte die Menschlein vom Ort des Geschehens. In diesem Moment brach die Elefantenherde zur Fütterung auf. Hurtig bezahlte ich und rannte zu meiner Familie, wollte nicht auch noch verloren gehen, was ja bekanntlich für mich eine Kleinigkeit war.
Verloren im Elefanten- und Schlangenland!
Mich schauderte. Vorsichtshalber heftete ich mich an die Fersen von Andreas, der hinter dem größten Tier der Herde ging und den Schritt nachahmte, mit den Kindern gemeinsam Nasen schwenkte und die Beine elefantös auf den Boden stampfte. Unser verspielter

Zug kam in einem riesigen Garten zum Stehen, in welchem Häuser und Gehege aus Palmblättern und dicken Bambusstämmen herumstanden, einige Elefanten an Bäume gebunden wurden, andere willig wie ein Schaf in ihr Gehege schwankten. Dann ging die große Fresserei los. Die ausgewachsenen Elefanten traten auf dicken Bambus und Blätter, nahmen den Rüssel zur Hilfe, zerrten und rissen, bis jene gewaltsam mundgerecht geworden war und verspeist werden konnten. Fünfzehn bis zwanzig Kilo vertilgte so ein ausgewachsener Riese und ich überlegte, wie viele dieser überdimensionierten Fläschchen die gierig trinkenden Babyelefanten täglich leerten. Meine Blicke wanderten zu einem riesigen Exemplar, dessen Temperament in Ketten lag, woran er ungestüm riss. Und schon hatte ich, wenngleich nicht direkt Ängste, aber zumindest meine Bedenken wieder und wedelte meine Familie auf Abstand.

Elefanten in freier Wildbahn konnten in den über die Insel verteilten Nationalparks besichtigt werden und das hatten wir fest eingeplant. Dort lauerten Leoparden, Krokodile, Affen, Schlangen und Warane. Wer weiß, dachte ich schon wieder in Extremen, ob das Gaspedal des einen oder anderen Jeeps die gewünschte Fluchtgeschwindigkeit zustande bringen würde, wenn unser Hinschauen bei einer knurrenden statt schnurrenden Raubkatze eine abrupte Wende in den Angstzustand nahm? Oder was, malte ich schon wieder Schreckenszenarien bunt, wenn der Fluchtversuch im Schlamm stecken blieb, das Vierrad es nicht aus eigener Kraft aus dem Unheil herausschaffte?
Es waren dann nicht meine Bedenken, die uns von einem Besuch im Nationalpark abhielten, sondern die Regierung und die tamilische Rebellenorganisation

LTTE, die damals in ihrer furchtbaren Zusammenarbeit dem Bürgerkrieg zur Blüte verholfen hatten. Erst schloss man den nördlich gelegenen Wilpattu Nationalpark, im Jahr 2007 schließlich auch das im Süden liegende Yala. Landminen und LTTE, begründete die Regierung ihre Entscheidung, könnten aus Versehen eine Touristenexpedition statt einer feindlichen Invasion explodieren lassen.
Mit einer detaillierten Schilderung einer Parkführung kann ich also nicht dienen, mit Elefanten in freier Wildbahn jedoch schon. Zu jener wollte uns ein geschäftstüchtiger Tuk-Tuk-Fahrer tief im Dschungel verhelfen, schüttelte uns kräftig durch und lud uns an einer idyllisch gelegenen Müllhalde ab. Dort strahlte er uns - mit seiner Leistung offensichtlich zufrieden - an und rief in unsere aufbrodelnde Empörung: „Look!". Wir guckten, sahen nichts, folgten dem ausgestreckten Zeigefinger und beobachteten verblüfft, wie aus dem Dickicht ein freundlicher Riese mit Familienanhang schwankte. Die Rüssel sanken synchron in dem stinkenden Müll ein und gruben zwischen Plastik und Gärendem nach Essbarem.

Eindrücklich blieb dieses Stück freie Wildbahn in unserer Erinnerung kleben und kam bei jeder Begegnung mit Müll wieder zum Vorschein, verlinkte langfristig einen Teil des auf der Insel lebenden Tierreiches mit einer Drittwelt-Wegwerfgesellschaft, die mühelos Geld für einen Bürgerkrieg aufbrachte, für eine ordentliche Müllabfuhr jedoch kaum etwas übrig hatte.
Einen Müllbestand, der tierisch belebt war und ich jeden Morgen beim Strandlauf eingehend studieren konnte. Flügel an Flügel spielten Krähen auf einer Betonmauer Alfred Hitchcocks „Die Vögel" nach, einige von ihnen wühlten kra-kra im umzingelten Müllhaufen nach

verrottetem Fleisch und stritten sich mit den Streunern um die besten Stücke. An Fortgeschmissenem labten sich nicht nur Krähen und Streuner, sondern auch Esel, Kühe und Ochsen wiederkäuten oder kauten Hinterlegtes aus Plastik statt Jute; Hühner pickten nach Kornähnlichem, Kobras legten ihre Eier darin ab und Schweine suhlten sich in Übriggebliebenem. Sie alle hatten wie selbstverständlich die Auswüchse einer Drittwelt-Wegwerfgesellschaft in den Lebensmittelpunkt gerückt und nutzten ihn zum Überleben.
An einem Müllhaufen war es auch, wo ich mich mit den Welpen angefreundet hatte. Der Welpe und seinesgleichen wäre in manch anderem Land ertränkt oder erschlagen worden – oder einfach nicht gezeugt. Auf Sri Lanka jedoch lebten sie auf den karmischen Druck hin, unter welchem die Buddhisten weder Lebewesen töten durften noch jene an der Wiedervermehrung hinderten.
Haustiere und Ausgesetzte vermehrten sich als gäbe es kein Morgen!
Einige der eifrig produzierten Welpen tobten mir seither um die ausgestreckten Arme und freuten sich ausgelassen über meine Gegenwart, egal welche Laune ich gerade mitbrachte. Nach und nach schlossen sie sich einem Rudel an, spielten und trugen untereinander Machtkämpfe aus, erklommen Müllhaufen oder fraßen Angeschwemmtes. Sie belagerten die Fischer, die zuvor mit einer schwimmenden Holzröhre über die Brandung aufs Meer gerudert waren. Hinter sich hatten sie ein Schleppnetz hergezogen, welches vom ganzen Dorf wieder an Land gezogen wurde. Unbrauchbares wurde aus dem Netz geklaubt und dem Tierleben vorgeworfen, Brauchbares in Styroporkisten gepackt und zum Fischmarkt transportiert. Manchmal landete dort neben Gefischtem auch ein Wurf Welpen, der wegen

Buddha nicht hatte verhindert werden können, im Hause seines Herrchens jedoch aus finanziellen und Platzgründen leider nicht bleiben konnte. Mit Vorliebe warfen sie jene auch über die Mauern in unseren Compound hinein und hofften, dass wir, die Bewohner, ihrem buddhistischen Nachwuchs ein Zuhause anböten. Tatsächlich gewährten wir nicht wenigen Asyl, bis auch wir aus Platzmangel keine mehr aufnehmen konnten und die Unterkunftssuchenden von der Türschwelle weisen mussten. Jene endeten im Rudel und auf Müllhaufen. Dort genossen sie maßlose Freiheiten, lebten aber auf der anderen Seite in ständiger Gefahr, dass Tollwut oder die Räude eines Tages über sie erfassen würde. Tollwütig kam der Tod schnell, für den räudigen Hund war die Leidensphase länger und qualvoller. Erst verloren sie ihr Fell und zugleich den Schutz vor der Sonne, dann verendeten sie jämmerlich an Hautkrebs.

Instinktiv schlug ich einen Bogen um die Kranken, hatte gleichzeitig Mitleid, empfand Abscheu und hatte Angst vor dem tollwütigen Biss. Der Abstand konnte auch nicht verhindern, dass die Zähne eines kläffenden Strandhundes in meinen Oberschenkel ein klaffendes, zentimetergroßes Andenken schlugen. Der Heimatlose hatte wohl geglaubt, ich wolle ihm das Gammelfleisch abspenstig machen, welches ihm zuvor lecker über die Schnauze gehangen hatte. Ich ließ die Wunde desinfizieren und gönnte mir vorsorglich eine Tollwutimpfung, war in großer Sorge um den sterilen Zustand der Spritze, die mir eine Dame in grau gewaschenem Weiß auf mehrere Male verteilt in den Oberarm jagte. Dabei erzählte sie mir, dass ihre letzte Tollwutimpfung nur ein paar Wochen zurückliege.

Sie war im Schlaf von einer Ratte gebissen worden.

Und wie schon zuvor fand ich auch hier ein Verhältnis,

in welchem ich vom Hund gebissen nicht die Leidtragende, sondern vielmehr zu den Privilegierten der Gebissenen zählte!

Auf meinen morgendlichen Strandläufen spülten mir nach und nach die Meerestiere Sri Lankas um die Beine. Ich lernte den Geruch einer verendeten Schildkröte von jenem eines aufgedunsenen Kugelfisches zu unterscheiden; je nach Windrichtung zog eine Ladung verbrannter Müll oder das Abgelegte einer Klositzung meine Nase hoch. Anfangs trat ich noch in das eine oder andere hinein, unter anderem in eine sterbende Qualle der gefährlichen Art „Portugiesische Geleere" – zumindest war die Qualle lila und man erzählte mir, solche Wesen trieben sich gerade im und um den Indischen Ozean herum. Da ihr Saft zwar höllisch auf meiner Hornhaut brannte und ich daran weder starb noch ins Krankenhaus musste, kann man davon ausgehen, dass es sich – wenn überhaupt – lediglich um eine Verwandte handelte. Seither drehte ich widerwillig meine träumerischen Blicke vom übergangslos in den Ozean fließenden Horizont ab und graste die Laufstrecke nach Unbekanntem ab, baute bei Bedarf Kurven und Sprünge ein. Ich sammelte die Skelette von Seeigeln und Hummern, ließ die Robbe liegen, die der Ozean ausgespuckt hatte und erinnerte mich an den ausgeschlachteten Walfisch, der es vor Jahren einmal an den Strand geschafft hatte. Ein Rückrat des Meeressäugers mit dem Umfang eines mittleren Buchenstammes hatte in unserem Garten Platz genommen und diente mir und meinen Vorgängern seither als Blumentopfauflage.

Was mir nicht um die Beine spülte, hängte sich beim Waten durch die Lagune an meinen großen Zeh oder an die Nasenspitze unserer Schäferhündin Flora, deren Spieltrieb der Krabbe lästig geworden war. Mit diesem ausgeprägten Spieltrieb hatte unsere Hündin im Nu die Umgebung aufgemischt und in Ärger und Schrecken versetzt. Langfristig verlegten die Krabben ihre Löcher außerhalb unseres Gartens und Flora spezialisierte sich auf Katzen, die ihre Krallen gegen sie ausfuhren.

Allerdings konnten Katz und Hund auch schon Mal gemeinsame Sache machen - was eine Maus zu spüren bekam, die sich unbemerkt an meiner Arbeit vorbei ins Kinderzimmer geschlichen hatte. Dort drinnen hingen Hund und Katze im gelangweilten Halbschlaf ab, bis die Maus auf Versteckssuche raschelte und beide aus ihrer Lethargie riss. Dort polterte auf, unter und zwischen Bett, Schreibtisch und Kleiderschrank das Jagdfieber. Schließlich stolzierte mit hoch erhobenem Schwanz erst unsere Katze, dann unsere Flora in meine Arbeit hinein und legten die Maus vor mir ab. Zur Jagd auf Warane konnte unser Hund die Katze allerdings nicht überreden. Jene hatte bereits ihre Instinkte konsultiert und beschlossen, dass sie auch zu zweit den Kürzeren ziehen würden. Sie zog sich in ihren Dämmerschlaf zurück, während Flora die zwei Meter Waran zum Toben überreden wollte und kläffend auf das Reptil zustürmte.

Mit einem scharfkantigen Waranschwanz bekam sie ordentlich Respekt eingepeitscht und mied zukünftig den Riesen.

Nachdem sich unsere lästigen Haustiere in der Umgebung herumgesprochen hatten, scheuten Ratten und Mäuse unsere Räumlichkeiten zunehmend. Selbst die „Ratsnake", die vielfarbige, aber ungiftige und beeindruckend große Rattenschlange, blieb aus. Nur die Geckos ließen sich nicht klein kriegen. Unter den stechenden Jägerblicken der Katze krabbelten sie die Wände ab und versorgten sich mit Moskitos, gegen die wir uns mit Zitronellakraut schützten, sie mit Netzen an Fenster und Türen aus Bewohntem aussperrten. Trotzdem kamen die Insekten blutrünstig durch den Abfluss und Baumängel hinein und jene, die nicht in unserem (ver)lockenden Blaulicht-Ventilator verendeten, versuchten uns mit Dengue-Fieber zu infizieren. Damit hatten sie sich endgültig Andreas' Hass gesichert!

Neben zwei Katzen, einem Hund, Geckos und Moskitos beherbergten wir auch Termiten, die im morschen Gebälk saßen und fraßen, in unserem Freundeskreis auch schon dem einen oder anderen Dach zum Einsturz verholfen hatten. Aber nicht nur die Holzkonstruktion wurde vom tropischen Tierleben angefallen, sondern auch die Sanitäranlagen. Über die Toilette, so kursierte ein Gerücht, könnte schon auch mal eine Wasserschlange ins Haus geraten. Das gefiel mir nur bedingt und ich legte Gewichte auf den windigen Klodeckel. Lautstarke Proteste zwangen mich allerdings, auch diese stumpfsinnige Vorsichtsmaßnahme aus dem Haushalt zu entfernen. Schlangen im Haus bekamen wir keine zu sehen, dafür krochen Mücken, Frösche, Kakerlaken und Tausendfüßler herein. Jene hatten sich über den Ausguss eingelassen und auch wenn der Tausendfüßler nicht tödlich zubeißen konnte, so war er doch unumstritten giftig. Das im Hinterkopf, nahm ich sein Eindringen in mein Duscherlebnis nicht freudig überrascht, sondern vielmehr alarmiert abweisend zur Kenntnis.
Die Schere, die neben Shampoo und Duschgel rostete, wurde in Zukunft für die Zweiteilung jener hergenommen.
Neben den tausend Füßen wohnten auch Frösche im Abfluss, die uns statt Miete zu zahlen ein blechernes

Nachtkonzert quakten. Wenn sie gerade ein Engagement außerhalb unseres Waschbeckens hatten, begrüßte mich an ihrer Stelle schon mal eine bis zu drei Zentimeter lange Kakerlake, die mich gelegentlich sogar ansprang.
Erkenntnis: Kakerlaken können Hochsprung, und zwar wie!
Vom Waschbecken aus ließen sie sich in der Vorratskammer ein. Wie die Ameisen profitierten sie von meiner Abneigung gegen den Tod aus der grünen, giftigen Sprühdose, die auf der Insel in jedem Shop verkauft wurde. Ich fegte, wischte und schwemmte sie zur Not auch mal mit Wasser aus dem Lebensmittellager. Während Kakerlaken nun vornehmlich als Einzelkämpfer auftraten und einzeln aufgesammelt und ausgesetzt werden konnten, tat ich mich mit dem Wegwischen des Teamgeists der Ameisen um einiges schwerer. Zuweilen geriet unsere Küche ganz unter einen Teppich rotschwarzer Ameisen, die über ihr dichtes Verkehrsnetz Essbares abtransportierten und auf Störenfriede einbissen. Unermüdlich wischte ich ihr emsiges Wirken vor die Haustür, wo sie den Verkehr neu ordneten und ohne Umstände wieder ins Schlaraffenland zurück gelangten. Sie fraßen sich durch Plastik in den Zucker, lugten plötzlich aus dem Mehl und den Haferflocken hervor, schlemmten Kakao und ich fand sie sogar in den Cashewnüssen und Reis.
Was im Haushalt für Unmut sorgte, tat in der freien Wildbahn seine Pflicht und setzte dort ein, wo der Staat versagte: in der Müllentsorgung. Ameisen räumten emsig auf und weg, Krähen holten sich Totes und Weggeworfenes, während andere Vogelarten wie der Eisvogel („Kingfisher") zwischen der Unordnung mit Schönheit bestach. Blau schimmernd war er eine Augenweide, saß phasenweise im Grün unseres Gar-

tens – allerdings nur, wenn die Krähen nicht vereint und wie Geier auf einen einsamen Moment an unserem gedeckten Esstisch warteten und eifersüchtig diese Schönheit aus dem Garten hackten. Gegen Seeadler trauten sie sich nicht ihren Schnabel einzusetzen. Majestätisch segelten jene dicht über der Lagune, gingen jäh zum Sturzflug über, stachen ins Wasser und kamen mit einem zappelnden Fisch wieder daraus hervor, den sie nicht selten auf einem unserer hoch gewachsenen Bäumen verzehrten; langhalsige Entenfamilien schwammen Körper-unter, sahen so kopfüber aus wie schwimmende Kobras, die sich zum Angriff rüsteten.
„Mama!!!!“
Ängste zu schüren war auf dieser Insel wahrlich ein Kinderspiel.

Wenn ich keine Ängste schürte, saßen wir zu fünft mit Hund im Garten oder auf dem Lagunensteg und mitten im tierischen Geschehen. Wir schlugen nach fliegenden Ameisenschwärmen, die mit der untergehenden Sonne so verrückt spielten wie der Rest von uns. Wie ein tropischer Regenguss prasselten sie gegen uns, kamen so schnell, wie sie wieder verschwunden waren. Wir beobachteten die Riesenechsen, die Warane, die an uns vorbeischwammen und erschrocken untertauchten, wenn sie uns bemerkten. Aus Floras Fell drehten wir die dreißig Zecken, die sich täglich an ihr festbissen, und warfen sie den Fischen zum Fraß vor; wunderten uns, warum die Vogelzüge abends gen Süden und morgens gen Norden zogen.
Wir kauften Bücher über giftige und ungiftige Schlangenarten, studierten Fliegendes, Schwimmendes und Kriechendes und schienen ständig irgendwo mit aufgeklapptem Kiefer stehen zu bleiben und Neues anzu-

staunen. Einmal stieg Andreas gar in die Bremsen und parkte quer ein, lotste die Familie auf die dichtbesiedelte Straße und deutete auf ein Flugobjekt, welches sich in der Thermik himmelwärts drehte. Bis in sein Verschwinden hinein starrten wir dem Fliegenden Hund nach, der wie ein großer Klon der Fledermaus faszinierend und bedrohlich zugleich wirkte.
„Tiere sind nicht nur schöner, sondern auch viel schlauer als wir“, seufzte unser Fabian mit zurückgelegtem Kopf, den Kunstflug der riesigen Fledertiere betrachtend.
Eine Aussage, die sich am 26. Dezember 2004 bewahrheiten sollte.

10. Tsunami: Ein Wort macht Karriere

Andreas und ich erwachten vom Streitgefecht, das drei Kinder untereinander austrugen. Sie verhandelten über ein Stück Schokolade, welches sie seinem Versteck entwunden hatten und nun verbotenerweise in großen Dosen zu sich nahmen. Die Natur schwieg stille unter den wüsten Beschimpfungen von Kind zu Kind. Als dann auch das Metallgestell unseres Bettes in Vibration ausbrach und uns dezent durchschüttelte, warf ich ein entschlossenes „Aufhören!" in den Streit. Die Ruhe, die einkehrte, war allumfassend. Kein Vogel zwitscherte Lieder in unser verschlafenes Erwachen, kein Straßenköter kläffte sein Mitteilungsbedürfnis herüber.
Nur das Bett zitterte.
Fragend sah ich den Andreas an.
„Du", staunte der Andreas, „ein Erdbeben!"
„Ja", staunte ich zurück, „ein Erdbeben!"
Wie einbetoniert lag ich da, unfähig, verantwortungsbewusste Maßnahmen einzuleiten, sollten die losen Steine auf uns niederprasseln. Man hatte mich peinlichst genau auf Vipern und Kobras vorbereitet, mich im Umgang mit Skorpionen geschult, auch gegen Einbrecher war ich gewappnet – aber kam es zum Beben, traf es mich vollkommen unvorbereitet.
Keine Ahnung, davon aber jede Menge!
Träge spürte ich den sich schüttelnden Boden, Hirn und Körper flegelten scheinbar unbeteiligt umher.
Ich gähnte.
Das Schütteln legte sich, ein paar Vögel nahmen ihren Gesang wieder auf, die Streuner bellten hysterisch. Selbst die Kinder setzten dort wieder ein, wo ihr Streit ein plötzliches Ende gefunden hatte: beim Schokoladenkonflikt.

Nur eine Stunde später war das Ereignis in die Abteilung Vergangenheit gerutscht und ich dachte daran, was eine von mir organisierte Evakuierung für Blüten getrieben hätte: mit offener Autotür auf die Gegenfahrbahn geraten (Linksverkehr) und die Frontlichter von einem Bus geküsst. Kinder nicht angeschnallt (ich auch nicht) – nein, Evakuierung gehörte nicht in mein Spezialgebiet. War ich zu chaotisch für!

Frohen Mutes sprang ich in die Tagespflichten und pflückte Kleidungsstücke vom Boden, welche am Vorabend von fünf Personen nieder gegangen waren.

Das Telefon klingelte Sturm.

Fabians ehemalige Lehrerin aus Deutschland kündigte ihren Besuch an. Sie sei gestern in Colombo gelandet und in einer Stunde bei uns. Rationell stopfte ich Tretminen und Wäschestücke in Schränke und Behälter, warf mich gegen die sich sträubende Schranktür und betrachtete zufrieden mein Werk. Ein Anflug von Schuldgefühlen befiel mich, als ich die Aufräumtechnik der Kinder mit der meinigen verglich. Wo das Auge hinreichte, herrschte Ordnung, aber wehe dem, der einen Blick hinter die Kulissen warf, einen Schrank oder eine Schublade öffnete und einen Blick in verdeckte Winkel warf!

Schuldgefühle sind übrigens unbedingt meine Spezialität und demnächst könnte ich mich ausgiebig darin suhlen!

Andreas steckte die Nase in den Wind und kündigte fünf Windstärken an. Im Wettlauf mit dem Wind schoben wir Segel über den Mast und spannten sie mit dem Gabelbaum zum Windfang, schleppten Surfbretter aus dem Kämmerchen und schon befanden wir uns im Kleeblatt auf der Flugreise über die ans Grundstück anschließende Lagune. Während der Vater die Surfkarriere der Tochter überwachte, nutzten

die Buben den Wegfall angstvoller Mutteraugen zum Beturnen der Baumwipfel. Meine Wenden endeten konsequent vor heimatlichem Grund, trugen mir Dialogfetzen der Buben wenig erfreulicher Art zu: „Wenn du da nicht weg gehst, schubs ich dich!" Und Schubsen in fünf Metern Höhe war höchst unerfreulich! Im Surfflug entfernte ich meine Ohren aus dem Schubsbereich, konzentrierte mich ganz und gar auf mich, die Halsen und den Wasserkontakt.
„Hello", rief ein Fischer und schob mir einen Wellenberg entgegen. Dieselgestank mischte sich mit dem Duft des gärenden Brackwassers.
„Umweltschweine!", dachte ich und hatte in der mir eigenen Leichtigkeit den Grundstein für spätere Gewissensbisse gelegt: Schlechtes Gewissen die Erste.
Die Lagune hob sich, senkte sich, hob sich und in einem der Hübe landeten Andreas, Caro und ich in einheitlichem Glück am Steg.
„Und das Wasser steht mir bis zum Hals", freute ich mich, „musste gar nicht zurück waten wie sonst!"
Warum, haderte ich später mit mir, musste ich alles, was ich dachte, aussprechen und sogar aufschreiben?
„Ja", bestätigte Andreas, „sehr schön!"
Ich nehme auch Andreas' schlechtes Gewissen auf mich: Nummer zwei und drei!

Nach so einem Hoch schmeckte das Frühstück doppelt und die Kinder suchten eifrig nach neuen Anregungen, ihre angestauten Aggressionen los zu werden.
„Nimm deinen dreckigen Finger aus dem Marmeladenglas!", fauchte Fabian und bekam im Gegenzug einen kräftigen Tritt.
„Schaut mal", lenkte ich ab, „ist das nicht schön?"
Ich setzte mit dem Ablenkungsmanöver auf die gelben, roten und grünen Segel der Fischerboote, die

mit ihren übernächtigten Herren auf das Nadelöhr zu trieben, welches die Lagune und den Indischen Ozean verband.
„Was?", fragten sie genervt und guckten meinem Finger entlang auf die Lagune.
„Uääää!", kreischte Caro, „ein Krokodil!"
„Das ist doch kein Krokodil, das ist ein Kaiman und ein Kaiman ist von Natur aus schüchtern und freundlich", hoffte ich und wechselte das Thema.
Die Ausschreitungen zu Tisch hielten an.
„Nutellabrot", lockte ich und schon hatten sie dank mir im Aufteilen von Nutella ein neues Aggressionsventil gefunden.
Ich beschloss in diesem Augenblick, dass ich Sonntage verabscheute.
Demnächst würde ich wissen, warum ich gerade diesen Sonntag so sehr verabscheute!

Die Stunde war längst um, der Besuch stand noch aus. Meine Kontaktversuche per Telefon endeten konsequent im Monolog einer Tonbandstimme, die mir in Tamil, Sinhala und Englisch mitteilte, dass ich es später noch einmal versuchen solle. Andreas und ich machten uns daran, an die Grundstücksgrenze angespülten Plastik, Styropor, Bretter und Algen in einen Behälter zu räumen.
„Übel heute", brummte Andreas, „sehr übel!" Mit dem Berg an Übel stapfte er zum Müllplatz und ich machte mich über das dreckige Geschirr her, das sich im Abwasch türmte. Auch übel! In die Schränke konnte ich das nicht stopfen. Leider.
„Lust auf ein singhalesisches Gerücht?", fragte Andreas von der Exkursion zurück gekehrt.
Egal welche Abwechslung, sie war willkommen.
„Many water coming", grinste er.

Ich verstand nicht.
„Der Wasserspiegel in Negombo hat einen Höchststand erreicht, sagen die Hausmädchen“, erklärte Andreas die Schultern zuckend und wir freuten uns gemeinsam: „Stell dir vor: Surfen ohne Waten durch Schlick undefinierbarer Zusammensetzung und noch viel undefinierbarerer Schlickbewohner.“
„Toll!“
Schlechtes Gewissen die Vierte übrigens.
„Leichtgläubig sind sie ja“, höhnte ich und schrubbte Honig vom Teller, rubbelte selbigen anschließend mit mäßigem Erfolg von meinem Kleid.
Schlechtes Gewissen und so weiter!
Dann kam Nick.
Er kündigte eine „many-water“ Besichtigungstour per Jet Ski an.
Wir amüsierten uns alle sehr.
Ich höre jetzt auf, die Last des schlechten Gewissens numerisch festhalten zu wollen.
Auf dem Steg sitzend beobachtete die Compoundgemeinschaft das Wasser.
Hoch-runter-hoch-runter.
Dieses Wasserwanken hatte etwas Meditatives.
Dann fiel der Strom aus.
Und weil's so schön war, sprach nicht mal mehr die Dame von der überlasteten Leitung mit mir.
Wir waren vom Rest der Welt abgeschnitten!
Nichts Ungewöhnliches auf Sri Lanka, nichts, was mich auch nur annähernd beunruhigt hätte.
Hoch-runter-hoch-runter, machte der Wasserstand.
Dann setzte Lagunenlangeweile ein.
Die Compoundmauern überblickten wir immer noch nicht.
Das Handy klingelte.
Lilo, der angekündigte Besuch!

Sie sagte, der Taxifahrer habe uns nicht gefunden und jetzt seien die Straßen gesperrt.
Welche Straßen?
„Die Straßen zu eurem Compound!"
Interessant, aber noch immer kein Anlass für Alarmglocken, eher zum Stoßseufzer: „Hach ja, manchmal ..." Ja, manchmal verstand ich dieses Land nicht, manchmal und meistens ergaben ihre übereilten Aktionen keinen Sinn. Damit zumindest sollte ich im Ansatz Recht behalten – aber nur im Ansatz!
Irgendeine Welle, wusste Lilo, ob ich denn Ahnung ...?
Ich?
Sie könne jetzt wohl nicht mehr kommen, begann sie und dann riss die Verbindung ab. Weg war sie! Immerhin stimmte mich das Gespräch ein wenig nachdenklich. Ich überlegte über die Mauern meiner Ahnungslosigkeit hinaus, kam zu keinem Schluss. Außer dass der Sandstrand in unserem Rücken von Hochwasser sauber gewaschen und meinem ästhetischen Bewusstsein so müllfrei sehr gefiel.
Das hupende Chaos auf der ansonsten so dicht befahrenen Straße ging mir auch nicht ab.
Wäre schön, wenn das so bliebe, dachte ich.
Ach ja: Schlechtes Gewissen ohne Nummer!!!

Das internationale Informationsnetz wiederum entwickelte sich währenddessen zu einer Quotenschlacht, hinterließ in unserer Verwandtschaft und bei den Freunden große Sorge um unser aller Wohlbefinden.
Hoch-runter-hoch-runter, schwappte die Lagune.
Sie leben – sie sind tot – sie leben – sie sind tot, schwappten die Familienemotionen.

Verwirrt betrachtete ich die SMS, die Marcel auf Andreas' Handy gesimst hatte: „Evakuieren! Tsunami!" Lächerlich! Erstens hatte ich keinen blassen Dunst, wer

oder was Tsunami war und zweitens hatte ich bereits beschlossen, dass Evakuieren für mich keine Option war.
Strom war immer wieder einmal nicht vorhanden und dem Generator fehlte der antreibende Diesel, der momentan von keiner Tankstelle geliefert werden konnte – alles nicht ungewöhnlich, alles so typisch. Dachten wir zumindest.

Diesel-, strom- und telefonlos wandte Andreas sich der einzigen Informationsquelle zu, die den Ahnungslosen zur Verfügung stand: dem Autoradio. Gemeinsam drehten wir die englische Frequenz ein und lauschten gespannt hinein. Von einer Welle war die Rede, ausgelöst von einem Erdbeben, das Epizentrum in Indonesien.
Indonesien lag uns im Rücken.
Puzzlestein auf Puzzlestein.
Hoch-Runter-Hoch-Runter, schwappte die Ahnung.
Ein Tsunami, eine Riesenwelle sei über Sri Lankas Bewohner hinweggerollt, habe Hunderte das Leben gekostet, berichtete der Sender und kündigte nahtlos die Rede des Innenministers an.
Der redete Bücher.
In Sinhala.
Nichts verstehend warteten wir gespannt wie ein Regenschirm auf die Auflösung des Rätsels und fanden es gar eigenartig, dass der Ansprache in Sinhala fließend in den Wetterbericht überging, dem wiederum Gedudel und Börsendaten folgten. Ich drehte ihm mit dem Autoschlüssel den Saft ab, brachte das Ding zum Schweigen.
„Du solltest Großmutter anrufen", beschloss ich. „Sie sorgt sich so leicht!"
„Später", fand Andreas und ging ans Meer. Er wollte gucken.

Einem Impuls folgend versuchte ich eine Entwarnung per Telefon, verhandelte sinnlos mit der Tonbandstimme, bis ich mich geschlagen gab. Mein Handy offerierte mir nicht einmal mehr Tonbandstimmen.
Dann wählte ich mir die Finger ins Netz wund – ich teilte es mit Tausenden, die alle an Informationen gelangen wollten. Nachdem ich mir einen Zugang erkämpft hatte, sprangen mich Bilder von Zerstörung an, die ich am Rande wahrnahm, bevor die Verbindung wieder abstürzte, ohne meinen Informationsstand ordentlich aktualisiert zu haben. Mit Ahnung versehen und doch so ahnungslos, entwarf ich eine schnelle, noch vom Surfglück überlagerte Mail. Ich packte jeden einzelnen haarsträubenden Gedanken meiner Ausgelassenheit hinein und fügte ein paar strahlende Bilder der Familie um den Weihnachtsbaum bei: In einer Sammelmail holte ich zum Rundumschlag aus und irritierte gekonnt einige meiner Freunde, brachte es fertig, einen meiner teuersten Freunde so zu brüskieren , dass er mir die Freundschaft kündigte.
Ich saß mitten drin in der Katastrophe und hatte keine Ahnung, was drei aufeinander folgende Wellen nur wenige Kilometer weiter zerstört hatten.

Stunden später hatte der Hausmeister mit herbei gebetteltem Diesel den Generator wieder belebt und ich klebte meine Aufmerksamkeit an den Bildschirm. Dort fiel mir dann mehrfach der Kinnladen runter. Tsunami sprengte nicht alleine mein Vorstellungsvermögen, es sprengte das Vorstellungsvermögen der ganzen Welt. Tsunami war für die Betroffenen nicht einfach eine Naturkatastrophe, sondern wurde eine bleibende Bedrohung; eine traumatische Gestalt namens Tsunami.
Entsetzen breitete sich in mir aus, dann Angst, dann

Mitgefühl – der tränenreiche Teil meiner komplizierten Psyche – und schließlich Schuldbewusstsein, zu dem s ich ja am heutigen Tag einiges beigesteuert hatte.
Hoch-runter-hoch-runter.
Die Gegensätze „Wird schon nicht so schlimm gewesen sein!“ und „Oh Gott, diese Welle!“, machten mich ganz irre.
Dann belasteten „Was-wäre-wenn“ das Mutterherz.
„Die Kinder!“ erschrak ich und ohne eigenes Zutun lief ein Schreckensszenario vor mir ab, welches mindestens einem meiner Kinder das Leben hätte kosten können.
Was wäre wenn?
Was, wenn wir doch die paar Kilometer südlich den Christbaum geschmückt hätten?
Was, wenn wir doch das Surferparadies des Ostens für einen Weihnachtsurlaub genutzt hätten?
Was, wenn das Epizentrum in Afrika und nicht in Indonesien gelegen hätte? Das bisschen Grund zwischen Lagune und Meer, das wir bewohnten, hätte die Welle wie nichts eingenommen.
Dumme was-wäre-wenn.
Unumgängliche was-wäre-wenn!
Die Schwiegermutter hatte uns ja gewarnt: „Hochwassergefahr“, hatte sie doziert, „Hochwassergefahr vorne und hinten!“
„Ja ja“, war ich von ihren Bedenken genervt gewesen und hatte sie als unsinnig weggewedelt.
Freundlicherweise streute man in meine Angst noch ein weiteres Gerücht: Ein Tsunami habe den Norden, Osten und Süden Sri Lankas verwüstet, ein weiterer Tsunami rolle auf die Insel zu.
Vielen Dank!
„Kann nicht sein“, sagte Andreas und packte seinen Koffer für die Nacht. „Tsunamis kommen nicht einfach so daher. Das war ein Jahrhundertereignis, glaube mir!“

Sein nüchterner Verstand folgte der Logik, mein bisschen Verstand den Schreckensszenarien, hing panisch an der Angst fest. Pflichtbewusst trat Andreas seinen Geschäftstermin and und flog für eine Nacht auf die Malediven - mein geschäftlicher Termin schickte mich ein paar Kilometer unter die Erde direkt in die Hölle. Er hätte sich auch krank melden können, bestätigte er vorher noch meinen unausgesprochenen Gedanken, aber dann hätten Kollegen ihre Familien verlassen müssen. Nicht fair, sagte er.
„Außerdem", fügte er beschwichtigend hinzu, „ist im Schockzustand keine Entscheidung immer die beste Entscheidung."
Er ging, weil das Schicksal es so mit ihm vorgesehen hatte und ich harrte aus, weil das Schicksal meine Zappligkeit zum Nichtstun verdammen wollte.

Und dann plagte mich Heimweh. Nicht etwa nach der freundlichen Anonymität, die ich mir nicht selten im Gewimmel Sri Lankas herbeisehnte, nicht nach dem kulturellen Austausch, der mir zuweilen abging. Auch nicht nach einem besinnlichen Weihnachtsfest in Schnee und frostiger Romantik; vielmehr war es die Freundlichkeit der Seen, nach welchen ich mich an jenem Dezembertag besonders sehnte. Das plätschernde Nass, das ab und an nach einem Dauerregen meinen Joggingweg flutete, niemals jedoch seine Massen in eine Welle fassen und gegen die anliegenden Bewohner wenden würde.

Niemals, so wusste ich, hätte Tsunami zu Hause das Leben meiner Kinder bedroht und fiel in ein tiefes, depressives Loch!

11. Sechs Kilometer Glück

Am 26. Dezember 2004 erschüttert Jakarta ein Seebeben mit der Stärke von 9,3 und auf Sri Lanka walzten drei Wellen zu, deren Name wenige Stunden später in aller Munde sein würde: Tsunami! Erst erreichten die Wellen Sri Lankas Norden und Osten, dann überlief sie den Süden und lief schließlich im Westen aus.
Schwimmen konnten nur wenige Sri-Lanker, was sie am Tsunamitag unter Umständen das Leben kostete; Kinder und Säuglinge wurden aus den Armen ihrer Eltern gerissen. Väter und Mütter mussten mit ansehen, wie ihre Sprösslinge im Strudel ertranken; erbarmungslos rissen die Wassermassen Frauen die Saris vom Körper.
Während wir im Westen soviel Haut wie möglich zur Schau stellten, verhüllten die Sri-Lankerinnen jene selbst beim Duschen mit einem Tuch.
Nackt oder nur noch unsittlich bekleidet überlebten viele die erste Welle, trauten sich so nicht aus der Gefahrenzone heraus - und wurden von der zweiten Welle aus ihrem Versteck gerissen und ertränkt.
Sie starben für ihre Würde.
Ungebremst folgte die Welle dem Küstenteil in Richtung Westen, walzte auf den dem Epizentrum abgewandten Teil der Insel zu.
Sechs Kilometer vor unserem Zuhause brach sie schließlich erschöpft ihre Todestour ab.
Insgesamt verloren 230 000 Menschen in der Naturkatastrophe ihr Leben, 31 000 davon in Sri Lanka.
Wir hatten Glück gehabt, ein genau sechs Kilometer langes Glück. Und mit einem vagen Wissen um das Ausmaß unseres Glücks und der ebenso vagen Vermutung, dass Glück keine Dauerkarten verteilte und Tsunami ein nächstes Mal nicht zwingend wieder

glückliche Kilometer für uns einrechnen würde, verabschiedeten die Kinder und ich den Vater und Ehemann am nächsten Tag für einen Geschäftstermin auf die Malediven.

Ich winkte dem Taxi hinterher, welches meinen Mann davontrug.
Willi spielte eifrig: „Hilfe! Ich ertrinke!" und Caro klammerte sich ängstlich an mein Bein.
Fabian erklärte, dass es keine fünf Meter hohen Wellen gäbe.
Andreas winkte zurück.
Der hatte es gut.
Zuvor hatte er mit mir ein Krisenszenario durchgespielt, in welchem ich, mit den Kindern im Falle eines Tsunamis ein Wettschwimmen gegen den Strom der Welle veranstalten sollte. Das Nachbarhaus, welches zu erreichen war, ragte zwei Geschosse aus der Erde und somit über den eventuell flutenden Wassermassen. Ich wies Andreas darauf hin, dass ich nicht einmal eine mittelmäßige Schwimmerin sei und bezweifelte, dass ich dieses Kunststück mit drei Kindern gegen den Strom vollbringen könnte.
„Nur im Falle eines Falles", schob Andreas meine Bedenken beiseite.
Die einbruchssichere Vergitterung unserer Fenster, ließ ich nicht locker, arbeitete „im Falle" gegen uns – Wir würden nicht geschwind hinaus, Tsunami aber geschwind hinein können!
Irgendwie konnte ich alledem nichts abgewinnen und beruhigen tat es meine hausgemachte Hölle auch nicht.
Ich brachte mich mit meiner ewigen Bedenkerei in einen lähmenden Schockzustand.
Vorher hatte ich allerdings Andreas noch gezwungen, die Leiter wieder vom Hausdach zu binden.

„Dort hättet ihr hochklettern können! Ein eigenes, sicheres zweites Geschoss – nur im Falle", murmelte jener und konnte mit meiner Übervorsicht so gar nichts anfangen. Die Buben würden Fall hin, Fall her hochklettern, konterte ich. Dort würden sie in meinen Morgenschlaf hinein über meinem Kopf auf losen Dachziegeln turnen, auf die sie mit der Leiter geklettert waren.
Der fast unvermeidbare Sturz über rutschige Ziegel in den Krankenhausbesuch entsprach nicht meiner Vorstellung eines Folgetages von Tsunami.
Nur widerwillig montierte Andreas die Gefahr ab, band dafür ein Surfbrett an die hauseigene Kokospalme. Dort könnte man dann auf dem Strudel statt im Strudel schwimmen, sagte er.

Und dann haute der Andreas geschäftlich ab, hatte zuvor noch lange meine Unsicherheit in seinen Armen gehalten und nicht gewusst, wie er Tsunami wegtrösten konnte.

Fabian weigerte sich, in besagtem Falle mit seinen Geschwistern der Welle davon zu schwimmen. Er klettere dann auf den Baum, provozierte er, und die Hündin Flora mit den beiden Katzen, die würde er vorher noch retten.
„Die Tiere sind viel schlauer als wir", redete ich kraftlos auf ihn ein. „Die sind weg, bevor wir überhaupt ein Beben gespürt haben!"
„Ja und", meuterte er abfällig. „Ich rette sie trotzdem, schließlich können die nirgendwohin fliehen, hier gibt es kein Land, das weit genug weg ist, als dass Tsunami es nicht überschwemmt!" Um mich zusätzlich noch ein wenig zu belasten, behauptete er, dass er die Kobras auf dem Grundstück nebenan auch retten werde.
Gegen soviel Widerstand kam ich nicht an, hob die Schultern und hielt mich an der Planlosigkeit des Schicksals fest.
Ich rettete mich im Alltagstrott.

Schlafenszeit!
Rituale aufgreifend brachte ich drei Emotionsbündel zu Bett. Caro weinte ihre Sorgen in meinen Schoß und ich tat, was Mütter manchmal tun: Ich schwindelte wie ein Politiker vor anstehenden Wahlen.
„Es kommt keine Welle mehr!“, täuschte ich Gewissheit vor, wo es keine gab.
„Ha“, keifte Fabian aus seinem Bett, „sag ich doch: Es gibt gar keine fünf Meter hohe Welle!“
Spontan überfordert zog ich mich zurück und notierte:

- Was genau ist passiert, wie ist Tsunami entstanden?
- Gibt es eine Folgewelle?
- Wie verhält man sich im Falle einer Folgewelle?

Ich konsultierte den Satellitensender, der unterdessen wieder mit Diesel versorgt worden war und im Stundenrhythmus ein- und ausgeschaltet wurde. Wissbegierig starrte ich in die Röhre und bekam die ausführliche Antwort zu Frage eins - einen Hauch zu ausführlich vielleicht. Über dem, was ich sah, wurde mir übel und dann bekam ich Angst um unsere Kinder. Die Bilder von übereinander geschichteten Leichen schienen sich aber positiver auf die Einschaltquoten auszuwirken als trockene Informationen. Unterdessen blieb die Kameraeinstellung auf leblosen Gestalten und Zerstörung stehen. Überfordert wandte ich den Blick ab, stellte mir vor, wir hätten diese paar Kilometer Pech statt Glück gehabt, sah in Gedanken meine Kinder im Strudel ertrinken. Ungemütliches verdrängend konzentrierte ich mich wieder auf den Nachrichtenterror, mied mit abgewandtem Kopf die erschütternden Bilder und suchte die Antwort auf Frage zwei: Wie standen die Chancen auf einen weiteren Tsunami?
Ich hörte nichts, was mir weitergeholfen hätte.

Außer der Versicherung, dass es Nachbeben geben würde.
Frage drei blieb ganz unbeantwortet.
Die Vorsorge der Betroffenen war nicht quotenträchtig genug, ärgerte ich mich und warf einen gewagten Blick auf den Fernsehschirm. Dort sah ich eine Mutter in Tränen, die ihr totes Kind in den Armen wiegte. Aus Respekt vor der Mutter und aus Respekt vor den Gefühlen, die diese Bilder in einer anderen Mutter mit ihren drei Kindern nur wenige Kilometer entfernt vom Katastrophengebiet auslösten, schaltete ich die Kiste aus.

Unterdessen räumte das Militär die Dörfer rechts und links von uns leer, stopfte Familien in Busse und Autos und brachte sie in Tempeln und Kirchen im Landesinneren unter.
Uns hatten sie vergessen. Wir sollten weiter in der Gefahrenzone ausharren.
Evakuieren, so stellte sich heraus, war eine Sache, aber die Versorgung Evakuierter eine andere. Während wir an unseren Vorräten knabberten, hatten die Kirchen, Moscheen und Tempel für die bei ihnen Einquartierten nicht genügend Essbares und mussten versorgt werden. So wurde ein Teil der Lebensmittel, die eigentlich für die Tsunamigebiete vorgesehen gewesen waren, an die Evakuierten abgegeben werden - und während sie Lebensmittel Betroffener aßen, strichen durch viele ihrer Häuser Plünderer und raubten ihnen das letzte Bisschen Hab und Gut.
Die Nacht verbrachte ich damit, mir im stündlich ein- und ausgehenden Strom alles zuzuführen, was an Schrecklichem zur Verfügung stand. Hätte ich gewusst, was wirklich vorging, wäre ich psychisch schon viel früher zusammengebrochen. Während ich die Katastrophe am Bildschirm an mir vorbeiziehen ließ und

sicher in meiner unversehrten Behausung saß, stiegen Überlebende wie in Trance über Leichen und Trümmer. Düstere Gestalten folgten ihnen. Es kam zu Vergewaltigungen und Kindesentführungen; Toten wurden Hände und Ohrläppchen abgeschnitten und der verstümmelten Leiche ihr Pensionsgold entrissen. Später würde die Rebellenorganisation LTTE die Anschuldigungen dementieren, dass sie Kinder entführte und für ihren törichten Krieg rekrutierte.

Ich schaltete den Flimmerkasten schließlich aus und ging ins Bett. Mit Schrecklichem voll gestopft schlief es sich aber nicht besonders gut. Ich träumte mit aufgesperrten Augen Abscheuliches hoch und runter, sah am Höhepunkt meiner Wahnvorstellung eine Welle, die auf die Kinder und mich zurollte. Verzweifelt versuchte ich die drei zu halten, kam aber nicht an sie heran und musste zusehen, wie sie von der Wucht des Tsunamis davongetragen wurden. In Wirklichkeit war die Welle ein russischer Propellerflieger, der mit Hilfsgütern im Tiefflug über unser Haus dröhnte.
Tsunami, träumte ich, Tsunami-Tsunami-Tsunami.
Und Tsunami polterte um Mitternacht gegen mein Fenster, warf mich aus meinem erschöpften Schlaf.
„Tsunami!", brüllte ich.
„Lässt Du mich rein", tönte es retour.
Traumtrunken griff ich nach dem Stock, der zur Begrüßung von Einbrechern an der Schlafzimmertür lehnte und wollte damit Tsunami erschlagen. Dazu kam es nicht und erschöpft schmiegte ich mich an Andreas, der meine zitternde Nacktheit in Armen hielt.
Das Schicksal war nachsichtig mit uns verfahren: Nicht nur waren wir um nur sechs Kilometer Tsunami entwischt, sondern auch die Geschäftsreise meines Mannes war gestrichen worden!

Am nächsten Morgen erwachten auch meine Lebensgeister wieder. Ich hatte keine Lust mehr auf ein Opferdasein, welches sich aus der Gerüchteküche bediente und mir ständig neue Schrecken einjagte, denen ich nicht gewachsen war. Es war an der Zeit, dass ich mich darum kümmerte und mir ordentliche Informationen aus den verfügbaren Medien besorgte. Stundenlang klebte ich im Netz, bekam dicke Augenringe und stopfte blödsinnig viel Theorie in mein Gehirn, mit dem ich mein Trauma gezielt Stück für Stück vertiefte. Wenn ich gerade nicht in den Medien hing, hörte ich über die Häusermauern in Nachbars Leid. Die Fischer hatte es besonders hart getroffen. Nicht nur hatten die meisten in den Wassermassen alles verloren, sondern Sri Lanka hatte einstimmig beschlossen, in nächster Zeit lieber auf Fisch zu verzichten: Es wurde behauptet, dass ab sofort auch der vegetarischste Fisch an den aufgeblähten, im Meer schwimmenden Leichen knabberte und sich dort mit Seuchen ansteckte. Jene wurden natürlich beim Fischessen auf den Menschen übertragen. Meine Familie und ich schienen gegen Seuchen immun zu sein. Aus Überzeugung kaufte ich jetzt erst recht Fisch, weil sich diese Art der Unterstützung sinnvoller anfühlte, als wenn ich die Betroffenen mit Geld bewarf.
Was wir dann trotzdem taten, weil wir einfach nicht soviel Fisch essen konnten, wie Geld benötigt wurde.
Während wir Nachbarschaftshilfe leisteten, leistete Sri Lankas Bürokratie Unmögliches und wies alle Touristen wieder ab, denen Tsunami bis auf Badeschlappen und Badehosen alles genommen hatte – auch Ausweis und Flugticket.
Und ohne Ausweis und Flugticket kam man nicht in das Flughafengebäude hinein und folglich auch nicht ins Flugzeug nach Hause.
„Very sorry!"

Die von den Engländern zurückgelassene Bürokratie hatte bereits jedem, der sich mit dem sri-lankischen Alltag herumschlug, mindestens einen Knüppel vor die Füße geworfen. Sri Lanka war überfordert. Niemand war auf eine Katastrophe wie den Tsunami vorbereitet und so schnell konnten keine Vorschriften erlassen werden konnten, die den Betroffenen schnelle und sinnvolle Hilfe brachte. Die Bürokratie am Flughafen konnte ich noch irgendwie nachvollziehen, aber was sich teilweise in den Hotels abspielte und mir über einige Quellen und aus erster Hand zu Ohren kam, überforderte allerdings mein Verständnis. Eine der an mich weitergeleiten Erzählungen habe ich hier in einem kleinen Dialog für die Leser festgehalten.

Hauptakteur ist ein vom Tsunami betroffener Tourist, der am 27. Dezember seinen Schrecken in dem gebuchten Hotelzimmer in Kandy ausheilen will. Der Kunde betritt das Hotelfoyer und geht an die Rezeption, wo er von einem umwerfenden Lächeln begrüßt wird:
„Ich würde gerne einchecken", sagt er und fügt noch schnell hinzu: „Ich habe gebucht!"
„Ja gerne! Ihren Ausweis und ihre Buchung bitte", sagt die freundliche Dame am Schalter und strahlt den aufgewühlten Herrn an.
„Tut mir leid, ich besitze weder noch", erwidert der Mann erschrocken.
„Oh", lächelt die Dame und tippt etwas in ihren Computer, „wir haben noch ein Zimmer frei. Sie müssten aber im voraus bezahlen!" Sie nennt einen Preis, der sich in den wenigen Wochen seit seiner Buchung kurzerhand verdoppelt hat.
„Ich habe aber leider auch kein Geld", schwitzt der Mann.
„Oh", lächelt die Dame immer noch allerliebst. „Dann kann ich ihnen leider nicht weiterhelfen!"

Und da endlich regt sich der Herr auf und schleudert die in den letzten Stunden gesammelte Verzweiflung gegen die Dame mit dem unterdessen nicht mehr auszuhaltenden Lächeln.
„Erst“, schreit er, „habe ich nur mit viel Glück den Tsunami überlebt und jetzt kann ich mein bezahltes Hotelzimmer nicht beziehen! Ich will jetzt sofort den Manager sprechen.“
Die Dame verschwindet. Als sie zurückkommt, sitzt ihr Lächeln immer noch makellos auf ihrem Gesicht.
„Er kommt gleich, einen Augenblick bitte.“
Der Augenblick dauert singhalesisch lange.
„Ich möchte jetzt bitte mein Zimmer“, seufzt der Mann erschöpft, als der Manager endlich vor ihm steht.
„Selbstverständlich“, lächelte der Manager. „Ihre Buchung und den Ausweis bitte?“

Aber auch aus der nächsten Nachbarschaft kriegten wir einiges zu hören. Der Bewohner von Haus Nummer drei arbeitete als Strandbauer im Süden und sah sich, als er den Schaden inspizieren wollte, von einigen wütenden Singhalesen umringt, die einen Schuldigen gesucht und ihn in dem weißen Eindringling gefunden hatten. Einer hatte zu diesem Treffen sogar ein Klappmesser mitgebracht.
„Rohre“, brüllten sie und zeigten Richtung Meer, wo die Strandkonstrukteure PVC-Leitungen unter Wasser gelegt hatten, die den Sand anspülten. Die restliche Beschimpfung gab es in Sinhala und wurde ihm später übersetzt: Ihr Eingriff in den natürlichen Lauf der Natur habe die Götter erzürnt und dafür sei ein Racheengel auf die Erde geschickt worden: Tsunami!
Die Götter erfreuten sich überhaupt in den Tagen und Wochen nach Tsunami großer Beliebtheit. Prediger aller möglichen Glaubensrichtungen hielten tragische

Weltuntergangsreden und machten sich die Hoffnungslosigkeit ihrer Gläubigen zu nutze. Buddhisten, Moslems, Hindus und Katholiken rekrutierten bei den Verzweifelten potentielle Gläubige und versprachen, was schon seit Jahrtausende versprochen und nie wirklich eingehalten worden war: Die Erlösung in gepredigtem und dem einzig wahrem Glauben. Sie predigten von Kirchen, Tempeln und Moscheen, die anscheinend zwischen den Trümmern unversehrt heraus stachen, Tsunami um sie einen ehrfürchtigen Bogen geflossen war. Aus moslemischer Quelle gab es in Form eines Satellitenbildes der einfallenden Welle sogar Fakten: auf den Wirbeln stand deutlich geschrieben, dass hier die Wut Allahs über die Ungläubigen hergefallen war. Auch unser Hausmädchen brachte interessante Neuigkeiten aus der katholischen Kirche mit:
„Am 8. Januar", hauchte sie blass, „kommt noch ein Tsunami!"
„Ach", fragte ich irritiert, „wer sagt denn das?"
„Der Priester!"
Daraufhin betrieb ich Aufklärung und brachte mein Wissen an, das ich mir vornehmlich aus dem Netz gezogen hatte. Ich erklärte, dass das Beben in einer Stärke von 9,3 in Jakarta – ich zeigte ihr auf der Karte, wo dieses Jakarta lag – zwei Erdplatten in Bewegung gebracht und verschoben hatte. Ich demonstrierte jenes mit zwei Tellern unter Wasser, die ich einmal kräftig auf beziehungsweise ab bewegte. Das Abwaschwasser inszenierte zwar keinen Tsunami, aber immerhin ein paar Wellen. Zufrieden trocknete ich meine Hände ab.
„Falls noch ein Tsunami kommt, erfahren wir das diesmal garantiert früh genug, um uns in Sicherheit zu bringen.", schloss ich. Jasinta fand das total einleuchtend und tat so, als sei sie nun die Ruhe selbst – und floh am 7. Januar ins Landesinnere.
Sicher war sicher!

Unser Nachbar Nick war in Sachen Hilfe auch aktiv geworden, wandte sich vorübergehend von seinen kurvenreichen Spielgefährtinnen ab und sammelte Spendengelder. Er hatte vor, Land einzukaufen und Häuser darauf zu stellen. Obdachlose hatte er auch schon gefunden und ein Stück Land auch, dessen Preis sich in den paar Tagen vervielfacht hatte und drohte, noch weiter in die Höhe zu schnellen.
Profitgier auch hier.
Außerdem wollte er in den Süden fahren und vor Ort Hilfsgüter verteilen, die unser Compound gespendet hatte. Das wiederum kam nicht zustande, weil die Transporte von Banden überfallen und ausgeraubt wurden.
Darüber regten wir uns maßlos auf. Dann fiel mir wieder meine geschmacklose Mail vom Tsunamitag ein – und hoppla-hopp saß ich wieder mitten in meinen klebrigen Schuldgefühlen fest und vollbrachte die nächsten Tage in einer feinen Depression, die mich wie Treibsand in die Tiefe riss.
Mit meiner Depression war ich überhaupt nicht außergewöhnlich, las ich später, denn ich befand mich in einer so genannten und sehr wichtig klingenden „posttraumatischen Belastungsstörung“. Dieses komplizierte Wort könnte man auch auf „Schuldgefühle einer Überlebenden“ reduzieren, die mit sechs Kilometern Glück an einer Katastrophe vorbeigeschlittert war. Mit diesem komplizierten, von Psychologen entdeckten Krankheitsbild versehen saß ich trübsinnig in meinem geflochtenen Rattansessel und starrte abwechslungsweise in mein Buch und auf meine Kinder, die auf dem Trampolin Purzelbäume schlugen. Ohne Umstände fand mich ein neuer, düsterer Gedanke, bei dem mir die Tränen über die Wangen liefen. Willi unterbrach seine Purzelbäume, sah nachdenklich zu mir rüber, sprang noch einmal hoch und beendete den

Sprung direkt im Gras (normalerweise war das streng verboten, aber eine posttraumatischen Mutter würde die Energie zum Schimpfen eh nicht aufbringen) und setzte sich auf meinen Schoß.
„Du“, sagte er und starrte mit braunen, riesigen Augen direkt in mich hinein, „warum weinst du?“
„Weil“, antwortete ich an den Tränen wischend, „ich ein bisschen Schuld bin an diesem Unglück!“
„Warum?“
„Ein bisschen eben“, murmelte ich, „weil ich so froh war, dass uns gar nichts passiert ist.“
Das verstand er nicht.
Durfte man denn nicht froh sein, wenn man froh war? Nein … oder etwa doch? Oder … nein … weil: Das war respektlos. Willi verstand immer noch nicht und wandte sich wieder seinen Purzelbäumen zu, hing anschließend johlend und bis auf die Zähne mit Holz bewaffnet in der Hängematte und kämpfte mit seinem fantastischen Gegner, während die Politiker der Insel mindestens so fantastisch Schaukämpfe um Spendengelder veranstalteten.

12. Die Kunst des Helfens

Als ein Tsunami am 26. Dezember 2004 Sri Lanka verwüstete, wurde Tsunami ein Trauma, das in den Köpfen der Menschen weiterleben würde.
Und mitten im Leid dieser Naturkatastrophe schien es, als ob eine verkrachte Welt einen gemeinsamen Fokus gefunden habe, sich zusammenschließen und auf Menschlichkeit besinnen würde.

Nach dem Tsunami blickte man, ungeachtet der politischen und religiösen Einfärbung, miteinander und in seltener Eintracht auf die verlorenen Menschenleben und Existenzen; die Erste Welt sammelte Spendengelder in astronomischer Höhe und trat persönlich zur Ersten Hilfe an. Die Regierung einer Dritten Welt, Sri Lanka, erklärte einen vertraglich auf Eis gelegten, im Hintergrund heftig brodelnden Bürgerkrieg kurzfristig zur Nebensache und kehrte mit der tamilischen Rebellengruppe LTTE an den Verhandlungstisch zurück. Diesmal sollte nicht das Zusammenleben von Tamilen und Singhalesen neu arrangiert, sondern das gemeinsame Leid gemildert werden; der Tsunami war ungeachtet der Herkunft Singhalesen und Tamilen gleichermaßen an die Existenz gegangen. Gemeinsames Leid verband.
Selbst hilfsbedürftig verwickelte ich mich in Hilfsprojekte und ging damit aktiv gegen mein neu erworbenes Trauma vor. Und da war ich keine Ausnahme: Über die Insel zog eine Hilfsbereitschaft, die in dieser Form nur in Katastrophenzeiten zustande kommen konnte. Jeder schien irgendwie zu helfen. Unversehrte Meeresanwohner öffneten Haus und Hof, quartierten aus den Hotels geschwemmte Touristen und Anwohner ein, brühten literweise Tee

auf und teilten ihr kleines bisschen Reis und Curry, suchten gemeinsam nach Vermissten und klaubten den Hausrat aus dem Meer.
Ich summierte die Hilfsbereitschaft auf, die finanziell und immateriell ankommen sollte und malte optimistisch ein Glück im Unglück.
Bei soviel Optimismus muss mir kurzfristig mein Verstand abhanden gekommen sein, der mir mein verklärtes Glück kurzerhand mit pessimistischen Gegenentwürfen verdorben hätte. Ich wäre zum Beispiel einen Augenblick nachdenklich über den sich abzeichnenden enormen Spendengeldern verharrt und hätte über die Verlockung nachgedacht und miteinbezogen, dass Dollars und Euros schon einige verdorbene Charaktere auf dem Gewissen hatten. Ich hätte mich bei Sri Lankas einhundertzehn Ministern umgesehen, die sich in der Politik tummelten und regelmäßig in den Medien auftauchten und beschuldigt wurden, ihre Diäten auch schon mal mit Korruption und Kommissionseinnahmen aufzubessern.
Nein, die Schwarzmalerei hatte keine Chance!
Jetzt, so verkündete ich optimistisch und zwang meine Bedenken ins Abseits, würde alles gut. Ich predigte vom Frieden und einem neuen Zusammengehörigkeitsgefühl der sich bekriegenden Parteien, fand meine Theorie wunderschön und wollte gar nicht mehr von meinen schön gemalten Perspektiven abrücken.
Leider reichte es nicht, wenn ich so schön dachte, solange die beteiligten, sich bekriegenden Parteien nicht mitspielten.
Und die wollten leider so gar nicht mitspielen.
Diese waren gerade mit einem bizarren Projekt beschäftigt, die einfließenden Spendengelder zu optimieren. Außerdem stand auch die inseltypische Bürokratie in den Startlöchern und produzierte Formulare, die Betroffene ausfüllen und einreichen sollten.

Nun brach über viele Betroffene eine Reihe von Komplikationen herein. Komplikation a: sie wussten nichts von auszufüllenden Formalen, b: wenn sie davon wussten, waren keine mehr vorhanden und c: einige konnten weder lesen noch schreiben.
Fortan las sich die lokale Tageszeitung wie ein überspannter Kriminalroman. Staunend klebte ich an den Schlagzeilen und deren Ausführungen. Verblüfft verfolgte ich Berichten von der Spendenfront und verlor darüber glatt meinen blühenden Optimismus. Ich guckte und stutzte gründlich über den Schlagzeilen, wunderte mich eingehend über die Präsidentin Chandrika Bandaranaike Kumaratunga und ihre Lakaien. Laut beklagten sie, dass Spendengelder ohne ihr Mitwirken direkt in die NGOs (regierungsunabhängige Organisationen) flossen und von dort aus unter die Betroffenen gebracht wurden. Daraufhin beklagten sich die NGO-Mitarbeiter, dass die Regierung eine dreißig-Prozent-Steuer auf importierte Hilfsgüter wie Zelte, Wasseraufbereitungsanlagen und Kleidung erhoben hatte und, konnte jene nicht bezahlt werden, die Hilfsgüter versteigerte. In diesem Tumult bekam die vorübergehende Harmonie Risse, die zwischen den kriegerischen Parteien kurzfristig zustande gekommen war. Sinhala- und Tamil-Blätter wuschen mit tendenzieller Berichterstattung das Gehirn der Lesenden radikal und führten zu weitgreifenden Unstimmigkeiten. Fehden aus der Vergangenheit wurden aufgewärmt, statt dass die akute Not mit vereinten Kräften angegangen wurde.
„Ihr seid alle korrupt!“, beschimpfte die LTTE die Regierung, „und kümmert euch nur um eure Leute!“
„Ihr benutzt die Gelder nur um aufzurüsten“, brüllte die Regierung zurück – und schon lag der fragile Neuanfang in Scherben.

Es kam, wie es kommen musste: Der von der Regierung erstellte Notfallplan war bald nur noch heiße Luft und in den Süden fahrende Hilfslaster wurden von Rebellen geentert und umgeleitet.
„Das ist so typisch", machte die LTTE Stimmung. „Der Süden wird bevorzugt und um uns kümmert sich keiner!"
Tatsächlich war im Nu die Straße in den Süden erneuert und sogar ausgebaut worden, die Eisenbahn tutete bald wieder idyllisch an der Küste entlang und die Strommasten waren neu aufgestellt und versorgten den Süden mit Strom. Außerdem hatten sogar einige Bewohner im Süden ein paar Rupien abbekommen!
„Und wir? Wo ist die Hilfe für uns?", beschwerte sich die LTTE und man musste befürchten, dass sie sich mit Gewalt holten, was sie glaubten nicht abgekriegt zu haben: Man warf ihnen die Überfälle auf die Hilfsgüter vor.
Insgesamt war Helfen ein äußerst diffiziles Projekt, kam an einigen Stellen in unsinnigem Überfluss an und erreichte andere nicht einmal oberflächlich; den Fischern half man schnell und umfangreich und die Auftragsbücher der Bootsbauer waren voll. Ein Jahr später tauchte eine Statistik auf, dass Sri Lanka mehr Fischerboote besaß als vor der den Wellen, während die Fischer über leer gefischte Gewässer klagten.
„Kommissionen", tönte unser Nachbar, „fließen da besonders schön." Er überließ uns die Sonntagszeitung, die jene Anschuldigung genüsslich auf die erste Seite gedruckt hatte. Auch die Eselskarren, die vor Tsunami für den Kleintransport eingesetzt wurden, waren bald fast vollständig von den Straßen verschwunden. An ihrer Stelle verpesteten Dieselfresser die Luft, die für ihre Besitzer mit den steigenden Benzinpreisen eine teure Angelegenheit werden würden.
Helfen ja, grübelte ich Wochen nach der verheerenden Naturkatastrophe, aber wie half es sich am hilf-

reichsten? Meine herumirrenden Fragezeichen blieben nicht unentdeckt.
„Du wirst die Welt mit Grübeleien auch nicht ändern", ermahnte mich Andreas.
„Nein, wohl nicht", bedauerte ich und fügte hoffnungsvoll hinzu: „Wahrscheinlich ist alles halb so wild."
„Was ist halb so wild?"
„Die Spenden", spezifizierte ich sehr vage.
„Spenden?"
„Nun", holte ich aus, „ich würde sagen, der Mensch ist ein eigenartiges, selbstsüchtiges Geschöpf."
Er ahnte einen Monolog der Gattin und breitete seine langen Glieder gemütlich auf der Liege aus. Andächtig lauschte er meinen hochtrabenden, besserwisserischen Ideen.
„Vielleicht wäre es besser, Hilfe zur Selbsthilfe zu leisten!", fing ich an.
„Jetzt bist du aber nicht besonders originell! Diesen Grundsatz haben die Hilfsorganisationen längst aufgegriffen. Aber im Falle von Tsunami ist es ja einigermaßen schwierig, ihnen die Selbsthilfe zu finanzieren, wenn sie gerade ihr ganzes Hab und Gut verloren haben", brachte er mich wieder auf den Boden der Realität zurück. Ich begriff, dass Theorie wie überall ein Leichtes, die Umsetzung eine ganz andere, desillusionierende Sache sein konnte.
„Nur", spann ich den Faden der Desillusion weiter, „wie weiß man, wer wirklich bedürftig ist und wer nicht?"
„Das wiederum ist ja gottlob nicht unsere Sache!"
Somit erklärte er den Gedankenaustausch für beendet.
Die LTTE hatte sich dazu auch ihre Gedanken gemacht. Im Norden trommelten sie umgehend alle aktiven NGOs zusammen und setzten sie an einen gemeinsamen Tisch. Listen wurden verteilt und abge-

glichen, Projekte koordiniert und besprochen. Auf diese Weise minimierten sie die Möglichkeit, dass einzelne mehrfach entschädigt wurden und andere leer ausgingen.

Auch die Regierung hatte ähnliche Pläne – und verlangte erneut, als einzige Verteilerin von Geld und Gütern aufzutreten. Dumm nur, dass ihre Glaubwürdigkeit über ein paar Korruptions- und Hinterziehungsskandale gestolpert war. Am peinlichsten der des damaligen Ministerpräsidenten Mahinda Rajapaksa: Jener wurde beschuldigt, Spendengelder auf sein persönliches Konto umgeleitet zu haben.

Ein knappes Jahr später schaffte er es auf den Präsidentensitz!

Wieder einmal war das, was ich in meiner Fantasie gemalt hatte, viel schöner als das, was in der Realität dabei herauskam.

Denn jetzt ging der Schlagabtausch erst richtig los. Regierungstreue Zeitungen druckten Heldenstücke der Regierung ab und malten in ihrem Artikel blühende Landschaften und strahlende Hilfsgeldempfänger ab.

Der tatsächliche Wiederaufbau ging nur schleppend voran. Vor Augen geführt bekamen Andreas und ich dies im April 2005, als wir für einen Kurzurlaub in den Süden fuhren. Wir quartierten uns in dem Surferparadies, folglich in einem wellen- und somit tsunamiexponierten Dorf namens Hikkaduwa ein. Wir kamen an einem Hotel vorbei, von dessen Erdgeschoss der Tsunami nur noch ein paar furchterregende Pfeiler gelassen hatte. Die Rezeption erhob sich im Freien aus notdürftig zusammengetragenen Mauerresten; auf einer Seite raste die Straße vorbei, auf der anderen krachten die Wellen an Land. Auf einem handgemalten Stück Karton erregte „Zimmer frei“ unser Mitleid und wir mieteten uns ein, bezogen mit einem Schwarm Mücken einen ersten Stock mit Blick auf Strand, weggeschwemmte Häuser und Bootstrümmer. Wir gehörten zu den wenigen „Touristen", die sich in letzter Zeit noch nach Sri Lanka verirrten. Andere Häuser hatten weniger Glück und schon gar kein erstes Geschoss gehabt. Ihre Besitzer würden die nächsten Monate in einem der notdürftig eingerichteten Zelte schlafen, die von NGOs zur Verfügung gestellt worden waren. Ein Großteil der Dorfbewohner war von der Regierung mit einer einmaligen Zahlung über zehntausend Rupien (ca. hundert US-Dollar) abgefunden worden. Mehr gab es nicht und sie wandten sich an jene, die dieser Regierung nicht angehörten und ihnen keine Luftschlösser bauten, sondern ohne Umschweife zupackten. Eifrig zimmerten NGOs Holzverschläge, die als vorübergehende Behausungen gedacht waren, und statteten die Dorfbewohner mit Fischernetzen, Booten und Schul-Allerlei aus.

Allerdings flogen auch dort Missstände auf. Das war kaum zu vermeiden, schließlich waren Menschen am Werk. Die von einigen NGOs 2500 Dollar in Aussicht gestellte Abfindung motivierte einige, aus ihren unbehelligten Häusern Fenster und Mauern herauszuschlagen und Wasserschäden mit Kübeln zu inszenieren, daraufhin als tsunamigeschädigt zum Einkassieren anzutreten. Bei einer Hilfsorganisation, lasen wir kopfschüttelnd, tauchte eine Abrechnung von eintausend Dollar auf, die für den Einbau einer Haustür verrechnet worden seien; Häuser, die von Hilfsorganisationen gebaut wurden, mussten wieder abgerissen werden, weil der verwendete Zement minderwertig und die Häuser schon baufällig waren, bevor sie überhaupt bezogen werden konnten. Die Zölle wiederum, die die Regierung auf Hilfsgüter erhob, brachten die Lager zum überquellen. Wasseraufbereitungsanlagen verrosteten, Zelte blieben liegen. Alle Güter, so erklärte man den ratlos am Zoll stehenden Abholern, sollten idealer-

weise durch das Nadelöhr Regierung gefädelt, die Verteilung von dort aus organisiert werden. Die Zollabwicklung wurde ein bürokratischer Kraftakt und die abgestellten Güter waren dem Diebstahl ausgesetzt. Selbstlos bereitgestellte Ware kam abhanden oder verdarb mit der Zeit.
Die Gerüchte über Veruntreuung nahmen kein Ende, was Menschen wie uns, die wir direkt davor saßen, hochgradig frustrierte.

Dem Widerstand der Regierung trotzend flossen die Wochen und Monate nach Tsunami weitere NGOs ins Land. Einige kamen mit einem Gutmenschen und naiver Hilfsbereitschaft im Gepäck an und waren mit diesem blauäugigen Optimismus, der jeden erfasste, der die Insel betrat, ungenügend auf die kleinen und größeren Betrügereien vorbereitet, denen sie zuweilen ausgesetzt waren. Die entstandenen Spendengeldverirrungen eigneten sich hervorragend für die Regierung, um erneut die Kontrolle über sämtliche einfließenden Hilfsgelder und –güter zu fordern.
Ungeachtet dessen gingen weitere Spendengelder an ihnen direkt an die NGOs, woraufhin die Regierung in die Offensive ging.
Mehrseitig wurden im lokalen Blatt die NGOs öffentlich zur Schau gestellt: Im Fettdruck stellten genervte Journalisten Mitarbeiter von Hilfsorganisationen an den Pranger. Reihenweise wurde den Helfern vorgeworfen, ausschließlich in Vier- und Fünf-Sterne-Hotels und Luxusappartements zu residieren, komfortabel in der Business-Klasse zu reisen und in Edelrestaurants die Spenden im Champagner zu ertränken. Schließlich druckten sie Einkünfte ab, die locker das Zehnfache des Managergehaltes eines Sri-Lankers ausmachten und hatten bald die Wut der Einheimischen auf ihrer

Seite – eine Wut, der sich keiner entziehen kann, der so viel Reißerisches zu lesen bekommt.
Andreas und ich waren uns einig, dass auch die Mitarbeiter einer Hilfsorganisation ordentlich verdienen sollten, denn schließlich arbeiteten sie unter teilweise widrigsten Umständen und befanden sich in der Regel mitten im Krisengebiet, wo ihnen die Gefahr ständig im Genick saß.
Wo aber zog man die Grenze?
Fakt war, dass seit Tsunami die Mietpreise in Colombo und Umgebung in die Höhe geschnellt waren, weil die Wohnungen zu überhöhten Preisen an Hilfsorganisationen vermietet wurden; Mietautos gab es praktisch gar nicht mehr und wenn, dann überteuert.
Das Zusammenspiel von Angebot und Nachfrage begann zu wirken.

Mit knapp 32 000 Toten, 5000 Vermissten; 143 500 Obdachlosen und 98 000 teilweise und komplett zerstörten Häusern gehörte Sri Lanka zu den Ländern, die Tsunami am Schlimmsten getroffen hatte. Die überwältigende, von der Bevölkerung auf der ganzen Welt bereit gestellte Hilfe zeigte, dass der Mensch füreinander einstand. Eine Hilfsbereitschaft mit Verfallsdatum.
Träume mit Verfallsdatum
Die Spenden, die in Sri Lanka ankamen, versickerten teilweise im Krieg, in der Korruption, der Bürokratie und in purer Verschwendung. Ich persönlich und viele andere hatten das Land unter den versprochenen Millionen erblühen sehen. Wir hatten uns in Zukunft ein intaktes Verkehrsnetz eingebildet, aufgeräumte Strände und in meinen kühnsten Träumen gab es sogar eine Müllabfuhr. Ein paar Dollar sah ich auch in einer inselweiten Therapie, die sich mit dem Tsunami-Trauma befasste, das in den Betroffenen weiterlebte.

Wir redeten Theorie, die in den kommenden Wochen und Monaten von der Realität eingeholt und nichts weiter als ein Hirngespinst bleiben würde. Bei allem Missmut, den die Aktivitäten der Regierung zuweilen in mir hervorrief, musste ich einsehen, dass eine noch nie da gewesene Naturkatastrophe alleine schon administrativ eine Herausforderung war. In der Hitze dieses Administrationsgefechts wurde ein neues Amt erschaffen und in Colombo auf teuren Boden gesetzt: das „Ministry of Disaster“. Böse Zungen aus den eigenen Reihen behaupteten, dort würden mit ihrer Tätigkeit mehr Verwüstung und Zerstörung angerichtet als aufgefangen.

Tatsächlich bewegte dieses neu geschaffene Amt wenig. Die vielen Millionen Dollar, mit denen man angeblich Sri Lanka weltweit zu Hilfe geeilt war, tröpfelten ein. Man setzte da und dort ein Pflaster auf, heilte das Land auf die gleiche Weise, wie man die Straßen und Gebäude reparierte: mit einem dürftigen Flickwerk.

Schenkte man den vier Jahre später erstellten Berichten Glauben, dann blieben viele Betroffene jahrelang obdachlos und warteten darauf, dass auch sie einpaar Rupien von denMillionen abkriegten. Natürlich berichteten regierungstreue Zeitungen und Minister Anderes. Sie trompeteten, dass die im Osten von Tsunami und Krieg Vertriebenen und in Camps gestopften Menschen die Erfindung von Amnesty International und üble Nachrede seien. Und wenn überhaupt, hörte ich, dann war die LTTE schuld.

Punkt.

So hatte der Tsunami die Insel kurzzeitig vereint, danach aber trug das Desaster mit dazu bei, dass der Waffenstillstandsvertrag schneller als das Papier, auf dem es geschrieben stand, vergilbte und die meistzitierte Farce des sri-lankischen Politikzirkus wurde.

13. Krieg, Frieden und die Presse

Mahinda Rajapaksa wurde nach den Parlamentswahlen 2004 von der damaligen Präsidentin Chandrika Kumaratunga in das Amt des Premierministers berufen und löste damit den Führer der oppositionellen United National Party, Ranil Wickremesinghe, ab. Mit Unterstützung des heutigen politischen Gegners, der marxistisch-nationalistischen Janatha Vimukhti Peramuna (JVP), gewann er 2005 die Präsidentschaftswahlen und löste Chandrika im Amt des Staatsoberhauptes ab. Als Präsident brachte er kurzerhand Geschwister, Schwager und Freunde im Parlament unter. Vetternwirtschaft, wie schon von den Vorgängern betrieben. Protektionismus, der seit jeher ein fester Bestandteil der politischen Kultur Sri Lankas ist.
Somit nichts Neues aus Sri Lankas Politik.
Auch nichts Neues, dass regierungskritische Journalisten bedroht wurden.
Die Medien unterliegen traditionell der staatlichen Kontrolle. Der Staat selbst unterhält Fernsehsender und Radiostationen sowie mit den Lake House Publikationen eine Reihe von Printmedien, die in zum Teil fast aggressiv eine regierungstreue Linie vertreten. Nach der Aufkündigung des von Norwegen im Jahr 2002 vermittelten Waffenstillstandes mit der LTTE (der tamilischen Rebellenorganisation, die damals um die Rechte der Tamilen kämpfte) und der folgenden, konsequenten Anwendung des Prevention of Terrorism Act (Gesetz zur Prävention des Terrorismus), kurz PTA, begann die systematische Demontage der Pressfreiheit in Sri Lanka. Regierungskritische Journalisten wurden seit der Machtübernahme durch Mahinda Rajapaksa verfolgt. Im April 2005 wurde der tamilische Journalist

Taraki Sivaram vor der Polizeistation in Bambalapitiya, einem Stadtteil Colombos, entführt und am nächsten Tag ermordet aufgefunden. Im April 2006 musste mit dem singhalesischen Journalisten Sampath de Silva ein weiteres Todesopfer im Krieg des Präsidenten gegen die Presse beklagt werden. De Silva wurde auf offener Straße von Unbekannten erschossen. Im Mai 2008 wurde der Tamile Paranirupasingam Devakumaran von Unbekannten erstochen. Den traurigen Höhepunkt der Mordserie an Journalisten bildete im Januar 2009 der Mord an dem Herausgeber und Chefredakteur der kritischen Sonntagszeitung ‚Sunday Leader', Lasantha Wickremethunge. Die Täter konnten ungehindert aus einer schwer bewaffneten Umgebung fliehen.
Laut spekulierten freche Blogger und mutige Journalisten, dass die Regierung dabei ihre Finger im Spiel gehabt haben musste. Vor seiner Ermordung stand Lasantha kurz davor, dem näheren Umfeld der Regierung Korruption nachzuweisen, die er mit Dokumenten belegen wollte. In einem Artikel, den er vor seinem Tod veröffentlicht hatte, stellte er die wahren Motive dafür, dass die Regierung den Bürgerkrieg neu entfacht hat, in Frage. Die BBC druckte online einen Teil des Artikels ab, den der ermordete Journalist geschrieben hat: „Den Bürgerkrieg gewinnen? Dann muss eine Wahl vor uns liegen. Es ist kein Geheimnis, dass der Krieg Mahinda Rajapaksas das Rezept für den Wahlsieg geworden ist."[1] Den Wahlsieg zum Präsidenten hatte Mahinda Rajapaksa auch seinem lautstarken Versprechen zu verdanken, dass unter seiner Regentschaft der Bürgerkrieg mit Gewalt und nicht, wie es die Regierung damals versuchte, mit Gesprächen und Kompromissen niedergeschlagen würde. Man war in der

1 BBC News Website, Zugriffsdatum: 25. Mai 2010, 15 Uhr, http://news.bbc.co.uk/2/hi/south_asia/7817422.stm.

Bevölkerung die Selbstmordattentate leid, die in Bussen, öffentlichen Gebäuden und militärischen Einrichtungen jeden von ihnen treffen konnte. Sie wollten nur Frieden. Egal wie.
Die selbstbewusste Zusicherung eines baldigen Friedens erwies sich als effektiver Stimmenfang.

Die Witwe des Journalisten veröffentlichte am 15. Januar 2009 einen Brief ihres ermordeten Mannes. Einen Brief, der in Teilen direkt an den Präsidenten Mahinda Rajapaksa gerichtet war:

„Du hast mir selbst gesagt, dass du nicht nach der Präsidentschaft gierst; dass du gar keine Sehnsucht nach ihr hattest, sondern sie dir in den Schoß gefallen sei. Du hast mir erzählt, dass deine Söhne dir die größte Freude sind, dass du die Zeit mit ihnen liebst und deine Brüder die Staatsmaschinerie bedienen lässt. Jetzt wird allmählich klar, dass diese Maschine so gut funktioniert, dass meine Söhne und Töchter bald keinen Vater mehr haben werden. Ich weiß, dass du nach meinem Tod wieder deine Scheinheiligkeiten von dir geben und die Polizei zu gründlichen Ermittlungen aufrufen wirst. Aber wie bei allen vergangenen Ermittlungen wird auch diesmal nichts dabei herauskommen. Um ehrlich zu sein, wissen wir beide, wer hinter meinem Tod stecken wird, aber nicht wagen, seinen Namen auszusprechen. Nicht nur mein Leben, sondern auch deines hängt davon ab.“[2]

Der Präsident rief die Polizei zu gründlichen Ermittlungen auf, bei denen (wie in vergangenen Ermittlungen) nichts herauskam. Nur eines wurde immer deutlicher: Lasantha Wickremetunge hatte die Presse-

2 Auszug des veröffentlichten Briefes „Als sie mich holten“, Frankfurter Allgemeine Zeitung vom 15. Januar 2010.

freiheit für sich in Anspruch genommen und dafür mit dem Leben bezahlt. Natürlich wehrte sich die Regierung heftig gegen die Mutmaßungen der Kritiker, sie sei in den Mord verwickelt. Das sei ein von der Opposition oder gar der rebellischen LTTE inszenierter Schachzug, somit eine Verleumdungskampagne gegen eine lange Reihe weißer Westen.
Unglücklicherweise kam den Dementis ein streitbarer Minister, Mervyn Silva, dazwischen. In einem Treffen in Kelaniya prahlte er damit, den aufmüpfigen Lasantha ins Jenseits geschickt zu haben und einen anderen Journalisten, Poddala, erst entführt, geschlagen und schließlich mit gebrochenem Bein ausgesetzt zu haben – und bedrohte in der Pointe seiner Rede einen Amtskollegen:
„Lasantha von der Leader Zeitung ist zu weit gegangen. Ich habe mich um ihn gekümmert. Poddala war aufmüpfig und sein Bein wurde gebrochen. Und jetzt versucht sich einer meiner Kollegen in meiner Wählerschaft gegen mich zu erheben. An dieser Stelle lasse ich ihn wissen, dass ihm noch sieben Tage bleiben. Wenn er bis dahin nicht von seinem Posten als Vorsitzender zurückgetreten ist, dann sag nicht, dass ich dich nicht gewarnt habe. Wenn dieser Kollege sich gegen das erhebt, was ich sage, werde ich ihn dorthin schicken, wohin ich bereits Lasantha geschickt habe.“[3]
Aufnahmen dieser erschütternden Rede sollen dem Präsidenten und dem Generalsekretär der Sri Lanka Freedom Party (SLFP) vorgelegt worden sein. Das schien Mervyn Silva nicht zu beeindrucken. Er erwähnte ganz nebenbei, dass er sich unter der amtierenden Regierung keine Sorgen darum machen müsste, für sei-

3 South Asian Media Net Website, Zugriffsdatum 25.Mai 2010, 12 Uhr, www.southasianmedia.net/index_story.cfm?id=594195&category=Frontend&Country=SRI%20LANKA.

ne Taten gerichtlich belangt zu werden. Unterdessen griff eine unbekannte bewaffnete Gruppe das Haus des bedrohten Amtskollegen an und verletzte seine Familie. Der Präsident äußerte sich mit keinem Wort zu den Aufnahmen und der wahr gewordenen Drohung. Stattdessen wurde die Webseite, die die Rede des Ministers veröffentlicht hatte, mit sofortiger Wirkung gesperrt und der Präsident zog in Erwägung, Mervyn Silva als stellvertretender Medienminister einzusetzen. Nach heftigen Protesten entschied sich Mahinda Rajapaksa um und schwor ihn stattdessen zum stellvertretenden Minister für Straßenbau ein.

Aber nicht nur der Minister Mervyn Silva brachte sich mit Drohungen gegen seine Kritiker ins Gespräch. Auch der Bruder des Präsidenten und Sekretär des Verteidigungsministeriums Gothabaya Rajapaksa hatte sich in der Vergangenheit gerne telefonisch mit Regierungskritischem in Verbindung gesetzt – und soll dabei recht undemokratisch geworden sein. Um dem Ganzen noch die Krone aufzusetzen, erklärte Gothabaya in einem Interview mit dem Sender BBC: „Entweder man ist für uns und gegen den Terrorismus oder für den Terrorismus und gegen uns." Damit warf er in Bush-Manier die Kritiker alle in einen Topf und ernannte jeden zum Terroristen, der mit der Regierung nicht einverstanden war. Aus Journalistenkreisen erhoben sich besorgte Stimmen. Sie fürchteten, dass dem Kriegsende 2009 ein neuer Krieg folgte: Der Krieg gegen die Journalisten!

Die Terroristen, die gewalttatig und nicht schriftstelle risch gegen das Regime vorgegangen waren, die Rebellenorganisation LTTE, wurde 2009 nach fast 30 Jahren zerschlagen.
Der Konflikt zwischen Tamilen und Singhalesen war

einige Jahrhunderte älter als der Bürgerkrieg und nährte sich von alten Fehden, die jede Partei der anderen irgendwann zugefügt hatte, bis jene sich als ethnischer Konflikt in den Köpfen der Menschen manifestiert hatten. Darüber hinaus brach ein Streit darüber aus, wer als Erster die Insel betreten hatte und somit rechtmäßig dort lebte. Die Tamilen nahmen für sich in Anspruch, bereits vor Christus auf Sri Lanka sesshaft geworden zu sein, was die Singhalesen bestritten, sich als eine Art Ureinwohner sahen. Die Veddas, die tatsächlichen Ureinwohner, vergaß man in dieser Auseinandersetzung geflissentlich. Fakt war, dass die indischen Tamilen von den Engländern in der Kolonialzeit als Teepflücker ins Land gebracht worden waren und die Sri-Lanka-Tamilen annähernd gleich lang auf der Insel lebten wie die Singhalesen.

Der Schlagabtausch und das ständig wechselnde Machtverhältnis zwischen Tamilen und Singhalsen führten in der Geschichte Sri Lankas regelmäßig zu Unruhen. Nachdem die Tamilen am Ende der Kolonialzeit 1948 immer mehr in ihren Rechten beschnitten wurden und es 1983 zu einem Massaker an den Tamilen kam, brach der Bürgerkrieg mit voller Wucht über das Land herein. Die LTTE setzte als weltweit erste terroristische Organisation Selbstmordattentäter ein und forderte den eigenen Staat im Staat. Seither führte sie eine Schreckensherrschaft, rekrutierten Kinder, erpressten Kriegsgelder und brachte zusätzliches Elend und Verzweiflung über die Menschen. Das Elend nahm unvorstellbare Ausmaße an, als der Rebellenführer, Velupillai Prabhakaran, am Höhepunkt der Regierungsoffensive in einem letzten Aufbäumen die tamilische Zivilbevölkerung als menschliches Schutzschild zwischen sich und die vorrückende Armee zusammenzog. Kinder, Mütter, Greise und Väter wurden

von der LTTE beim Versuch erschossen, ihre Familie und sich aus dem Kampfgebiet in Sicherheit zu bringen.
Flohen sie nicht, liefen sie Gefahr, den Schüssen der Regierungsoffensive zu erliegen.
Fünf Ärzte, die damals im Krisengebiet die Verletzten betreuten, sagten aus, dass beide Kriegsparteien auf Zivilisten schossen. Die Männer wurden wegen Verleumdung verhaftet, bis jene ihre Aussage nach langer, unter Umständen nicht ganz unbehelligter Haft widerriefen.

Die tamilischen Zivilisten, denen die Flucht gelang, wurden in von Stacheldraht umzäunten und schwer bewachten Lagern untergebracht.
Keiner durfte raus.
Viele kamen rein – und harrten dort bis ins Wahljahr 2010 aus. Informationen aus den Lagern drangen nur spärlich nach außen und lediglich einige Auserwählte und Regierungsnahe durften sich vor Ort ein Bild der wahren Bedingungen im Lager machen. Berichterstattungen mussten schön sein und waren in jeder anderen Fassung unerwünscht. Die Flüchtlingscamps wurden zum Sperrgebiet erklärt. Meldungen, die sich trotzdem bis zur Presse durchschlugen, passten nicht zum Siegestaumel, der den Westen und Süden des Landes überwältigt hatte. Als im Mai 2009 schließlich das Ende des Krieges ausgerufen wurde, feierten die „Sieger“ ihre Freiheit, während die Flüchtlinge weiter in Lagern ausharrten und die Menschen im Norden darauf warteten, endlich ein Leben in Frieden aufnehmen zu können.
Das neu vereinigte Sri Lanka war gespalten wie eh und je.
Vollmundig versprach der Präsident in die Feierlaune der Singhalesen die Gleichberechtigung für alle, wäh-

rend tamilische Flüchtlinge unter erbärmlichen Verhältnissen in Lagern eingepfercht waren und die berüchtigten Weißen Busse Streifzüge durch die Dörfer fuhren. Busse, denen auf Sri Lanka ein fürchterlicher Ruf vorauseilte: Wo sie zum Einsatz kamen, verschwanden Regierungskritiker. Sie fuhren vor, rissen die sich Sträubenden von der Straße oder aus ihren Häusern – und setzten jene im günstigsten Fall misshandelt, vergewaltigt und verängstigt an einer einsamen Stelle wieder aus.
Im ungünstigsten Fall verschwanden sie für immer und die Familien würden sich nie von ihren sterblichen Überresten verabschieden dürfen.

In diesem widersprüchlichen Kriegsende regte sich die UN und forderte eine unabhängige Untersuchungskommission, die beide Parteien auf Menschenrechtsverletzungen und Kriegsverbrechen überprüfen sollte. Der Bruder des Präsidenten Gothabaya und eine überragende Stimmenmehrheit aus der Bevölkerung fand das nicht notwendig, gar lächerlich. Kümmert euch um eure eigenen Verbrechen, schrien sie und hatten damit nicht unrecht. Und doch lag der Verdacht nahe, dass hier Unrecht vertuscht werden sollte.

Während die Empörung über die Forderung der UN noch Wellen schlug, tauchte ein Video auf, welches ein Regierungssoldat mit seinem Handy aufgenommen haben soll. Es zeigte LTTE-Kämpfer nackt und mit verbundenen Augen am Boden kauernd, gab wieder, wie sie in Sinhala verhöhnt und schließlich von einem Soldaten in Regierungsuniform in den Hinterkopf geschossen wurden. Die Regierung leugnete und donnerte: „Fälschung“. Sofort berief die srilankische Regierung ein Expertenteam ein, die das Video nach eingehender Prüfung als Fälschung enttarnten. Kurz darauf befand eine UN Sonderermittlung das Video für echt. An dieser Stelle bleibt es jedem selbst überlassen herauszufinden, welche Version der Wahrheit am nächsten an der tatsächlichen Wahrheit liegen könnte.

Wie vom im Januar ermordeten Journalisten Lasantha Wickremethunge vorhergesagt, berief Mahinda Rajapaksa für den Januar 2010 vorgezogene Präsidentschaftswahlen ein. Die Regierungspartei ging davon aus, dass der für das Kriegsende euphorisch gefeierte Präsident ihm einen hohen Wahlsieg einbringen würde, bevor sein Stern unter den schwierigen Umständen der Wiedervereinigung wieder sinken würde.

Fett schmierten Mahinda Rajapaksa und seine Berater „Demokratie" auf ihr Wahlversprechen. Zur selben Zeit verbreiteten sich Gerüchte, dass Tamilen im Süden zunehmender Gewalt ausgesetzt waren. Nicht belegte, aber sehr glaubwürdige Gerüchte. Noch glaubwürdiger wurden die Gerüchte, als im November 2009 ein junger Tamile im Indischen Ozean ertrank. Vier Polizisten hatten ihn mit Stöcken ins Meer getrieben und dort unter den Augen zahlreicher Gaffer mit Schlägen solange vom Land fern gehalten, bis der Nichtschwimmer sich in sein Schicksal ergab und unterging. Ein Mord, der mit ziemlicher Sicherheit ungeahndet ein weiteres Gerücht geworden wäre, hätte nicht eine Kamera jedes schreckliche Detail der Tat festgehalten. Der Film brachte den Mord in seiner ganzen Brutalität ins Fernsehen und vor Gericht, stand gleichzeitig symbolisch für die Rechtslage der Tamilen und schien darauf hinzudeuten, dass die Tamilen im Krieg die Verlierer waren und im Sieg die Verlierer bleiben würden.

Gleichzeitig hatte der Präsident zum „Krieg gegen die Unterwelt" aufgerufen und im Süden, wo jene vorzugsweise residierten, Spezialkommandos gegen sie eingesetzt. Sie wurden ohne Beweise, Anklage, Verteidigung und Richterspruch öffentlich liquidiert. Die Bevölkerung klatschte in ihrer Naivität Beifall – und erst, als der ehemalige General und Kriegsheld Sarath Fonseka in die Präsidentschaftswahl einstieg und sich als Gegenkandidat aufstellen ließ, bekamen auch sie die amtierende Regierung am eigenen Leib zu spüren. Die Drohungen, Einschüchterungen, Verhaftungen und Gewalttaten wandten sich plötzlich auch gegen nationalbewusste Singhalesen, deren Sympathien der Opposition gehörte.

Fonseka verlor die Wahlen.

Er schrie Wahlbetrug, wollte Kriegsverbrechen enthüllen, wurde im Februar 2010 unter fadenscheinigen Anschuldigungen verhaftet und vor ein Militärgericht gestellt. Unter Ausschluss der Öffentlichkeit, versteht sich.

Und dabei hielt der Präsident Mahinda Rajapaksa wie kein Präsident der Vergangenheit Macht und Mittel in seinen Händen, aus unterdrückter Freiheit einen demokratischen Frieden werden zu lassen. Er hielt mit seiner Partei SLFP im Parlament die Mehrheit und an ihm klebte der Ruhm, die LTTE besiegt zu haben. Mahinda Rajapaksas Versprechen „Gleichberechtigung für alle“ und „Wir sind Sri Lanka“ haben die Hoffnung auf einen neuen, demokratischen Frieden wiederbelebt. Eine einmalige Chance, demokratischen Frieden und gelebte Meinungsfreiheit auf der Insel zu etablieren. Als Vorbild würden sich einige Friedensstifter anbieten. Gandhis Philosophie „Es gibt keinen Weg zum Frieden, denn Frieden ist der Weg“ oder „Was man mit Gewalt gewinnt, kann man nur mit Gewalt behalten“ könnte ins Parlament Einzug nehmen und fortan als Leitsatz in politische Entscheidungsprozesse fließen. Auch Buddha hatte für den bekennenden Buddhisten

Mahinda Rajapaksa einen Rat, der den Einstieg in eine friedliche Politik erleichtern könnte: „Ganz gleich, wie beschwerlich das Gestern war, stets kannst du im Heute von Neuem beginnen."

14. Der Jakobsweg auf den Adams Peak

Hape Kerkeling war in Form eines Hörbuches in unser Leben gekommen. Darin erzählte er uns von wunden Füßen, spartanischen Unterkünften und seiner Begegnung mit Gott. Eines Morgens balancierten wir über die verbliebenen intakten Holzplanken unseres Stegs in die Lagune, setzten uns auf Morsches und beobachteten, wie sich in der aufgehenden Sonne eine Spitze am Horizont abzeichnete.
„Heilig", sagte Andreas, noch ganz in den Jakobsweg versunken, den uns Hape Kerkeling literarisch näher gebracht hatte. „Nennt sich Adams Peak oder bei den Singhalesen ‚Sri Pada'."
„Eine Light-Version des Jakobsweges", seufzte ich und schaute fasziniert auf die Spitze, sinnierte schließlich: „Ob wir da oben wohl auch Gott begegnen könnten?"
„Nachdem wir 2243 Meter bestiegen haben ganz bestimmt mit wunden Füßen!"
Die Sonne war unterdessen, höchstwahrscheinlich ohne wunde Füße, über den Adams Peak geklettert und würde demnächst wieder hitzig über uns hängen.
„Nur Schmerzen?", interessierte mich. „Sonst nichts?"
Andreas überlegte.
„Der Sonne ganz nah und wenn die Sonne für Gott steht, dann ja: Wir könnten dort oben Gott begegnen! Allerdings einer Vielzahl von Göttern."
Dann zählte er auf, wen der Pilger dort oben zu finden glaubte.
„Der Buddhist findet Buddha, die Muslime und Christen den Adam und die Hindus ihre vielarmige Göttin Shiva!"
Und uns blieben wieder einmal nur die besagten, wunden Füße.

Als uns der Platz an der Sonne zu heiß wurde, verzogen wir uns ins Haus und unter dem wirbelnden Ventilator blätterte ich nach Details zum Adams Peak. Ich las, dass Moslems und Christen glaubten, dass Adam mit einem 1,8 Meter langen Fußabdruck auf der Spitze einen bleibenden Eindruck im Felsen hinterlassen hatte, als er seinen allerersten Schritt auf die Erde gesetzt hatte. „Beim Anblick dieses Eindrucks fiel bestimmt was für die Gläubigen ab, ein Wunsch oder so", überlegte ich und las weiter. Buddhisten sahen darin Buddhas Fuß und forderten jeden singhalesischen Buddhisten dazu auf, einmal in seinem Leben bergauf zu pilgern. Den Frauen würde der Aufstieg im nächsten Leben die Inkarnation als Mann einbringen.

Adams, Buddhas oder Shivas Fuß in Stein.

Verlockend!

Als wir von unseren Freunden gefragt wurden, ob wir Lust hätten, mit ihnen eine 2243 Meter hohe Pilgerreise anzutreten, dachte ich sorgfältig nach, ob ich das Risiko, in einem eventuellen nächsten Leben als Mann geboren zu werden, eingehen wollte. Das lockte mich, die europäisch Erzogene, weniger als die Singhalesin. Schließlich kannte ich mich nach nun über vierzig Jahren im Weiblichen aus und hätte, in jenem eventuellen nächsten Leben, lieber die Früchte meiner hormongeladenen Erfahrung geerntet, als mich mit dem neu hinzukommenden Y-Chromosom eines Mannes rumzuschlagen.

Wir sagten zu, weil ich ja nicht wirklich an neue Leben glaubte, grundsätzlich mit meinem einen Leben ganz zufrieden war und nicht meine ganzen Hoffnungen und Energien in ein neues Leben nach dem Tod, sondern lieber in mein endliches Dasein steckte.

Wir legten den Termin auf das letzte Wochenende, bevor die Pilgersaison losging: Im Vollmond wollten wir vereinigt mit Moslems, Christen, Hindus, Buddhisten und Touristen zum Fußabdruck aufsteigen. Im Gegensatz zum Gläubigen folgte der Tourist beim Aufstieg meistens keinem göttlichen Plan und glaubte im Laufe der Klettertour an das, was unumgänglich schien: an Muskelkater, Schlafmangel und einen Sonnenaufgang, der aus der Tiefe aufflammte und ein spirituelles Erlebnis für sich zu werden versprach.

An einem Samstag schaukelten wir in einem überladenen Bus über das geteerte Flickwerk und kurvten entlang gewundener Serpentinen, bis wir alle ganz grün um die Nase waren und jene schon gründlich voll hatten. Die sich ankündigende Magenverstimmung versuchte ich mit Geschwätz zu verdrängen und tauschte mit den Damen der ersten Sitzreihe Wichtiges oder eher Unwichtiges aus, drehte mich einige Male zu den hinteren Sitzreihen um und fand den dazugehörigen Mann gesundheitlich angeschlagen im Rücksitz lümmeln.
„Richtige Pilger pausieren am Fluss", erlöste uns die pilger-erfahrene Heike und ließ an einem reißenden Fluss anhalten. Dort schlürften wir auf einer Felsterrasse stilvoll Tee und sahen zu, wie unser Nachwuchs in der Strömung flussabwärts trieb. Ich musste mich mächtig zusammenreißen, um nicht mit meiner mütterlichen Phobie das Treiben der Kinder zu unterbinden.
Seit Sri Lanka hatten sich meine mütterlichen Ängste vervielfacht. Es gab so vieles, worüber eine Mutter sich ängstigen konnte: Schlangen und Krokodile zum Beispiel, Skorpione oder Ertrinken, auf der Straße wiederum der Verkehr – und damals noch der Bürgerkrieg. Und das alles ohne Notarzt.
Die Kinder ihrerseits ließen diese Ängste bei mir und tobten ausgelassen zwischen meinen imaginären

Schlangen, Krokodilen und Skorpionen. Wenn sie nicht trieben, sprangen sie von abfallenden Felsvorsprüngen ins Wasser (Hoffentlich ist das tief genug!!) und spielten an überhängenden Ästen Affe. Damit die Muttersorgen nicht ganz umsonst waren, schnitt sich unser Jüngster herzhaft mit einer garantiert nicht sterilen Scherbe in den Finger und simulierte mit tropfendem Blut den Schwerverletzten. Pflaster wurden herbeigeschafft, wichtige Reden um Nähen oder nicht Nähen geschwungen, Ängste aufgeheizt und wieder abgekühlt und dreißig Minuten später strapazierten wir noch mal Unverdautes über die Serpentinen Richtung Ziel.

Mit verwitterten Fenstern blickte das Hotel auf den heiligen Berg, einige Meter tiefer fraß sich ein Fluss durch die Felsen ins Tal. Auf feurigem Reis und Curry kauend blickten wir auf den Fluss, wo vier Buben aus unserer Gruppe nach Blutegeln fischten. Die Wolken hingen dicht über ihnen und legten dem Adams Peak einen Schleier um. Besorgt betrachteten wir die aufdringlichen Wolken, die unseren Aufstieg zu einer nassen, aussichtslosen Angelegenheit machen könnten.
„Deshalb gibt es eine Adams-Peak-Pilger-Saison“, schulmeisterte ein Teilnehmer vorwurfsvoll. Ich stellte mir vor, wie ich gemeinsam mit hunderten von Singhalesen gleichzeitig Flip-Flop an Flip-Flop und Schweiß an Schweiß in der Schönwettersaison von Dezember bis Mai die 4500 Stufen zum Berg hinauftrödelte.
„Dann geh doch in der Saison, wenn du meinst!“, dachte ich genervt, schwieg aber vornehm, wollte auf keinen Fall die gute Gruppenstimmung stören.
Allerdings dachte ich bei weitem nicht so vornehm, wie ich schwieg.
Und ich dachte, dass die Blutegel, die in der Feuchtigkeit Jagd auf nackte Menschenhaut machten, die klamme Kleidung und die vielen abgerutschten Füße auf

glitschigen Stufen ein Preis waren, den ich für einen stillen Aufstieg neben der Saison und folglich meistens im Regen gerne bezahlte. Wohl hatte ich mich in den Jahren an viele Menschen auf einem sehr begrenzten Raum gewöhnt, fühlte mich darin Dank der Grundgelassenheit der Sri-Lanker nur noch in Ausnahmefällen bedrängt. Lautsprecher jedoch, die in Form von sich überschlagenden Tonartvariationen in mein Ohr trommelten und Lichterketten, die sich vor das Sternenmeer am Himmelszelt drängelten, die hätten meinem persönlichen Aufstieg neben physischen auch noch psychische Schmerzen zugefügt. Rufe nach meiner Kaufkraft aus angrenzenden Holzbuden würden dem gemütlichen Aufstieg den Rest gegeben. Ununterbrochen wäre ich damit beschäftigt gewesen, Souvenirs, pappsüßen Tee und Wegzehrung abzuwehren; Folgen der Hauptsaison, die für meine Sehnsucht nach der Nebensaison zuständig waren.
Bedauerlicherweise lösen sich so viele unausgesprochene Gedanken in mir selten lautlos auf, sondern brechen in diesem Prozess gerne tosend aus mir hervor, richten nicht selten heftigen Schaden an.
Heute machte ich da keine Ausnahme: „Wir hätten auch zur Hauptsaison oder besser im singhalesischen Neujahr oder gar zu Vesak pilgern können", flötete ich unschuldig in die Runde. Die Ungezogenheit landete punktgenau auf dem meckernden Bedenkenträger, der zusammenzuckte und sich freundlicheren Menschen zu-, und von mir abwandte. Er hatte mir einige Jahre Sri Lanka voraus und brauchte von mir keine Belehrungen bezüglich dessen, wie schwer Feiertage auf dem Pilgerberg lasten konnten; an Feiertagen schien die Ausbeute des heiligen Segens besonders ergiebig. Legte man auch nur einen Bruchteil der zwanzig Millionen gläubigen Inselbewohner auf den Berg um, der in der Freizeit be-

stiegen wurde, ahnt man, dass die schmalen Pfade damit unbedingt überfordert sein mussten.
Sri Lanka konnte mit einer beeindruckenden Konzentration an gefeierten Tagen aufwarten, brachte davon jährlich neunundzwanzig Tage zustande – und da hatte unser Kanzler Kohl einst die in Deutschland üblichen sechzehn freien Tage Deutschlands mit der Aussage: „Freizeitpark Deutschland!“ beanstandet. Nachdem mein Mitteilungsbedürfnis für heute schon genügend angerichtet hatte, lenkte ich einen weiteren Ausbruch ab, indem ich stumm die sri-lankischen Feiertage sammelte. Mit den monatlichen Vollmonden kam ich – ohne mich mathematisch auch nur einen Hauch angestrengt zu haben – auf zwölf.
Der Vollmond, der in meinem Kulturkreis für Verkehrsunfälle und sonstige Missstände verantwortlich gemacht wurde, war dem Buddhisten heilig und wurde monatlich als freier Tag gefeiert.
Mahinda Rajapaksa, mein ungeliebter sri-lankischer Präsident, hatte kurz nach seiner Wahl ein Verbot gesetzlich verankert, das viel Sinn und ihn mir kurzfristig sympathisch machte: An Poya-, den Vollmondtagen, war der Verkauf und Konsum von Alkohol nicht erlaubt. In der Vergangenheit hatte der Vollmond und der damit einhergehende Alkoholkonsum regelmäßig zu Schlägereien geführt. Die Betten in den Krankenhäusern waren in diesen Zeiten mit Verletzten und schwer Verletzten belegt und verpassten dem geweihten Tag einen unangenehmen Beigeschmack.
Ein Frevel, bedachte man, dass Buddha monatlich zum Vollmond ausschließlich Frommes und Erinnerungswertes bewerkstelligt hatte, was vom Buddhisten dann in Tempeln oder eben auf Pilgerreisen angebetet wurde, sicherlich nicht streitsüchtig am Strand und auf der Straße ausgefochten werden sollte.

Besonders ergreifend beging man den Vollmond mit dem legendären Elefantenumzug, dem Peraheras. Elefanten, Tänzer und Trommler zogen kilometerlang über die für sie gesperrten Straßen. Mehrere Stunden lang wurden Sagen getanzt und getrommelt, in Kandy trug ein Elefant zum Julivollmond einen Zahn Buddhas, dem man nachsagte, dass er in diesem Monat dort hinterlegt worden sei.
Als ich mit den Kindern am Straßenrand einen Teil der Zuschauer des Peraheras stellte, fand ich mich in hypnotisierter Bewegungslosigkeit wieder und fiel meinem Umfeld mit „Schaut mal, wie federleicht die Tänzer sich bewegen!“ kräftig auf die Nerven. Nach eineinhalb Stunden verloren die Kinder am Umzug das Interesse und wollten nach Hause, wohin wir ein ganzes Stück weit zu Fuß gehen mussten, weil auch wir von der Straße ausgesperrt worden waren.

Unterdessen hatte sich die Wolkenschicht um unseren Pilgerberg aufgelöst und die Hoffnung auf einen aussichtsreichen, trockenen Aufstieg hob die Stimmung. Während die anderen darauf anstießen, befasste ich mich – ganz im Strudel der Feiertage gefangen – näher mit den Vollmondtagen. Im Januarmond, so erinnerte ich mich, war Buddha ein erstes Mal nach Sri Lanka gereist. Im Februar wiederum verkündete er im Alter von achtzig Jahren, dass er in drei Monaten sterben würde, im März hatte er – auch hier ein erstes Mal – nach seiner Erleuchtung seine Familie besucht, im April reiste er ein zweites Mal nach Sri Lanka, im Mai wiederum verrichtete er gleich Dreifaches: Einmal wurde er geboren, dann erleuchtet und schließlich ist er dann gestorben, woraufhin er ins Nirwana treten konnte. Folglich wurde der Mai als denkwürdigster Vollmond, genannt Vesak, überschwänglich geliebt und mit vier Tagen niedergelegter Arbeit bejubelt. Als Zeichen der Vergänglichkeit baumelten gebastelte Laternen am Straßenrand und an Hauswänden. Ursprünglich sollten sie aus Seidenpapier hergestellt werden, sich im Regen auflösen und damit Geburt und Tod ausdrücken. Im Zuge der Wegwerfgesellschaft schwangen sie vornehmlich aus unauflösbarem Plastik im Wind … Vesak, überlegte ich auf der Rückkehr in meine Feiertagssammlung, machte die Vollmondrechnung mathematisch anspruchsvoller. Ich strich zwölf aus, zählte mit meinen Fingern drei extra Tage dazu und setzte fünfzehn ein.

Neunundzwanzig minus fünfzehn machte genau vierzehn verbleibende freie Tage, die ich aus meinen Gehirnwindungen ziehen wollte. Dort saßen sie fest. Mir wollte gar nichts mehr einfallen, bis aus den Tiefen meiner Vergesslichkeit Deutschland auftauchte.

Weihnachten!

Glücklich strich ich zwei Tage aus den verbleibenden Feiertagen, erinnerte mein erstes, mitternächtliches Erwachen im srilankanischen Weihnachten. An unserem ersten 24. Dezember, punkt Mitternacht, wurden rechts und links sowie in unserem Garten Gewehrsalven abgefeuert. Jetzt war der Krieg doch bis zu uns vorgedrungen! Verschreckt sprang ich damals auf, kroch zum Computer und wählte mich für nähere Informationen ins Netz.

War dann aber nur der klassische Fehlalarm!

War nur die große Begeisterung der Katholiken nebenan, die sich gleich so sehr freuten, dass sie in Gedenken an das neugeborene Jesuskind Knaller abfeuerten, welche das unerfahrene Ich mit Krieg verwechselt hatte.

Armes Jesulein, das wäre ganz schön erschrocken, wenn es in so einen Lärm hinein hätte geboren werden müssen. Und die Hirten und Könige wären wohl vor-

sichtshalber zu Hause geblieben, statt das Gotteskind zu begrüßen.
Vielleicht wären sogar die Engel ausgeblieben!
Die Knallerei war besonders im asiatischen Raum sehr beliebt und sollte Dämonen verscheuchen. Welcher Dämon genau die freudige Geburt Jesus überschattete, konnte ich auch mit Nachfragen nicht herausfinden. Ich nahm an, dass die Ursache für den Lärm den Srilankern anscheinend genauso abhanden gekommen war, wie uns der Weihnachtsgedanke. Was sie mit Lärm bewältigten, taten wir mit Stress, ertränkten den besinnlichen Tag in einer Geschenkflut, statt uns mit Jesus und seinem friedlichen Wesen näher auseinanderzusetzen und ein Häppchen Friedfertigkeit in unser Leben zu integrieren. Immerhin, so stellte ich schnell fest, glaubte der katholische Srilanker tatsächlich und ganz tief im Herzen an den Erretter, stellt zu seinen Ehren überall Holzkrippen mit lieblichen Figuren auf, die am Weihnachtstag mit einem Gefühl des mystischen Friedens betrachtet wurden. Die Kirchen quollen im Dezember geradezu mit Gläubigen über und die kirchlich organisierten Straßenfeste wurden rege besucht.
Man feierte Weihnachten mit der Hingabe (oder war es Verzweiflung?) der Armen.
Je nach Möglichkeit zierte etwas Grünes die Wohnzimmer und bescheidene Geschenke wurden ausgetauscht und gemeinsam gegessen und getrunken.
Ich riss mich aus der Erinnerung und zählte weiter, fand Silvester und das Sinhala- und Hindu-Neujahrsfest, das im April mit Hilfe der Sternenkonstellation berechnet wird und jeweils dann stattfand, wenn das Sternzeichen Fisch zum Widder wechselte.
Das machte zehn und brachte mich ins Grübeln. Ich musste zu meiner Schande gestehen, dass ich mich mit den sri-lankischen Feiertagen und ihrer Bedeutung

unterdessen besser auskannte als mit der der meinigen. Jene waren auf der multi-religiösen Insel nämlich in ihre Feierlaune miteinbezogen worden und spielten somit durchaus eine Rolle. Wann war Jesus ans Kreuz und so … Karfreitag! Mit dem dazugehörigen Wochenende und Ostermontag machte das noch einmal vier Tage und schon war ich bei sechs angelangt. Natürlich gab es den Nationalfeiertag im Februar, der den Abzug der letzten Kolonialherrschaft zelebrierte, zwei Hindu-Tage im Januar und Oktober … Und nun waren es nur noch drei!
Jene konnte ich nicht finden und fragte Heike, was mich wieder ins Gespräch integrierte. Heike überlegte nur kurz, erinnerte mich an den 1. Mai, den 2. Mai, „the holy prophets day" und einen weiteren im November, den sie auch nicht spontan einem Ereignis zuordnen konnte. Soviel Nachdenken macht müde und Andreas und ich verabschiedeten uns um zehn Uhr von der Runde und gönnten uns fünf Stunden Schlaf.

Wie elektrisiert sprang ich um drei Uhr morgens aus dem Bett heraus- und in die Bergsteigerkleidung hinein, half den Kindern aus dem Schlaf und in die Kleider. Um den Bus hatte sich schon eine schlaftrunkene Gesellschaft versammelt und geriet kurz in Aufruhr, als unsere im Bus über Nacht hinterlegten Rucksäcke mit Wasser, Müsliriegeln und wasserdichter Kleidung verschwunden waren.
Gestohlen!
Nachdem wir alle wach und ganz ärgerlich über die Räuber waren, fanden sich unsere Rucksäcke unter der Rezeption wieder. Mit Hilfe des Adrenalinschubes waren wir wenigstens wach geworden, machten uns den Vollmond zur Taschenlampe und konnten uns ganz auf das kommende Ereignis einstellen.

Am vorherigen Abend waren noch die Regeln zum Aufstieg ausgeteilt worden, die unserem Eigenbrötler und Ältesten Fabian gar nicht wohl bekamen: Immer zwei sollten zusammenbleiben, keine Alleingänge! Ich hatte Fabian einen mahnenden Blick verabreicht und grummelnde Zustimmung von ihm erzwungen.
„Außerdem“, fuhr ich fort und nervte den Sohn maßlos, „beginnen wir den Aufstieg langsam, damit wir nicht vorzeitig zusammenbrechen!“
Fabian stürmte als erster über einen verdächtig verwahrlost und unbetretenen Pfad los, wo er sich durch wucherndes Gebüsch schlug.
Unser pilgernder Rest trottete wie eine Horde Schafe hinterher.
„Kommt mir alles gar nicht bekannt vor“, brummte Armin, der normalerweise zu dieser Stunde höchstens ins Bett, niemals daraus aufstehen würde und sich schon gar nicht mit Sprechen bemerkbar machte! Wir hielten inne und sahen uns um. Ich mit Augen und Ohren am Nachwuchs, der sich da ganz einsam durch die Büsche schlug.
„Der kommt schon an!“, förderte Andreas zuversichtlich die Eigenständigkeit des Zwölfjährigen. Ich packte Willi am Kragen, der seinem großen Bruder hinterher eilen wollte und zwang wenigstens eines von drei Kindern zur Langsamkeit. Wir riefen in Richtung der Davoneilenden, dass sie sich doch bitte an den Trampelpfad halten sollten und wählten selbst die nächste, übersichtlich niedergetrampelte Abzweigung. Rechts und links langten Zweige nach uns, die in den sechs Monaten Nebensaison Besitz vom Pfad ergriffen hatten und uns an T-Shirts und Haaren ziepten.
„Schau mal“, strahlte ich den Willi an, während ich einen Ast aus seinem Blondschopf zupfte. Der strahlte gar nicht, sondern litt schrecklich unter unseren langweiligen Erwachsenengesprächen, hätte viel lie-

ber weiter vorne bei der tobenden Kinderschar mitgewirkt.
„Da oben ist der Gipfel!“, sagte ich und wollte dem Jüngsten damit Gutes tun, verfehlte aber mein Ziel. ‚Da oben‘ sah er nichts als seine unterhaltsamen Freunde. Er konnte ihren verspielten Aufstieg immer noch hören.
Mir zuliebe lenkte er seine Aufmerksamkeit dann doch noch auf den Gipfel, der sich dezent von der Dunkelheit abhob. Aus dem kleinen Männlein erhob sich ein großes Wehklagen: „Solange muss ich mit euch hoch laufen?“ und legte viel Gewicht in die Betonung von „mit euch“, meinte damit: „Das kann ja öde werden in dieser langweiligen Gesellschaft!“
Schweigend stiegen wir weiter. Am Bergrücken entlang schlängelte sich Teegebüsch, in dessen kräftigen, hellgrünen Blätter ich diesmal nicht eine Hecke sah, sondern einen warmen Schluck Stärkung erkannte, den ich jetzt gut gebrauchen hätte können. Schweigend trotteten wir den breiten Pfad entlang und stießen wenige Minuten später auf Caro, die mit Heikes Tochter Alina den Aufstieg gemächlich, aber nicht trödelig wie wir, angegangen war. Beeindruckt waren sie stehen geblieben und staunten eine Buddhastatue an. Mehrere Meter Körperlänge lagen ausgestreckt vor uns. Den Kopf in den angewinkelten, aus Stein gehauenen Arm gelegt, schien Buddhas Monument uns freundlich aus gemeißelten Steinaugen zu betrachten. Weit weg hörten wir Kinderstimmen, die doch eigentlich nicht zu schnell und auf gar keinen Fall alleine … Es war, als wünschte uns Buddha Glück, bei soviel abhanden gekommenem Nachwuchs. Gerne hätten wir uns vor dem Buddha aufgestellt und ihn als Hintergrund in ein Erinnerungsfoto eingebunden, ließen es jedoch aus Respekt bleiben; ein der Buddhastatue zugekehrter Rücken gilt als Gotteslästerung.

Das Licht, so folgerten wir, hätte so zeitig vor dem Sonnenaufgang eh nicht ausgereicht!

Mit den ersten von 4500 Treppenstufen, die den Berg bis zum Gipfel umkreisten und den Trampelpfad ersetzten, blökte Armin alle paar Minuten, wie viele Stunden an Stufensteigen uns noch bevorstanden, bevor die aus dem Nebel aufsteigende Sonne uns für die Mühsal entschädigen konnte.
Ich packte Willi zum zigsten Mal am Kragen und bremste ihn ab.
„Die Ersten werden die Letzten sein!", spuckte ich Worthülsen und tatsächlich zogen wir kurz darauf an den ersten Teenagern mit verloren gegangener Gesichtsfarbe vorbei. Sie berichteten eifersüchtig von der Vorhut, die von Heikes Bruder Marco angeführt demnächst am Ziel ausruhen dürften. Es war klar, dass auch sie gerne oben angekommen wären, statt hier Kräfte sammeln zu müssen, die sie im zu schnellen Aufsteigen schon alle aufgebraucht hatten. Ich schob Willi und mich an ihnen vorbei und um ein fettes Stromkabel mit heraushängendem Kupfer herum, das in besagter Hochsaison die Lichterketten und Lautsprecher mit Strom versorgte. Vereinzelt überholten wir Srilanker in Flip-Flops. Manche trugen Bauholz oder Säcke mit Tee auf dem Rücken und waren die Sherpas vom Adams Peak, die unseren Gipfelkomfort bergauf trugen, während wir mit unserem Körpergewicht und Regenkleidung schon vollkommen ausgelastet waren.
Neben meinem Turnschuh raschelte es, was ich sofort mit Giftschlangen assoziierte und den armen Willi schon wieder am Kragen packte. Diesmal um ihn vor giftigen Beißern zu bewahren. Jetzt hatte der aber genug, sah mich böse an und stapfte voraus, ohne seinem bösen Blick noch einen Kommentar hinzuzufügen.

Ich sah ein, dass ich es wieder einmal übertrieben hatte.
Außerdem ging mir langsam die Kraft zum ständigen Motzen aus und wenige Stufen später verlor ich Willi an die pausierende Gruppe Gleichaltriger auf einem Felsvorsprung. Überwältigt stellte ich mich an den Zaun und blickte in das grüne Tal und auf den Stausee, der von Bäumen umrahmt nur noch ein blauer Farbtupfer im Dschungelgrün war. Ich betrachtete die sich auflösenden Nebelschwaden und wollte gerade etwas Bewegendes von mir geben, als es an meinem Rucksack ziepte. Ich blickte direkt in die Aufregung eines Teenagers, dem gerade Entsetzliches passiert sein musste. „Entsetzlich" war für jenen die Pause, die er hatte einlegen müssen.
„Der", er deutete auf Marco, „hat gesagt, ich darf nicht alleine weitergehen!" Marcos Autorität beeindruckte mich sehr und ich zwinkerte jenem zu, raffte mich auf und erklärte mich bereit, mit dem über die Pause empörten Fabian den Aufstieg fortzusetzen. Es stellte sich heraus, dass meine Autorität ihn sehr viel weniger beeindruckte als Marcos und in Kürze war er „Big Mamas" Dauerüberwachung entwischt. Mühsam schnaufte ich dünne Höhenluft, die ich mit dem Lebensmittelpunkt auf null Metern über Meer so gar nicht mehr gewöhnt war. Schwindelig griff ich nach dem Metalllauf, den ich bislang aus hygienischen Gründen vermieden hatte.
Dabei, schimpfte ich meinen Schwächeanfall, waren die Höhen, die wir hier so früh Morgens erklommen, nicht einmal die höchsten Sri Lankas, nur die Heiligsten!
Stufe für Stufe zog ich meine Erschöpfung weiter, begegnete nur wenige Meter später einer Erschöpfung, die meine bei weitem übertraf: Fabians!
„Ich kann nicht mehr!", beharrte er und sah mich verärgert an. Ich vermied den Vorwurf: „Ich habe

dir doch gesagt, du sollst nicht so losstürmen!" und setzte mich neben ihn, suchte nach Motivation, die ich selbst auch dringend notwendig gehabt hätte. Dass Willi munter unseren Stillstand überholte und sogar noch über genügend überschüssige Energie verfügte, um seine Freunde zuzutexten, demotivierte Fabian noch zusätzlich.

„Ich mach das schon!", sagte eine Stimme hinter mir und Andreas fing gekonnt die Müdigkeit des Sohnes auf, während ich Willi hinterher eilte und einem zweiten Zusammenbruch begegnete: Caro!

„Mir ist so schlecht!", flüsterte sie und wollte keinen Meter mehr weiter gehen. Ich nahm ihr den Rucksack ab und überredete sie Stufe um Stufe weiter. Die Treppe war vom nächtlichen Tau noch ganz glitschig und mit Blutegeln belegt, die in der Feuchtigkeit den einen oder anderen Aufsteigenden am großen Zeh in der offenen Sandale packte. Die grässlichen Viecher ignorierend konzentrierte ich mich auf meine Umgebung. Selbst auf knapp 2000 Metern Höhe zeigte Sri Lanka Mut zu Farben. Strahlend blühte rot, gelb, orange und blau auf grünem Gebüsch und Bäumen und ich war kurzzeitig froh, noch nicht in die kargen, kaum bewachsenen Höhen vorgedrungen zu sein.

Aber nur kurzzeitig.

Dann erinnerte ich das Ende meiner Kräfte und bildete mir ein, nicht mehr weitersteigen zu können.

Caro kam mir zuvor.

„Ich kann nicht mehr gehen", wurde sie aufsässig und weigerte sich auch nur einen Schritt weiterzugehen. Ich verkniff mir das nicht bewährte „Wir sind gleich da!", weil „gleich" mehrere Treppenstufen zuviel waren, unterdessen jeder Schritt die übermäßig beanspruchten Muskeln quälte.

„Häng dich an meinen Rucksack", sagte ich und sammelte Willenskraft, die ich jetzt besonders nötig

hatte. Caro hängte mir gleich ihr ganzes Körpergewicht an, was ich neben meinem eigenen zog und zerrte.
Im Tal überschwemmten die ersten Sonnenstrahlen die Bäume. Vereinzelte windschiefe Hütten tauchten aus dem Nichts auf und plötzlich befand ich mich in einem erschöpften Wettrennen mit der aufgehenden Sonne, die ich unbedingt und vollständig von oben betrachten wollte. Immer weniger Gebüsch langte nach mir, die Treppenstufen wurden enger und die Vegetation spärlicher. Und endlich sah ich ihn vor mir: Den auf Felsen und um den legendären Fußabdruck gebauten Tempel!
„Da sind wir ja!", rief ich. Sofort löste sich Caro von mir, überholte mich und ergatterte Platz zehn in der Rangliste der Gipfelstürmer, ließ sich freudestrahlend neben den Siegern nieder.
Willi war vom Aufstieg weder der Atem noch das Reden ausgegangen und er überforderte mich spontan mit seiner Munterkeit, mit welcher er mir entgegenstürmte.
„Mama!", verkündete er mit geblähter Brust, „ich war Erster!"
„Toll!", stieß ich hervor, holte heimlich ein paar Mal kräftig Luft und massierte meine überspannte Beinmuskulatur, bevor ich in die allgemeine Glückseligkeit mit einstimmen konnte. Mit langsam wiederkehrender Energie war der Weg frei für ein einzigartiges Gipfelerlebnis: Gesammelt blickten wir auf das die Dunkelheit durchbrechende Morgenrot nieder, dem die aufgehende Sonne folgte, die den noch immer am Horizont stehenden Mond erst matter erscheinen ließ und schließlich überstrahlte.
Nach und nach traf der Rest unserer Truppe ein, allen voran Fabian und Andreas. Von einem geschäftstüchtigen Sri-Lanker kauften wir Tee, der herrlich zur

Sonne passte, die uns von der Nacht befreite. Zufrieden ließ ich mich mit meinem Tee nieder und sah mir die wechselnden Farben des Sonnenaufgangs an, als mich ein gedehntes „Ahhh“ aus meiner Ruheposition hebelte. Wieder auf den Beinen sprang ich zum Ort des klingenden Entzückens. Dort fand ich mehrere Körper über der Brüstung hängen, die Augen starr auf den Schatten des erklommenen Adams Peaks gerichtet, der von den schräg einfallenden Sonnenstrahlen in die Luftschichten geworfen worden war und dort den Betrachter mehrdimensional begeisterte.
Das machte wett für den Fußabdruck, den wir leider nicht zu sehen kriegten.
Er war von einer hölzernen Tür eingesperrt und verriegelt.
Das hatten wir jetzt davon, neben der Saison gepilgert zu sein!
Der Eindruck des göttlichen Fußes war nur jenen zugedacht, die auch die Saison zum Pilgern nutzten. Somit waren wir zum Fuß gepilgert, ohne einen ordentlichen Eindruck von dem eingetretenen Wunder abgekriegt zu haben. Abgekriegt aber hatte jeder für sich einen Eindruck einer Schönheit, die ohne weiteres als göttlich bezeichnet werden konnte und sich bleibend in unserer Erinnerung einprägte.
Einen Eindruck, den wir in unseren jeweiligen Arbeitsalltag mitnahmen, der auf Sri Lanka im Verhältnis zu Deutschland ohnehin mit seiner Langsamkeit etwas Mystisches an sich hatte.

15. Immer mit der Ruhe

Nachdem der Airbus aus Frankfurt auf Sri Lanka seine Masse eingeparkt hat und die Flugzeugtüren aufgehen, die Touristen über die Treppe auf die Startbahn und in den Bus fließen; wenn hundert Prozent Luftfeuchtigkeit dreißig Grad Außentemperatur aufheizen; wenn das Flugzeugpersonal den Gästen ein letztes Mal zulächelt und der Inselgast sri-lankischen Boden betritt, ja dann wird es so richtig gemütlich. Zügige deutsche Lebensart muss plötzlich alle Zeit der Welt aufbringen, übt ein erstes Mal an der Einreisekontrolle, wo der Pass Seite für Seite interessiert betrachtet und gemächlich abgestempelt wird, dann am Gepäckband, wo selbst die Koffer langsamer purzeln als in Deutschland; am Taxistand, wo der Fahrer gähnend hinter seinem Lenkrad herumlungert und beim Einchecken im Hotel, wo schon der Willkommensdrink nach langen Wartezeiten schmeckt.

Ab sofort gilt es aber für den Gast auch, die bekömmlichen Nebenwirkungen der Wartezeiten zu genießen und es sich im Morgen, das auf Sri Lanka manchmal niemals kommt, einen Urlaub lang bequem zu machen. Jene urgemütliche Insel-Eigenart ist selbstverständlich auch statistisch festgehalten, mit der Effektivität anderer Länder verglichen und ins Verhältnis gesetzt worden: Sri Lanka belegt gemeinsam mit einigen afrikanischen Ländern die hintersten Ränge.

Uneffektiv gemütlich oder gemütlich uneffektiv!

Ganz anders als der zur ungemütlichen Effektivität neigende Deutsche.

Dabei kommt mir der Schweizer Komiker Emil in den Sinn, der vor vielen Jahren einen Akt am Skilift inszenierte, in welchem ein zackiger Deutscher in einer Gruppe Schweizer wütete. Während die Schweizer

stoisch Ski neben Ski auf den für sie vorgesehenen Sessel zustrebten, verlor der Deutsche zusehends die Geduld und glaubte schließlich, sich mitteilen zu müssen. „Bei uns in Deutschland geht alles zackzack!", bestärkte er das weltweit gehandelte Klischee des forschen Deutschen, woraufhin die Schweizer irritiert an den zwei Metern Deutschland hoch schauten und nicht genau wussten, was sie mit soviel rasanter Ungeduld anfangen sollten.
Ich habe damals herzlich darüber gelacht und vermutlich sogar zustimmend über das Klischee gelästert.
Heute war ich selbst Klischee und lebte gelegentlich in einem Tempo, dem ich selbst kaum folgen konnte, fegte durch Haus und Straße und zog eine Welle an Geschäftigkeit und Kopfschütteln hinter mir her.
Allerdings war Eile auf der Insel keine gute Idee und überlagerte außerdem den entspannten Seelenbaumel, der jedem Neuzugang beim Betreten wie ein hawaiianischer Blumenkranz als Gastgeschenk umgelegt wurde. Der unverdrossene Seelenbaumel passte trefflich in das hiesige Klima und in den Buddhismus, war hierzulande ein angenehmer Istzustand und ein im srilankischen Alltag Nerven schonendes, unerlässliches Werkzeug.
Wehe aber jenem, der die Gelassenheit kurzfristig ablegte und glaubte, in Eile ausbrechen zu müssen. Jener lief Gefahr, die innerer Ausgeglichenheit mit rasender Wut auszutauschen.

Am Deutlichsten wurde diese Persönlichkeitsveränderung im bereits ausführlich beschriebenen Straßenverkehr, wo jeder Meter für eine Überraschung gut war. Verfügte ich beim Fahren gerade über genügend Gemütsruhe, jonglierte ich mein Vierrad gut gelaunt um das Allerlei, welches neben mir die Straße nutzte, und erreichte in bester Laune mein Ziel. War ich jedoch in Eile, befand ich mich schon wenige Sekunden nach Straßenantritt in höchster Aufregung. Hupend reklamierte ich dann jedes von mir entdeckte Verkehrsdelikt (und davon gab es reichlich), blinkte hektisch mit dem Licht und warf aufgebracht meine Hände durcheinander, sorgte in meinem eiligen Zustand für einen besorgniserregenden Blutdruck.

Aber auch die Telefongesellschaft hatte das Potential, mein Blut mit Hochdruck durch seine Bahnen zu pumpen – es reichte schon aus, wenn sie eine Rechnung falsch ausstellte und mich auf einen Marathon durch die verschiedenen Beraterstellen in ihrem Hauptgebäude schickte.

So geschehen an einem wunderschönen Tag im Juni.

Aus den Tiefen meines Klappstühlchens strahlte ich zu der mir zugewiesenen Beratung hinauf, was vom Herrn am Schreibtisch herzlich erwidert wurde. Lächelnd saßen wir einander gegenüber, quollen geradezu über vor Freundlichkeit bis er sich endlich nach dem Grund meines Erscheinens erkundigte. Ich legte mein Anliegen auf den Tisch und deutete mit dem Zeigefinger auf die schwindelerregende Rechnungssumme von eintausend Dollar, in Rupien astronomische Hunderttausend.

„Und das für einen einzigen Monat?!", führte ich aus, nachdem meinem Gegenüber offensichtlich nichts Besorgniserregendes an der Rechnung finden konnte.

„Richtig!", sagte er nach eingehendem Studium der Zahlen. „Hunderttausend Rupies für den Monat Mai!" Er lächelte.

Ich lachelte.

Wir lächelten eine Weile bis ich noch mal zur Erklärung ausholte: „Hunderttausend Rupies für einen Monat scheint mir ein wenig zu viel, finden sie nicht?"

„Sehr viel!“, fand er und ... Es ist wohl hinfällig, an dieser Stelle unser Lächeln zu beschreiben, welches mir unterdessen in die Wangenknochen gekrochen war und dort Schmerzen verursachte.
„Ja aber“, erhob ich nun die Stimme. „Das kann doch gar nicht sein!“
„Ja warum denn nicht?“, wunderte er sich.
„Weil“, ich tippte auf das Papier, zerrte ungehalten die Rechnungen der letzten Monate aus meiner Handtasche und legte sie zum Vergleich daneben. Dann kam wieder mein Finger zum Einsatz, der auf die vergangenen Rechnungssummen von maximal einhundert Dollar, umgerechnet zehntausend Rupien, deutete. Gewissenhaft verglich und studierte der Angesprochene die ihm vorgelegten Rechnungen. Dann endlich schien er die Lösung gefunden zu haben.
„Die Auslandsgespräche!“, freute er sich über seinen grandiosen Einfall, „sind sehr teuer!“
„Kann nicht sein“, musste ich mich jetzt aber furchtbar aufregen, „wir hatten im Mai keine Auslandsgespräche, denn wir waren selbst im Ausland, haben folglich überhaupt nicht telefoniert!“
Einmal angefangen, war er aber nicht mehr zu bremsen!
Unermüdlich bombardierte er mich mit wilden Spekulationen bezüglich der möglichen Rechnungszusammensetzung, bis ich entnervt meine Hand hob und energisch die genaue Auflistung der einzelnen Telefongespräche im Monat Mai forderte.
„Dafür bin ich leider nicht zuständig!“, bedauerte er. „Rechnungsdetails erledigt die Buchhaltungsabteilung!“
Dort verbrachte ich eine halbe Stunde meines Lebens in der Warteschlange und verlor darüber endgültig die Geduld – verlor jene viel zu voreilig, wie sich bald

herausstellen sollte, denn davon würde ich bis zum Ende des Missverständnisses noch viel nötig haben!
Als ich endlich an der Reihe war, konnte ich nichts Freundliches mehr aufbringen, sondern nur noch den drohenden Zeigefinger, den ich auf dem Rechnungsbetrag pochte und sofort – auf die Betonung von „sofort" legte ich großen Wert – wissen wollte, aus welchen Telefongesprächen sich dieser Betrag zusammensetzte.
Die Dame lächelte und bot mir einen Stuhl an.
Ich setzte mich und und bemühte mich, wieder zur Ruhe zu kommen. Schließlich, das nahm ich zumindest an, hatte die freundliche Dame mit dem Versehen nichts zu tun. Mein Unmut, rügte ich mich, gehört nicht hierher.Kaum hatte ich mich einigermaßen beruhigt, fiel mein Blick auf die Uhr und ich steuerte zurück in das eigens entfachte Höllenfeuer: Ich hatte über eine Stunde damit verbracht, die zweifellos falsch ausgestellte Rechnung zu reklamieren und war noch meilenweit von einer Lösung entfernt.
„Und?", fragte ich unbeherrscht und warf einen Blick auf den Bildschirm, welchen die Dame mit Nummern, Namen und Symbolen fütterte, jener eifrig flackerte und Seite um Seite aufschlug.
„Sorry!", sagte sie unverändert liebenswürdig und sah vom Bildschirm auf. „Sie müssen an unsere Hauptrechnungsstelle in Colombo. Ich kann Ihnen da nicht weiterhelfen!"
Colombo lag von uns aus neunzig schreckliche Autominuten entfernt!
Genug, kochte ich, war genug!
Ich verlangte nach dem Manager.
Sofort!
Die Dame schwebte durch die Glastür ins Nachbarzimmer, ich hinterher, starrte dort auf einen leeren Sessel

und ließ mir sagen, dass der Sesselinhaber gerade Mittagspause habe.
„Versuchen sie es doch morgen noch einmal“, flötete die Buchhaltungsabteilung und verließ eilig den Raum, bevor ich Dinge aussprechen konnte, die ich später mit Sicherheit bereuen würde.

„Morgen“ hatte ich also nichts Besseres zu tun, als – in höchster Aufregung – unentspannt die Straßen nach Negombo abzurasen. Dem Fahrzeug besorgte ich einen Platz an der Sonne, hastete an der Bombenkontrolle vorbei in des Managers Glaspalast und schob die Rechnung in seine Kaffeepause hinein.
„Sit!“, befahl Herr Fernando (seinen Namen hatte mir das Schild an der der Tür verraten: Lal Fernando)und wies auf den gegenüberliegenden Stuhl.
Ich gehorchte und erklärte noch während ich mich setzte: „Wrong!“, deutete auf den horrenden Betrag, zog den Fingernagel augenblicklich wieder aus der Affäre, als ich die schwarzen Trauerränder darunter sah.
„Too much!“, sagte ich und steckte mir die schwarz gewordenen Fingernägel unter mein Gesäß. Zu mehr Informationen als „falsch“ und „zuviel“ hatte ich keine Lust mehr. Gestern hatte ich mich leer beschwert und fand, dass mehr Erklärung als Auskunft nicht notwendig war. Und tatsächlich (Ein Manager ist schließlich kein Hampelmann!), Herr Fernando setzte eine Lesebrille auf und studierte die Monatsrechnung eingehend, schob sie an mich zurück und nahm einen Schluck Tee aus der Kaffeetasse.
„Und nu?“, wollte ich wissen.
„Kein Problem! Mit der Rechnung stimmt ganz offensichtlich etwas nicht“, schlürfte er. „Mögen Sie eine Tasse Tee?“

„Nein danke, lieber eine Gutschrift!"
„Die kann ich nicht ausstellen", sagte er und rührte Zucker in das dampfende Getränk. „Dafür ist die Rechnungsstelle in Colombo zuständig."
Schon wieder platzte mein Kragen. Ich holte tief Luft und behauptete, dass ich die Telefongesellschaft wechseln würde, wenn dieses verrechnete Unglück nicht sofort und ohne Umschweife behoben würde. Und außerdem, holte ich aus, würde ich einige Kunden seiner Telefongesellschaft mit mir nehmen und … und … mehr Drohworte fielen mir leider nicht ein und erwartungsvoll starrte ich mein Gegenüber an. Dass es keine wirkliche Alternative zu seiner Gesellschaft gab, wusste nicht nur ich, sondern auch Herr Lal Fernando. Meine Drohungen waren plump und unglaubwürdig, denn die Alternativen hatte ich bereits ausprobiert und dort in Telefongesprächen mein eigenes Echo anhören müssen, während der Gesprächspartner verzerrte Texte durch die Leitung schickte. Die Srilankan Telekom hingegen verband mich qualitativ erträglich – auch wenn ich mich auf Kurzstreckentelefonaten anhörte, als lebte ich in Timbuktu – und war somit das Beste, was auf der Insel verfügbar war.
Herr Fernando versprach mir, sich gleich morgen persönlich mit Colombo zusammenzusetzen und die Angelegenheit persönlich aus der Welt zu schaffen.
Was ich damals noch nicht ahnte war, dass ein sri-lankischer Morgen beliebig nach hinten bis ins Nirwana geschoben werden konnte, denn – so schmunzelte ein Singhalese, nachdem ich ihm meinen Hürdenlauf geschildert hatte – Tomorrow never comes! Der Morgen kommt nie!
In der kommenden Woche wurde uns das Telefon mit der Begründung abgestellt, wir hätten versäumt, jene astronomische Rechnung zu begleichen.

„Im Falle weiterer Unstimmigkeiten", flötete mir eine Frauenstimme ins Ohr, „wenden Sie sich doch bitte an die Kundenstelle in Negombo."
Wenig später walzte ich ins Büro des Managers und geradewegs wieder heraus, weil der Manager heute, morgen und wahrscheinlich auch übermorgen in einer Schulung verbringen würde und für mich (very sorry) nicht zu sprechen sei. Ich solle doch beim Kundenservice ... Wutschnaubend lief ich beim Kundenservice ein.
„Sit!", bat man mich, dazu war ich aber zu aufgeregt, rammte zwei Fäuste in meine Taille und tobte wie Rumpelstilzchen über unserer abgestellten Telefonverbindung. Ich gestikulierte und wurde furchtbar laut, war in Kürze von einer Schar Neugieriger umringt, die beobachteten, wie ich gerade sämtliche Möglichkeiten eines Gesichtsverlustes durchexerzierte und würdelos brüllte: „Ich mag nicht sitzen, ich mag endlich eine Gutschrift und ein Telefon, welches mir nicht am laufenden Band abgestellt wird, weil die Buchhaltungsabteilung in Colombo nicht fähig ist, einen von ihr fabrizierten Fehler zu beheben!"
Der Kundenservice versprach mir, sich persönlich und umgehend um die Angelegenheit zu kümmern!
Es wird an dieser Stelle niemanden überraschen, dass auch der persönliche Einsatz vom Kundenservice ohne Folgen blieb.
Entkräftet stand ich vor der Wahl, entweder noch weitere unterhaltsame Tobsuchtsanfälle in der Öffentlichkeit auszutragen, oder mich in den „Way of Life" der Sri-Lanker einzufügen und das versprochene Morgen nicht ganz so eng zu sehen.
Ich entschied mich für Letzteres und war tatsächlich schon zwei Tage später wieder telefonisch erreichbar.
Die Woche darauf wieder nicht.
Dann wieder.

Dann wieder nicht.
Und so weiter!
In der Zwischenzeit nutzte ich den Fortschritt und telefonierte mobil, erhielt nicht morgen, auch nicht übermorgen und schon gar nicht in Kürze, sondern sehr viel später die Gutschrift und bezahlte den korrigierten Betrag. Im Festnetz wurde ich auch wieder verlässlich eingerichtet und legte vorsichtshalber die Gutschrift als Beweisstück ab – falls die Telefongesellschaft die ihrige verlegte und das ganze schöne Spiel von vorne begann.
Dazu gelernt hatte ich, dass all das die Aufregung nicht wert gewesen war!
Ich hatte eine Lektion „Immer mit der Ruhe" verabreicht bekommen und folgendes dazugelernt. Langsamkeit musste a) in einem tropisch-heiß-schwülen Land, in welchem Geschwindigkeit in Form von Schweiß augenblicklich aus den Poren schoss und b) in einem buddhistischen Land, in welchem der Augenblick gefeiert wurde, die Konsequenzen dieses Augenblicks unwichtig waren und mögliche Folgen niemals im Augenblick berücksichtigt wurden; ich schlussfolgerte also, dass die Langsamkeit in einem Land wie Sri Lanka erfunden worden sein musste.
In srilankischer Atmosphäre setzte sich Eile umgehend in Aufregung um, hob damit einzig meinen Pulsschlag auf ein ungesundes Niveau an und bewirkte – gar nichts!

Trotzdem konnte ich nicht aus meiner Haut, fuhr höchstens ab und aus ihr heraus. Und obwohl ich erkannt hatte, wie fehl am Platz Eile auf der Insel war, versuchte ich immer wieder die inselansässige Bürokratie eilig zu stimmen. Sehr eilig wurde es, als Bürokratisches Andreas den Zugriff auf sein sauer verdientes Geld verwehrte.

Es begann mit einem Gerücht, welches wochenlang beharrlich durch die regierungskritischen Zeitungen gereicht wurde: Der Rentenfonds, in welchen auch Andreas monatlich einbezahlte, werde demnächst vom erlauchten Herrn Präsidenten für das Einrichten der nach ihm benannten Fluggesellschaft „Mihin Air" geoder besser verbraucht.

„Weißt du eigentlich", fragte mich Andreas eines Morgens heiter und nahm einen großen Schluck vom frisch gepressten Fruchtsaft, „wie man ein kleines Vermögen erwirtschaften kann?"

Wusste ich natürlich nicht, hatte in diesem Leben noch keine kleinen Vermögen erwirtschaftet.

„Indem man ein großes Vermögen in eine Fluggesellschaft steckt!"

Ich lachte gequält und stellte mir vor, wie der Präsident unser im Rentenfonds steckendes, kleines Vermögen in seiner neuen Fluggesellschaft verpulverte. Fortan saß ich Andreas im Genick, seinen Rentenanteil von dem sinkenden Schiff namens „Rentenfonds" zu retten. Etwas, das mit dem nahenden Vertragsende möglich geworden war. Er hatte die Option, den angehäuften Rentenbetrag bis zum endgültigen Verlassen der Insel auf einem (dem Präsidenten offensichtlich zugänglichen) Konto Zinsen abwerfen zu lassen oder aber einzufordern.

Da auch Andreas dem Präsidenten nicht traute, gab er meinem Drängen nach und tigerte missmutig viele Stunden von Amt zu Amt. Willig unterschrieb er hier und gab dort eine Passkopie ab, sprach vor und ließ sich belehren, steckte seinen Finger in ein Stempelkissen, drückte seinen Abdruck auf das relevante Papier und stellte sich für das nächste Amt in eine Reihe Wartende. Viele durchlaufene Warteschlangen und Schreibtische später spuckte der Beamtenapparat das notwendige Dokument aus, mit welchem er den

bislang einbezahlten Betrag auf sein privates Konto überweisen lassen konnte.
Erleichtert gab Andreas den eroberten Papierkram zur Fondsauflösung bei einem Bankangestellten ab. Der Sachkundige wiegte mit dem Kopf und versprach, dass in Kürze das Geld auf Andreas' Konto im Plus auftauchen würde. Zufrieden überließ mein Mann den Transfer jener Fachkompetenz und wandte sich wieder den angenehmen Dingen des Lebens zu.

Zwei Wochen später war unser Kontostand noch nicht entsprechend angeglichen worden und Andreas fragte nach. Die Fachkompetenz wiegte mit dem Kopf und erklärte ihm, dass Sri Lankas Mühlen nicht in deutscher Geschwindigkeit mahlten und er sich bitte gedulden solle.
Drei Wochen später ging meine Geduld aus und ich wurde nervös.
Andreas hatte vier Wochen Geduld, schloss sich schließlich meiner Nervosität an und fragte telefonisch nach.
„Den Betrag musste ich zurückgehen lassen", bereute das Ende der Leitung. „Not possible to transfer Rupies to Dollar account!"
Sri lankische Rupien konnten nicht auf ein Dollarkonto überwiesen werden!
Mit diesem einen Satz hatte mich der Sachbearbeiter endgültig aus der mir so mühsam erarbeiteten, sri-lankischen Ruhe gebracht. Bildlich sah ich vor mir, wie sauer Erspartes direkt in die Taschen der Präsidenten-Fluggesellschaft floss. Unterdessen hatte sich diese Fluggesellschaft schon mehrfach in die Schlagzeilen manövriert und brillierte damit, dass sie schon großzügig Miese schrieb, bevor sie auch nur einen Cent verdient hatte.
In den letzten Schlagzeilen hatte ich gelesen, dass besagte Fluggesellschaft nach der Landung bar die

Landegebühren an ihren Destinationen verrichten müsste, weil sie ihre Landegebühren in der Vergangenheit nicht beglichen hatte.
Um haaresbreite wäre ich in die nicht bewährte, kontraproduktive Wut ausgebrochen.
Was Andreas an meiner Stelle tat.
Noch immer am Telefon mit der Bank zitierte er der Fachkraft schnaubend den Abschnitt in die Sprechmuschel, in welchem schwarz auf weiß stand, dass die Rupien in diesem besonderen Fall auf das Dollarkonto transferiert werden dürften.
Höflich forderte der Bankmann ihn auf, doch bitte eine Kopie des eben zitierten Dokumentes an den Bearbeiter weiterzureichen. Erschöpft machte Andreas ihn darauf aufmerksam, dass er das doch schon vor Wochen getan habe, woraufhin der Bankmann schwor, ein solches Dokument noch nie gesehen zu haben.
Ich faxte ihm jenes, rief sicherheitshalber noch einmal an und ließ mir den Erhalt bestätigen.
„Yes!", bestätigte er und ich konnte davon ausgehen, dass er zeitgleich mit dem Kopf wiegte, was aus Ja flugs ein Jein machte.
Dann hängte er ein.
Eine landesübliche Verabschiedung, an die ich mich nie gewöhnen würde. Für die mir vertraute Ankündigung vom Gesprächsende „Auf Wiedersehen" oder „Bis später" oder „Tschüss" war in Sinhala kein Wort vorgesehen. Ständig wurde mir der Hörer ins Gespräch gelegt und stets war ich danach im Ungewissen, ob ich jetzt freundlich oder aber im Ärger verabschiedet worden war. In diesem Falle lag das Ende des Gespräches wohl eher auf der ärgerlichen Seite, denn mein „Immer mit der Ruhe" war zu „Ich muss jetzt leider doch explodieren" geworden. In meiner verbalen Explosion stellte ich klar, wie unqualifiziert ich diese Internatio-

nale Bank empfand und behauptete, dass Andreas seine Finanzen in Zukunft einer anderen Bank zukommen lassen würde.
Sechs Wochen später rief die Bank bei uns an: Die Sekretärin informierte Andreas, dass Rupien leider nicht auf ein Dollarkonto einbezahlt werden konnten.
Diesmal machten wir mit der Drohung ernst und Andreas wechselte die Bank.
Zwölf Wochen später wurde der Betrag – selbstredend erst nach einigen Nachfragen und Verwicklungen - auf einem nagelneuen Konto gutgeschrieben.

Lektion 1: Die Rechnung wurde, wenngleich spät, dann schließlich doch gutgeschrieben und der Rentenbetrag überwiesen!
Lektion 2: Ohne Aufregung hätte sowohl die Gutschrift, als auch die Überweisung genauso lange gedauert, dafür wäre unsere freie Zeit zwischen dem Einreichen der Dokumente bis zur Gutschrift wesentlich unbeschwerter verlaufen.
Und die letzte, unumstößliche Lektion 3: Wer sich aufregt, hat unrecht!

Nicht, dass ich mich fortan nicht mehr aufregte, Gott bewahre, so gelassen konnte ich selbst in der Nähe Buddhas nicht sein. Aber immerhin merkte ich, während ich innerlich einen kläglichen Aufstand probte, wie lächerlich ich mich gerade machte und schaffte es zuweilen in einen Heiterkeitsausbruch darüber, dass die Insel eben nicht „zackzack“ sondern bedächtig und in Schnörkeln ans Ziel führten. Schließlich, beschloss ich, führten auch bürokratisch verkomplizierte Umwege nach Rom!
Und die ruhige Duldsamkeit des Sri-Lankers entdeckte ich auch in der Art und Weise, in welcher sie sich ihren Lebenspartner aussuchten.

16. Über Hoch-Zeiten und Aber-Glauben

Ich erinnere mich noch genau an den Gesichtsausdruck meiner potentiellen Schwiegermutter, als ihr Sohn mich vor mehr als zwanzig Jahren bei seiner Familie vorstellte. Es gab Kartoffelauflauf und ich hatte den ganzen Tag nichts gegessen, genehmigte mir einen großen Löffel Kartoffeln, kaute andächtig und lobte die Köchin – mit vollem Mund, versteht sich.
Stumme Entrüstung am Tisch schlug mir entgegen. Erschrocken blickte ich um mich, sah Hände zum Gebet gefaltet und auf den Lippen Lobpreisungen. Hurtig kaute ich in das Gebet mit ein, dessen Wortlaut ich weder genau kannte, noch über dem Amen ein ordentliches Kreuz schlagen konnte.
Ich denke, das war der Augenblick, als die Mutter meines frisch verliebten Freundes in mir gerne eine ehemalige Freundin gesehen hätte, sich die alten Zeiten herbeisehnte, in denen noch versierte Heiratsvermittler Passendes ins Haus und in die Ehe holten.
Sehr wahrscheinlich hätte sie in ihrer Verzweiflung sogar zu einem Orakel oder nach den Sternen gegriffen. Wären sie und ich Sri-Lanker gewesen, wäre es nie zu dieser peinlichen Szene gekommen. Dort holt sich nicht der Sohn die Liebe ins Haus, sondern sie wird ihm in der Regel vorgesetzt.

Als ich meine ersten Schritte auf der Insel tat, trat ich mit meinem alleinigen Auftritt voll daneben. Wohl hatte ich mir noch in Deutschland hier übliches Züchtiges angelesen und verhüllte meine Haut vor den Blicken der Männer. Das nützte aber alles nichts, mir eilte nämlich ein Ruf voraus, für den ich diesmal wirklich

nichts konnte: In den Augen nicht weniger Sri-Lanker war ich ein Flittchen! Ich, so glaubten jene zu wissen, pflegte den vorehelichen Sex – und davon hätten sie auch gerne etwas abbekommen. Sexuell Unterdrücktes strebte mir vor allem dann entgegen, wenn die Männlichkeit Alkohol gebechert hatte und sich noch zusätzlich von meiner weißen, reichen Haut angezogen fühlte.
Ich war sehr begehrt.
Und zwar nicht, weil ich besonders attraktiv war oder gar mit Werten überzeugte.
Ich überzeugte als leichtes Mädchen mit viel Geld, war eine laufende Geld- und Sexmaschine.
Wenn ich lange genug in der Zeitspur Deutschlands zurückging kam ich irgendwann dort an, wo Sri Lanka in Sacher Prüderie heute stand. Vor allem, aber nicht nur, in ländlichen Gegenden wurden die Töchter von der Familie bis zur Hochzeitsnacht streng unter Verschluss gehalten und standen den Männern nicht zur Verfügung. Solange die Töchter noch unverheiratet waren und zu Hause lebten, wurden sie bevormundet. Sie durften nur in Begleitung ausgehen, eigenständig keinen Arbeitsvertrag unterschreiben und ergatterten mit der Hochzeit die Unabhängigkeit von den Eltern – um sich einer neuen Abhängigkeit zu unterwerfen: der des Ehemannes.
„Ach“, erinnerte sich eine Inderin, einst selbst von den Eltern in die Ehe vermittelt, „das hat durchaus Vorteile. Kinder müssen sich nicht mit Liebesdingen abmühen und segeln gemütlich in den Hafen der Ehe ein, ohne dass sie den Liebeskummer durchleben müssen, der nicht selten mit der ersten Liebe einhergeht. Abgesehen davon hat die Vermittlung an die Verwandtschaft einiges für sich.“
Verwandtschaft?

Ich stockte und dachte sogleich in Extremen an Geschwister und Inzucht.
„Mit Vorliebe werden Cousins und Cousinen verheiratet. Es ist sehr angenehm schon vorher zu wissen, welche Familien miteinander verschmelzen!"
Mit dem Wissen, dass Cousins und Cousinen auf der Insel oft nur auf dem Papier und weit verzweigt verwandt waren, war das Thema Inzest vom Tisch. Nun konnte ich mich näher mit dem Gedanken befassen, wie es gewesen wäre, selbst einmal an einen Cousin vermittelt zu werden. Die Vorstellung, dass mir mein Cousin Albert ins Ehebett gelegt worden wäre, war abschreckend. Vornehmlich wegen des Bildes, das ich von ihm noch vor Augen hatte und zugegebenermaßen schon ein paar Jahre alt war: Ich sah ein pickliges Bürschchen, das bei der Begrüßung rot anlief und von meinem Anblick gehemmt ins Stottern verfiel.
Die Heimfahrt verbrachte ich – neben mittlerweile routinierten Ausweichmanövern – damit, mich zu freuen, dass meine Verwandtschaft keinen noch engeren Bund mit mir vorgehabt hatte. Ich war mit mir einig, dass ich kein Himmelhochjauchzen und Zu-Tode-betrübt meiner persönlichen Achterbahn bis zur Ehe auslassen hätte wollen.
Meine Abwehrhaltung gegen diese traditionelle Art der Heirat lag nicht zuletzt daran, dass mein Gehirn von Zeitungsartikeln unobjektiv gewaschen worden war, wo ich Reißerisches über Ehevermittlungen und Vermittelte gelesen hatte. Abgesehen davon war ich nicht minder von der Filmindustrie beeinflusst, deren Produktionen mit Vorliebe Männer und Frauen in Ehen nötigten, deren Herzen längst woanders und außerhalb ihres Standes die wahre Liebe gefunden hatten.
„Viele Ehen", erklärte mir meine Freundin Heike, die bereits zwanzig Jahre Erfahrung mit Sri Lanka ins

Gespräch einbrachte, „welche ich im Laufe der Zeit mitgekriegt habe und außerhalb ihres Standes auf der Basis von „reiner“ Liebe geschlossen worden sind, haben nicht lange gehalten.“

Nachdenklich dachte ich an die Paarungsgewohnheiten meiner Kultur. Wir strebten primär nach der ganz großen, prickelnden Liebe und belächelten nüchtern Vereintes. Dabei war es ja nun keine neue Erkenntnis, dass unser westliches Verlangen nach der „Hollywood-Liebe“ ohne Frage sehr prickelnd war, dafür aber nicht selten in der Scheidung endete. Wenn das Prickeln einmal abgezogen war, überlegte ich, blieb noch die Gemeinsamkeit – und gemeinsam hatten gewissenhaft aneinander Vermittelte das soziale Umfeld und die Erziehung, was wiederum der Nährboden für ein gegenseitiges Verstehen war. Jenen Sri-Lankern, die rebellisch den sozialen Gegensatz geheiratet und sich selbst aus dem Familienverbund gedrängt hatten, blieb wenig Gemeinsames, nachdem die Schmetterlinge einmal nicht mehr flatterten.

Dann konnte die Liebes-Ehe wie ein unbequem gewordener Schuh drücken.

Plötzlich kamen all die menschlichen Makel im Partner zum Vorschein, die man in der Verliebtheit so gekonnt übersehen. Ein gut vermittelter Partner jedoch war nach ähnlichen Grundsätzen erzogen worden und es gab kaum Überraschungen. Nicht selten verwandt und somit vertraut oder, wenn nicht verwandt, dann gründlich auf Vorzüge und Makel abgeklopft, ging man diese Ehe nicht mit dem Umweg über Wolke Sieben ein.

Und wer nicht zum Höhenflug abhob, stürzte auch nicht ganz so tief!

Auf der Suche nach dem familienkonformen Ehepartner für die Kinder schalteten die Eltern meistens einen Ehevermittler ein, der sich in den jeweilig finanziellen

Verhältnissen und Kasten auskannte. Gute Eltern, so lernte ich, sortierten die potentiellen Kandidaten lediglich vor und aus, bezogen den ehereifen Nachwuchs in den Entscheidungsprozess mit ein. Manchmal, nur um sicher zu gehen, wurde von einem klagenden, zitternden, mit Ringen behängten und klappernden Orakel noch der letzte Segen geholt.
Der Aberglauben hatte Sri Lanka fest im Griff.
Das Erstellen von persönlichen Horoskopen, auf das in Sri Lanka mehr Gewicht gelegt wurde als auf einen Lebenslauf, sicherte manchem Astrologen eine Vollbeschäftigung. Selbst der Präsident zog den Sterndeuter zu Rate, ließ sich von ihm den optimalen Zeitpunkt für Regierungsreisen mit seinen hundert Begleitern oder für ein geplantes politisches Manöver errechnen.
Somit wurde auch der Heiratsanwärter vor der Sichtung um persönliche Daten gebeten, welchem das Horoskop unbedingt beizulegen war!
Jene für mich ungewöhnliche Tradition hatte meine Fantasie beflügelt und ich fand mich im Geiste in der verrauchten Atmosphäre einer Bar wieder. Meine Hand umklammerte die zerknitterte Checkliste, die der künftige Lebenspartner bestehen musste und mit welcher ich in unserer Welt der freien Liebe auf Gattenschau unterwegs war. Lässig lehnte ein Objekt des Möglichen über einem Krug Bier an einer Bar und ich hakte die ersten Punkte meiner Soll-Liste ab: Größe und Äußeres waren ganz in meinem Sinne. Der nächste Punkt war leicht zu klären. Ein Wimpernschlag, ein paar geplapperte Nichtigkeiten und schon war ich bei: „Was machst du so beruflich?“ angelangt. Das erregte noch kein Aufsehen und übermütig wollte ich die religiöse Gesinnung aus der potentiellen Neuerrungenschaft herauskitzeln. Viel mühsamer war das Aufspüren seiner Kaste oder sozialen Stellung, im Er-

fragen des Jahreseinkommens schließlich stieß ich an Grenzen und vergraulte ihn beim Einfordern des Horoskops endgültig. Ich wagte gedanklich noch einen letzten Vorstoß und offenbarte ihm die Mitgift, mit welcher ich die Ehe kaufen würde.
Vermutlich würde ich dann als „Die Verrückte" in seiner Erinnerung einen Platz einnehmen und bewiesen haben, wie mühsam Kulturen mischten; dass kulturell gegensätzliche Ehen ganz schön umständlich sein konnten.
Dergleichen verlief nicht nur in Sri Lanka, sondern in weiten Teilen Asiens hingegen mehr als unaufregend – vielleicht, weil die Werbung nicht in einer Bar und persönlich, sondern über Vermittler stattfand.
Hatten die einander Zugedachten alle Prüfungen bestanden, stellte die Hochzeit den Höhepunkt für Eltern und Kinder dar. Nicht selten verbrauchten sie darüber ihre letzte finanzielle Reserve. Vor der Feier jedoch musste so einiges abgeklärt werden! Zum Beispiel das astrologisch perfekte Datum für die Hochzeit. Jenes musste auf jeden Fall außerhalb des Monats Juli liegen, denn heiraten im Juli brachte Unglück.
Unglücklich konnte übrigens so einiges ausgehen und bedachte ich, wie selbst mir eine kurze Schreckenssekunde in die Glieder fuhr, wenn eine Katze von links oder rechts (ich weiß immer nicht so genau, von welcher Seite das Unglück kommt und erschrecke vorsichtshalber mal beidseitig) meinen Weg kreuzte, dann wusste ich, dass ich aus dem auf der Insel intensiv gelebten Aberglauben als psychisches Wrack herauskommen würde.
Neugierig geworden kaufte ich die entsprechende Literatur und las mir alle möglichen Unglücks- und Glücksbringer an. Die daraus entstandenen „Do's and Dont's" wirkten sich wieder einmal auf mein fantastisches Vorstellungsvermögen aus und ich malte mir

aus, was das Beinahe-Ehepaar vor der Hochzeit so alles beachten sollte, wollte es die voreheliche Zeit noch gut überstehen. Begeistert trug ich eine Ansammlung von möglichen Unglücksboten zusammen, die einer glücklichen Hochzeit in die Quere kommen könnten. Da war zum Beispiel die Sache mit den Hunden, die es mir besonders angetan hatte, weil jene so zahlreich durch die Gegend streunten: Zog das Heulen der Hunde nachts ins Schlafzimmer, folgte bei Fuß der böse Geist.

Und wer wollte schon missgestimmte Geister auf der Gästeliste stehen haben?!

Ich blätterte weiter und fand das nächste Unglück bei den Schlangen, die von der Insel nicht wegzudenken waren. Regelmäßig krochen jene aus dem Dschungel und in unbewohnte Häuser, gelangten aber auch schon mal in einen bewohnten Garten, wo sich Mensch und Tier heftig über einander erschraken.

Das alleine, fand ich, war schon sehr aufregend, denn erschrockene Schlangen bissen ja bekanntlich gerne auch mal giftig zu!

Noch aufregender war es, wenn man sich an den Aberglauben hielt und an einem Dienstag oder Donnerstag vor einer Schlange erschrak.

An diesen Tagen durften Kobra und Konsorten unter keinen Umständen getötet werden.

Tat man es doch, wurde man karmisch bestraft.

Was tun?, fragte ich mich und sucht nach Lösungen. Entweder, sinnierte ich, die Abergläubischen wehrten sich nicht und wurden gebissen, oder aber sie schlugen trotzdem zu und hofften, dass das unerbittliche Karma mildernde Umstände wegen Notwehr geltend machte. Wurden sie gebissen, so wäre es erstrebenswert, wenn sie in ihrem Leben schon einmal von einer (unter Umständen tödlichen) Wasserschlange gebissen worden waren.

Dann nämlich war man gegen jegliches Schlangengift immun!
Sollte ich mir vielleicht auch überlegen, schließlich brüteten einige Kobras auf Nachbars Grundstück.
Ich stieß noch auf weitere Omen. Diesmal Vorboten, die bei einer möglichen Anreise des Brautpaares zur Hochzeit unbedingt beachtet werden sollten. Zum Beispiel sei es günstig, den Tag der Anreise auf einen Donnerstag zu legen – außer der Astrologe schloss diesen Tag dafür aus, dann werde es problematisch.
Ganz im Bann der Omen legte ich Seite um Seite um und suchte fieberhaft nach einer Lösung für diese unerwartet aufgetretene Anreisekomplikation. Da! Man könnte in diesem Falle donnerstags eine Frau auftreiben, die Milch oder Wasser trug, das brachte nämlich Glück und hob somit das Unglück auf.
Nüchtern gerechnet zumindest.
Begegnete man aber statt der glücklichen Milch- und Wasser Tragenden einem Behinderten, dann sollte man sich lieber eine Weile verkriechen, bei all dem Unglück, das da auf der Reise war!
Danach fiel mir nichts mehr ein, was zwischen ein Brautpaar und eine glückliche Hochzeit kommen konnte.
Obwohl so ein duftendes Bad vor der Trauung konnte tückisch werden.
Und Baden vor der Hochzeit war irgendwie unumgänglich.
Wenn baden, las ich, dann aber lieber nicht an Sonntagen, außer man strebte nach den äußerlichen Reizen von Victor Hugos Quasimodo.
Sie ahnen es sicherlich schon: Baden an Sonntagen beeinträchtigte die Schönheit.
Ein Montagsbad hingegen brachte Brad Pitts und Angelina Jolies hervor.

Nur: wer heiratete schon an einem Montag?
Von Montag bis zum Wochenende nicht mehr zu baden ging auch nicht, denn bis dahin hatte in der Hitze Mann oder Frau den Badeduft mit einer anderen, weniger attraktiven Note eingetauscht. Dienstag dagegen brachte Krankheiten über die Badenden, Mittwoch Reichtum; baden an Donnerstagen mündete in ernstzunehmendem Streit und überhaupt mussten die Eheleute ja Donnerstag anreisen; an Freitagen starb das Kind und der Hochzeit sei Dank: Samstag war der Badetag, der viel Glück versprach.
Somit hängte der optimale Hochzeitstermin nicht nur vom Terminkalender der Hochzeitenden, den Sternen oder der heilen Ankunft der Anreisenden ab, sondern auch vom Waschtag!
Mir ging schon beim Gedanken an all die zu beachtenden Eventualitäten die Luft aus und ich erinnerte mich, wie viele Nerven ich in der Schweiz alleine beim Zusammentragen der notwendigen Dokumente für eine ordnungsgemäße Trauung hatte lassen müssen – Dokumente, die ganz nebenbei gesagt in Sri Lanka kaum problemloser von den Ämtern einzutreiben waren als in der Schweiz.
Da trifft es sich gut, dass der Sri-Lanker die Dinge und mit Sicherheit auch den Aberglauben weitaus entspannter sieht als ich.
Das musste er auch, denn alleine die Gästeliste war uferlos lang und verzweigte sich über sämtliche Ecken der Verwandtschaft, die eingeladen werden musste, egal in welchem freundschaftlichen Verhältnis man zueinander stand. Allerdings war die traditionell gefeierte Hochzeit tatsächlich etwas, das geradezu nach einer Massenveranstaltung schrie! Alleine der Einzug des Brautpaares war ein Erlebnis, ihre Anmut und Aufmachung eine Augenweide. In der buddhistischen wie auch der katholischen Hochzeitsvariante trug die

Braut weiß; schwebte einmal in den Sari gewickelt und einmal in Kleid und Schleier zum Altar. Katholisch Heiratende schritten den langen Gang der Kirche ab, Buddhisten wurden von rot-weiß gekleideten Tänzern umringt, die rhythmisch ihre Trommel schlugen und sich grazil verrenkten. Für das i-Tüpfelchen an Exotik sorgten die Elefanten, denen golden und silbern bestickter roter Stoff bis zum Boden hing und die eine hoheitsvolle Ruhe ausstrahlten, die so wunderbar in die Zeremonie passten. Wenn dann die Mönche ihren Gesang anstimmten war es, als habe Buddha sich unter die Gesellschaft gemischt und geleite das Paar auf den Altar, den sie grazil wie die Tänzer einnahmen. Der für die Trauung zuständige Buddhist schlug unter Gemurmel eine Kokosnuss entzwei und legte die Hälften vor dem Brautpaar ab. Danach wurden die kleinen Finger der Getrauten mit weißem Band verbunden und mit Öl begossen.
Was es mit diesem Ritual genau auf sich hatte, konnte mir bislang niemand genau erklären.
In Sachen Kokosnuss erzählte man mir einmal, dass sie das Geschlecht des Nachwuchs bestimmen (auch hier Männliches bevorzugt) und ein andermal, dass die geteilte Nuss die Dämonen gut stimmen sollte.
Es beruhigte ungemein, dass man dieser Unzahl an Unglücksbringern exorzistisch begegnen konnte!
Wäre ich eine sri-lankische Ehe mit allem Drum und Dran eingegangen, müsste aus mir spätestens mit dem unumgänglichen Alltag mindestens ein Dämon wegexorziert werden. Ich nämlich wäre für diese hier vornehmlich gehandhabte klassische Aufgabentrennung von Mann und Frau mehr als ungeeignet und brach schon beim Gedanken in einen Aufstand aus; die Frauen, die mir begegneten, kümmerten sich um Haushalt und die Kinder, gingen nicht selten nebenher noch arbeiten, während der Mann als Familien-

oberhaupt fungierte. Die Ehe brachte ihm ein Vetorecht.
Schon als nicht sri-lankisch Verheiratete ertappte ich mich, wie ich mich fast täglich gegen die unterdrückte Frau auflehnte. Mit der Zeit hatte ich sogar in Zahlen erfahren, wie viel weniger Wert meine Weiblichkeit war: mehr als zwanzig Prozent! Diesen Wert errechnete ich aus der Preisdifferenz, die Andreas und ich in Verhandlungen mit den jeweiligen Verkäufern erzielten, denn diesen Prozentsatz musste ich in der Regel mehr bezahlen als mein Mann.
Und das, obwohl mein Mann im Verhandeln mehr als unbegabt war.
Er profitierte alleine vom Männerbonus.
Unerhört!
Aber nicht nur in Preisverhandlungen brillierte er, sondern ebenso in der Abwehr aufdringlicher Straßenverkäufer. Jene wichen mir, der Frau, nur widerwillig von der Seite, egal welche Verabschiedung ich wählte. Weder half das freundliche, aber bestimmte „Nein danke!" noch die Steigerung dazu: „Bitte! Ich möchte gerne meine Ruhe haben!"
Nach „Ruhe" legte ich eine bedeutungsschwere Pausen ein.
Ebenso bedeutungsvoll lächelte mich mein selbst ernannter Begleiter daraufhin an – und rückte mir noch ein wenig näher!
Da beneidete ich Andreas, der in ähnlichen Situationen mit einem einzigen, entschiedenen „Nein danke!" den Anhang abschüttelte. In Momenten wie diesen wünschte ich mir ein paar der Vorschusslorbeeren, mit denen die Männlichkeit behängt wurde.
Immer wieder wunderte ich mich darüber, dass zwar im Parlament keine Frau saß und trotzdem einmal eine Frau als Präsidentin das Land geführt hatte. Lange vor

Frau Merkel hatte Sri Lanka Emanzipation praktiziert und demonstriert; Emanzipation, die von der Spitze augenscheinlich noch nicht bei der Bevölkerung angekommen war und noch heute in der armen Bevölkerungsschicht kaum spürbar war.
„Dabei", so regte ich mich wiederholt auf, „übersteigt die Frau den Wert ihrer Mitgift um ein Vielfaches!"
„Ohne die Frauen", hatte meine Sri Lanka-erfahrene Heike bestätigt, „wäre das Land längst am Boden. Sie sind es, die mit Fleiß die Wirtschaft am Laufen halten!"
Frauen und Töchter nähten in Fabriken und führten in reichen Häusern den Haushalt, während Söhne und Männer nicht selten am Straßenrand Kricket spielten und ab und an den Durst mit Selbstgebranntem löschten.
Und trotzdem mangelte es den Frauen an Freiraum, empörte ich mich einmal an einem singhalesischem Ohr und wurde prompt angepfiffen, ich solle doch mal in die arabischen Länder, dann würde ich mich nicht mehr über mangelnde Emanzipation in Sri Lanka beschweren.
Daraufhin war ich kurzfristig klein mit Hut.
Kurz darauf wurde die Frau in mir zu einer Alice Schwarzer, die sich für die Frauenrechte einsetzte. Gerne hätte ich eine Revolution der Frauen eingeleitet.
In diesen Momenten vergaß ich, dass es uns im Westen viele Jahre gekostet hatte, bis die Frau die Emanzipation erreicht hatte. Ein Aufbäumen der Frau unter meinem Einfluss hätte sicherlich mehr zerstört als positiv beeinflusst und wäre so etwas wie eine andere Form des Kolonialisierens geworden. Wenn, dann musste die Emanzipation der sri-lankischen Frauen initiiert werden, die nicht mehr bis zum heiligen Berg pilgern wollten, um wenigstens im nächsten Leben die

Vorzüge des männlichen Daseins genießen zu können.
Mein Einmischen hätte ihnen höchstens die verlässliche Familienstruktur genommen, in der sie das fanden, was wir längst verloren hatten: einen Zusammenhalt in der Familie! Auch wenn die Frauen kaum eine Stimme in dieser Struktur hatten, so waren sie darin behütet und geborgen.
Sie hatten ihre Traditionen und ihre Aberglauben.
Wir hatten unsere Traditionen und unseren Glauben.
Wir waren zwei Kulturen, die sich einander annäherten und uns doch sehr fremd waren.
Als der Wind am 1. Januar eine Vase von meinem Tisch herunter geweht hatte und nur ein trauriger Scherbenhaufen davon zurückgeblieben war, tröstete mich Jasinta und meinte, ich habe nun ein glückliches Jahr vor mir. Ich hatte damals beschlossen, dieses freundliche Omen anzunehmen, auch wenn die vielen Rituale und Konventionen meinem Wesen nicht entsprachen. Als ich aus Sri Lanka aus – und in Deutschland wieder einzog, schlug ich wieder Scherben und dachte beim Aufkehren an Sri Lanka und hoffte, dass mir mein Leben in Deutschland gelingen möge, nachdem ich die Jahre in einem fernen Land mit meiner Familie ein so behagliches und gleichzeitig aufregendes Nest gebaut hatte.
Und bald würde es soweit sein: Wir sollten dorthin zurückkehren, wo wir Gewohntes und seit Sri Lanka auch eine ordentliche Portion Ungewohntes vorfinden würden.

17. Abschied von einem leuchtend schönen Land

Andreas und ich hatten am Strand ein kariertes Picknicktuch ausgelegt, streckten unsere Glieder genüsslich darauf aus, kauten versandete Käsekräcker und spülten Ungenießbares mit Rotwein herunter. Ab und zu stoben die Kinder und unsere Schäferhündin vorbei und hüllten uns in eine Wolke aus Sand. Vereinzelt zog Plastik durch die Abendbrise, die einkrachenden Wellenberge trieben winzige Krabben, Muscheln und Styropor vor sich her. Nachdenklich sah ich den Kindern zu, wie sie sich gegenseitig bis zur Nasenspitze im Sand ein- und wieder ausgruben, wie der Monsunwind an ihrem Haar zerrte und die Gesichter ein verschmitztes Grinsen überzog.

„Was würdet ihr davon halten, wenn wir in einem halben Jahr wieder nach Deutschland zögen", hob ich vorsichtig an und wie auf Kommando hörte das Graben auf.

„Ich mag hier nicht weg!", schimpfte Caro und hatte die Brüder einstimmig hinter sich, die noch glaubten „Deutschland ist doof!" hinzufügen zu müssen.

Dann gruben sie weiter.

Für sie war der Fall hiermit erledigt.

Für Andreas und mich noch nicht. Wir bildeten uns ein, dass wir die Kinder nun wieder aus dem englischen Schulsystem herausnehmen und ins deutsche integrieren sollten. Ansonsten, glaubten wir, bliebe uns demnächst eine Rückkehr nach Hause bis zum Schulabschluss der drei verschlossen.

„In Deutschland gibt es Supermärkte mit einer riesigen Lebensmittelauswahl", warb ich luxuriös für unser aller Heimat.

Lebensmittel interessierten sie nicht. Sie waren mit hier Aufgetischtem vollends zufrieden.
„Mit dem Leitungswasser kann man Zähne putzen, kann es sogar trinken!“
Widerspenstig runzelten sie dreifach die Stirn.
„Na und?“
„Kein Bürgerkrieg!?!“ Ein Argument, das 2008 noch zog.
Langanhaltendes Schweigen, bis sich Fabian erhob, die Hände an der Hose abklopfte und mich streng ansah: „Dafür gibt es S-Bahn-Schläger!“ Er begann erneut zu graben, zögerte einen Augenblick und fügte hinzu: „Selbstmordattentäter gibt es in Europa genau wie hier.“
Er hatte zuviel Zeitung gelesen. Gegen seine Argumentation kam ich nicht an.
„Ihr könntet mit dem Fahrrad weite Kreise ziehen, seid nicht auf das Innere des Compounds reduziert.“
Aber die Kinder wollten nichts mehr vom Weggehen hören. Willi nahm eine Ladung Sand und stäubte Fabian damit ein. Unsere Hündin wusste gar nicht mehr wohin mit ihrem Glück, mischte sich mit kuriosen Sprüngen in die Sandschlacht ein und bellte übermütig.
Aus der Ferne betrachteten ein paar sri-lankische Kinder schüchtern das Schauspiel, ein Fischer zog jubelnd einen Kleinhai aus dem Indischen Ozean und eine Frau trug einen Korb Sand auf dem Kopf nach Hause.
„Das alles macht Sri Lanka aus! Es ist anders, schön, berauschend und manchmal bedrückend“, dachte ich und erhob mich. Andreas pfiff Flora bei Fuß, Willi versuchte es auf seinen Fingern nachzupfeifen und spuckte dabei aus Versehen Caro an, die angewidert zurückwich und ihren Bruder weit weg wünschte.
Nach Deutschland oder so.
Unser kleiner Menschenzug setzte sich in Bewegung. Hinter uns tauchte die Sonne ins Meer, Wolkenfetzen

verfärbten sich in ihrem Untergang und fast übergangslos übernahm der Vollmond die Beleuchtung unseres Heimwegs in den Compound. Wir schlugen uns durch Schwärme von Mücken, die wie wir die Abendstimmung genossen. Zu Hause leerte ich die letzten Käsekräcker auf einen Teller und trug ihn zum Esstisch. Versonnen blickten fünf Lagunenbewohner über die im Mond glitzernde Lagune hinweg und in die tanzenden Lichter des Flughafens hinein.

„Du", sagte ich nach einer Weile zum Andreas, der gerade den Tod eines blutgesättigten Moskitos zu verantworten hatte, „wir wohnen im Semi-Paradies hier!"

Caro kroch in Andreas Arme.

„Was ist denn ein Semi-Paradies?", fragte sie.

„Das Semi-Paradies", sprach ich beseelt, „ist das halbe Paradies." Den philosophischen Exkurs über Yin und Yang, über das halb volle oder das halb leere Glas, über die Kunst, das Schöne zu sehen und nicht das Hässliche; diesen philosophischen Exkurs konnte ich gerade noch unterdrücken und sagte stattdessen: „Es gibt nur ein halbes Paradies, weil in jedem Paradies Schlangen über einem verbotenen Apfel lauern, von welchem wir irgendwann kosten und aus dem Paradies vertrieben werden. Somit", schloss ich, „gehört das Paradies dem Menschen immer nur zur Hälfte."

Caro überlegte und verkündete kurz darauf das Ergebnis ihrer Überlegungen: „Auf Sri Lanka wachsen gar keine Äpfel!"

Dafür gab es Schlangen.

„Weißt du", sagte ich selig, „irgendwann werden diese Insel und seine Bewohner mein ganz persönliches Heimweh werden."

Muffig wandte sie sich ab und wiederholte nachdrücklich: „Ich mag hier nicht weg!"

Mit dem Gedanken an Heimweh und unsere baldige Rückkehr gingen wir schlafen und wurden in dieser

Nacht von Willi aus unseren verschwitzten Träumen gerissen. Sein heißer Körper kroch unter unser Laken und kuschelte sich ganz eng an uns.
„Da war ein Tamile an meinem Bett und hat mit seinem Gewehr auf mich gezielt", behauptete er und schlief gleich wieder ein.
Noch lange lag ich wach und grübelte über das halbe Paradies nach. Der Bürgerkrieg besorgte mich damals nach wie vor, auch wenn wir augenscheinlich nicht davon betroffen waren, so hatten wir ihn einmal zu oft hautnah miterleben müssen. Dann wiederum dachte ich an die Schule, die eine sozial glückliche Atmosphäre für unsere Kinder geschaffen hatte, die ihnen freundlich Theorie vermittelte und sie nicht mit Wissen stopfte wie eine Mastgans mit Futter; ich dachte an die Singhalesen, die uns mit ihrer Neugier immer wieder zu nahe kamen, niemals verletzend und besserwisserisch in unser Leben eindrangen; Ich dachte an die Palmen, das Meer, den Wind, das Badehosenwetter, die Vegetation und seufzte schwer.
Ich würde mich aus diesem halben Paradies bald für immer verabschieden und diesmal wog der Abschied schwerer als damals, als wir Deutschland auf Zeit verlassen hatten und wir uns immer ganz sicher gewesen waren, dass wir eines Tages dorthin zurückkehren würden.
Dieser Abschied war mit ziemlicher Sicherheit ein Abschied für immer.
Wie ein Sommergewitter zogen urplötzlich Zweifel in mir auf, ob einst Vertrautes mir noch immer vertraut sein würde, ob mich die neue Perspektive nicht für ein Heimatgefühl in Deutschland untauglich gemacht hatte.
„Ich weiß nicht, ob ich mit der direkten Art des Deutschen noch umgehen kann", eröffnete ich morgens An-

dreas, der sich darüber wunderte, wo ich so früh schon so tiefe Gedanken herhaben könnte.
„Wie meinst du das?", gähnte er.
Und wieder tauchte in Erinnerungen ab, war diesmal in Deutschland, saß im ICE Frankfurt Richtung Norden. Ausgelassen telefonierte ich mit meiner Freundin und kündigte meine Ankunft an – trompetete dabei voluminös meine Vorfreude über das baldige Wiedersehen durch das Abteil. Mir gegenüber saß ein ungefähr dreißigjähriger Anzugträger, der sehr ernst in seinen iPod hineinhorchte und dabei vor sich her starrte. Genervt nahm er die Hörer aus seinen Ohren und sah mich eisig an. Zu spät hatten meine Sensoren ertastet, dass ich hier ernstzunehmend die Ruhe der Mitreisenden störte und konnte nicht mehr verhindern, dass ich darauf aufmerksam gemacht wurde.
Bissig darauf aufmerksam gemacht wurde.
„Geht es auch ein wenig leiser?", pfiff er mich schmallippig an. Keine scharfe Kritik mehr gewöhnt beendete ich das Gespräch verstört und wurde bis über beide Ohren rot. Verlegen kramte ich ein Buch aus meinem Koffer und las genau zwei Zeilen, bis der Mann, den ich so sehr gestört hatte, aufstand und ausstieg.
Wahrscheinlich hatte er aus einem sozialen Trieb heraus gehandelt und seine Mitreisenden von meiner Störung befreit, denn für die paar Minuten, befand ich bitter, hätte er meine Freude vermutlich schadlos überstanden!
Am Bahnsteig bekam ich gleich noch mehr davon ab, als mich eine umfangreiche Dame anrempelte und mich anpfiff, ich solle doch bitte woanders herum stehn.
Ein Sri-Lanker hätte spätestens auf mein entschuldigendes Lächeln hin wohltuend zurückgelächelt.
Mein erschöpftes Lächeln bewirkte bei der erzürnten Dame gar nichts.

„Ich werde das Lächeln vermissen", verdichtete ich meine langen Gedankengänge auf einen Satz, „auch wenn hinter dem Lächeln nicht immer nur die reine Freundlichkeit steckt, so ist es allemal schöner angelächelt, als mit der kalten Schulter bedacht zu werden."

An einem schwülen Julitag belegte unsere fünfköpfige Familie einige Fensterplätze im Flug Colombo-Frankfurt. Fünf Nasen drückten sich an der Fensterscheibe platt, fünf Ärmel wischten den auf den Ausblick geatmeten Nebel wieder weg und fünf Herzen sanken sehr, sehr tief, als der Dschungel immer weniger wurde, bis er schließlich ganz verschwand.
Fünf Europäer verließen ihnen im Grunde Fremdes, das fortan als Teil von ihnen weiterleben und in ihren zukünftigen Tun mitmischen würde.

Ein kleines Lächeln für Sri Lankas vergessene Kinder: Das Kinderdorf Little Smile

Little Smile ist eine kleine Kinderhilfsorganisation, die aus einer privaten Initiative des deutschen Fernsehjournalisten Michael Kreitmeir hervorging. Sie setzt sich für Kinder und Mütter in Not ein, unabhängig von Ethnie, Kaste oder Religion. Der Schwerpunkt liegt in der Kindernothilfe. Little Smile betreut in drei Kinderheimen 150 Kinder, betreibt Bildungsprojekte für Jugendliche, ein Ausbildungskrankenhaus für die Naturmedizin Ayurveda, ein Selbsthilfeprojekt im Agrarsektor für verlassene Mütter mit Kindern und ein Projekt für Naturschutz und Umwelterziehung.
In Deutschland koordiniert der als gemeinnützig anerkannte Verein Little Smile e.V. die Unterstützung.
Das älteste und größte Projekt ist das Kinderdorf Little Smile „Maha Gedara" bei Koslanda in den Bergen Sri Lankas, welches bereits 1999 von Michael Kreitmeir mit überwiegend eigenen Mitteln erbaut worden ist. Seitdem wurde die Einrichtung kontinuierlich erweitert. Heute leben im Dorf über 93 tamilische und singhalesische Kinder vom Säugling bis zum jungen Erwachsenen. Das Besondere an Little Smile ist, dass die Kinder – wie so oft in Sri Lanka – mit dem Erreichen der Volljährigkeit die Einrichtung nicht verlassen müssen. Stattdessen haben sie die Möglichkeit, weiter im Kinderdorf zu leben und eine Ausbildung abzuschließen bis sie auf eigenen Beinen stehen können.
Little Smile ist also kein klassisches Kinderheim, sondern vielmehr eine große Familie – auch über den achtzehnten Geburtstag hinaus. Die Kinder leben verteilt auf sechs Häuser jeweils mit ihren Hausmüttern zusammen. Die großen Jungs leben ab der fünften Klasse mit einem Betreuer in einem angegliederten Jungenheim unweit des Kinderdorfes.

Zum Dorf gehören noch eine Schule, Ausbildungswerkstätte für Nähen, traditionellen Tanz, Ayurveda, Schnitzen und eine Schreinerei, eine Krankenstation, Wohnhäuser für Angestellte, sowie ein kleiner buddhistischer und hinduistischer Tempel und eine kleine Marienkapelle. Umgeben ist das Kinderdorf von ausgedehnten Gewürzplantagen wie Pfeffer, Vanille und Zimt sowie Reis- und Gemüsefelder mit denen eine wirtschaftliche Selbständigkeit erreicht werden soll. Das Kinderdorf hat eine Fläche von 15 Hektar und ist auf 13 Trassen in der Berglandschaft integriert.

Little Smile Childrenvillage
Wellawayaroad Koslanda
Sri Lanka

Die Spenden kommen direkt dem Projekt zu.
Mehr Informationen im Internet unter
www.littesmile.de

Spenden in Deutschland über den Empfänger:
Little Smile e.V.
Volksbank Raiffeisenbank Bayern Mitte eG
BLZ: 721 608 18
Konto: 96 77 500
IBAN: DE79 72160818 000 9677500
BIC: GENODEF 1 INP

Sri Lanka

Jaffna
Trincomalee
Anuradhapura
Kalpitiya
Dambulla
Kandy
Negombo
Colombo
Nuwara
Eliya
Arugam
Bay
Yala National
Park
Hikkaduwa
Galle

Landesinformationen zu Sri Lanka

Allgemeines

Hauptstadt	Colombo
Einwohner im Jahr 2008	ca. 20 Millionen
Staatsform	Präsidiale Republik
Staatsoberhaupt	Präsident Mahinda Rajapaksa
Amts- und Landessprache	Sinhala und Tamil
Währung	Sri-Lanka-Rupie
Insellage	im Indischen Ozean südöstlich von Indien
Klima	tropisch schwül
Durchschnittliche Jahrestemperatur	in tiefen Regionen 32°C, im Gebirge 21°C
Ganzer Name	Demokratische Sozialistische Republik Sri Lanka
Bedeutung Sri Lanka	leuchtend schönes Land
Bewohner Sri Lankas	ca. 74% Singhalesen, ca. 18% Tamilen (13 % Sri Lanka-Tamilen, 5 % Tamilen indischer Herkunft), ca. 7% Moors (Muslime), 1 % andere
Ureinwohner	Veddas

Legende

Die Legende sagt, dass das dämonische Volk, die Yaksas, die Insel bewohnt haben, bevor sie 600 v. Chr. von den aus dem Norden Indiens stammenden Singhalesen vertrieben worden sind. Der Vater ihres Königs Vijaya soll das Produkt einer Liebesbeziehung der Prinzessin von Bengalen und dem König der Tiere, dem Löwen sein. Daher stammt auch der Löwe auf der srilankischen Flagge. Vijaya ließ sich in Anuradhapura nieder und regierte von dort aus.

Geschichtsdaten

500 v. Chr.	die Singhalesen kommen nach Sri Lanka
543 v. Chr.	Der König Vijaya kommt mit seinem Gefolge nach Sri Lanka. Er und seine Nachfahren regieren bis 250 c. Chr.
380 v. Chr.	Anuradhapura wird Haupt- und Königsstadt. Der König Panduk-Abhaya baut Stauseen, Krankenhäuser und Tempel
247 v. Chr.	Der Buddhismus wird auf Sri Lanka eingeführt
200 v. Chr.	Buddhismus wird die Nationalreligion des Königreichs Anuradhapura
161 – 137 v. Chr.	Tamilen fallen ein und bekämpfen die Singhalesen. Fortan herrscht ein ständiger Wechsel zwischen singhalesischen und tamilischen Königen
276 v. Chr.	König Mahasena lässt Bewässerungsanlagen bauen, die noch heute erfolgreich genutzt werden

993 n. Chr.	Anuradhapura wird von den Tamilen erobert und niedergebrannt. Die Hauptstadt wird nach Polonnaruwa in die Inselmitte verlegt
13. Jhd.	Jaffna wird tamilisches Königreich
1505	Portugiesen erreichen Sri Lanka und geben ihr den Namen Ceylon. Sie übernehmen den Zimthandel von den Arabern und bringen christliche Missionare mit
1658	Die Portugiesen werden von den Niederländern verdrängt
1796	Die Engländer übernehmen die Herrschaft der Insel, Kaffeeplantagen werden angelegt, Straßen und Eisenbahnnetze gebaut
1815	Die Engländer erobern nun auch das bisher unabhängige Kandy
1860	Kaffeeplantagen werden von Teeplantagen ersetzt
4. Feb. 1948	Ceylon wird unabhängig
1956	Singhalesisch wird zur Amtssprache erklärt. Unruhen zwischen den Tamil sprechenden Tamilen und den Singhalesen brechen aus
1960	Sirimawo Bandaranaike wird als erste Frau weltweit Ministerpräsidentin
1965	Sirimawo Bandaranaike wird wieder abgewählt
1966	in Norden und Osten Sri Lankas wird wieder Tamil als Amtssprache zugelassen

1970	tamilische Parteien schließen sich zusammen (TULF) und fordern einen eigenen Tamilenstaat im Norden und Osten der Insel
1972	Ceylon wird in Sri Lanka umbenannt
1983	blutige Ausschreitungen zwischen den Singhalesen und den Tamilen
1987	Indien soll im Konflikt unterstützend eingreifen und die Rebellen entwaffnen
1990	Die indischen Truppen verlassen die Insel, ohne ihr Ziel erreicht zu haben. Die LTTE übernimmt Jaffna
1994	Chandrika Kumaratunga wird Staatspräsidentin
1995	Ein Waffenstillstandsvertrag wird unterzeichnet
1996	Der Waffenstillstandsvertrag wird aufgehoben
2001	Die LTTE greift den Militärflughafen an
2002	Ein neues Waffenstillstandsabkommen wird unterschrieben
26. Dezember 2004	Tsunami tötet über 30 000 Menschen auf Sri Lanka
November 2005	Mahinda Rajapaksa wird zum Präsidenten gewählt
2007	Erneuter Anschlag auf den Militärflughafen der LTTE, diesmal mit Flugzeugen
2. Januar 2008	Die Regierung erklärt den Waffenstillstandsvertrag als aufgehoben

8. Januar 2009	Der Journalist und Redakteur des „The Sunday Leaders“ Lasantha Wickrematunge wird auf offener Straße erschossen
16. Mai 2009	Der Präsident erklärt den Bürgerkrieg für beendet
18. Mai 2009	Der LTTE Anführer Velupillai Prabhakaran wird erschossen
Januar 2010	Präsident Mahinda Rajapaksa wird wiedergewählt

Leonard Woolf
Das Dorf im Dschungel

Der Autor , Ehemann von Virginia Woolf, hat von 1904 bis 1911 als Kolonialbeamter des britischen Empires im damaligen Ceylon gelebt. In seinem Roman „Das Dorf im Dschungel" hat er auf einfühlsame Weise das Leben der damaligen Ceylonesen im Kampf ums Überleben einer Dorfgemeinschaft im Dschungel nachempfunden. Das Buch verschafft dem Leser einen tiefen Einblick in die frühe, sri-lankische Lebensweise.

Leonard Woolf
Growing

Die Autobiographie Leonard Woolfs über die Jahre, die er auf Sri Lanka verbracht hat.

Michael Ondaatje
Anils Geist

Michael Ondaatje ist Burgher (holländisch-singhalesisch-tamilisch) und greift in seinen Büchern auch immer wieder politische Probleme aus seiner Heimat Sri Lankas auf. „Anils Geist" befasst sich mit dem heiklen Thema von Verschleppungen und Morden, die sich besonders in den Jahren 1988-89 dramatisch zuspitzten. Die Protagonistin Anil ist Singhalesin und kehrt nach 15 Jahren im Auftrag einer Menschenrechtsorganisation nach Sri Lanka zurück. Sie soll bei der Aufklärung von Morden helfen und beweisen, dass die Regierung für dafür verantwortlich ist.

Tom Tidball
Beaches of Sri Lanka

Ein wunderschöner Fotoband mit Eindrücken in und um Sri Lanka.

Robert Barlas und Nanda P. Wanasundera
Culture Shock! Sri Lanka

Ein Führer durch die Eigenarten und Einzigartigkeit Sri Lankas. Tipps und Tricks für Neuankömmlinge und Touristen, die mehr über die srilankische Mentalität, deren Gewohnheiten, Feste und Rituale erfahren wollen.

K.M. de Silva
A History of Sri Lanka

Ein Muss für all jene, die mehr über Sri Lankas Geschichte lernen wollen. „A History of Sri Lanka" blickt von der Frühzeit bis 1980 in die Entwicklung Sri Lankas und verschafft – auch wenn den Geschichtsdaten knapp 30 Jahre fehlen – ein unverfälschtes Bild über Sri Lankas Vergangenheit.

Danksagung

Auch meine Neuauflage bringt mehrere „Dankeschön" mit sich. Allen voran an meine Verlegerin Sandra Thoms und Gabriel Neumann für seine Geduld bei der Korrektur. Eigentlich bin ich in Sachen Foren reichlich unbegabt und stolperte mehr zufällig als bewusst in zwei Internetplattformen, die mich nahe am Geschehen Sri Lankas halten. Die Seite *http://lankafirst.de* bietet Hintergrundwissen über Land und Leute, Kultur und Politik an und hält mich mit den gut informierten Mitgliedern des integrierten Forums politisch auf dem Laufenden. Danke Karsten für deine Unterstützung im politischen Kapitel. Ganz wichtig für mich auch zwei Menschen mit Herz und Verstand, Hänschen und Biggi, die das Forum SLB *www.sri-lanka-board.de* gegründet haben und dort so Allerlei rund um Sri Lanka wiedergeben. Danke euch Claudia und Maren für eure Freundschaft und Motivation – und ein herzliches Dankeschön an meine „Entdeckerin" Steffani, die immer an mich geglaubt hat und mir als erste Arbeitgeberin schriftstellerisch auf die Beine geholfen hat. Und danke dir „Andreas" und euch Kindern, die ihr auch diesmal wieder die arbeitsintensive Endphase ausgehalten und unterstützt haben.
Und Dankeschön Sri Lanka.
Die Erfahrung hat mein Leben nachhaltig verändert und bereichert!